KB265323

순록치기가 본 조선·고구려·몽골

순록치기가 본 조선·고구려·몽골

순록치기가 본 조선·고구려·몽골

주채혁 지음

2007년 2월 28일 초판 1쇄 발행

펴낸이 | 오일주
펴낸곳 | 도서출판 혜안
등록번호 | 제22-471호
등록일자 | 1993년 7월 30일

주소 | 서울시 마포구 서교동 326-26번지 102호
전화 | 3141-3711~2 팩시밀리 | 3141-3710
E메일 | hyeanpub@hanmail.net

ISBN | 978-89-8494-302-5 93910
값 | 16,000원

순록치기가 본
조선·고구려·몽골

주채혁 지음

혜안

남과 다른 인풋이 있는 삶을 오래 살다보면 남과 다른 아웃풋이 나오게 마련이다. 나는 쉰을 갓 넘긴 때부터 이제 60대 중반이 꽉 찬 이 나이까지, 그러니까 1990년 이른바 사회주의권의 북방개방 이후 지금까지 17년 세월을 틈만 나면 몽골·시베리아·만주를 맨발로 찾아다니는 삶을 살아 왔다. 그것도 "밤하늘의 별이 보이지 않는 도시는 역사도 보이지 않아" 스텝·타이가의 시골 민가로 주로 돌아다녔다. 때로는 한두 해씩 그들과 어울려 살며 현장유적 발굴에 동참하기도 했다. 그저 '나를 제대로 읽는 눈'을 거기에서 떠보려는 심봉사와 같은 심정으로 말이다!

안 그럴 수 없는 답답한 생태의 숨통을 트기 위해, 때로는 초원의 바다를 마냥 치닫는 희열에 미쳐서 그렇게 했다. 내 논다랑이인 문헌사학(13~14세기 몽골사라는 내 분야)을 떠나면 바닥없는 낭떠러지로 떨어져 죽을 줄로만 알고 살아온 내 오십 평생에서 벗어나 실로 청천벽력과 같은 개벽의 삶길에 들어선 터였다. 이 시간과 공간 밖의 구름 나라를 자유자재로 노닐도록, 당시로서는 철옹성 같은 내 인식의 장벽을 파격적으로 깨어서 열어준 분은 1960년대 석장리 구석기유적 발굴장으로 날 이끌어 주시고 담력을 키워주신 파른 선생님이다. 그렇지만 그런 가운데도 죽어 다시 태어난 필자 나름의 고난이 아주 없었을 리 없다. 그러나 지금 돌이켜보면 이 모든 것이 축복으로 더듬어지는 숨 고르기 부지깽이질 삶판의 영위였다.

남들은 스키토·시베리안이나 유목 몽골리안 태반에 들면 주로 나와 '같은 걸' 보고 감격하곤 했지만, 필자는 원주민들과 함께 호흡을 맞추며 지내보고는 "우리와 같은데, 왜 이렇게 다르냐?"는 점에 계속 주목해 왔다. 시베리아·몽골 원주민과 한민족 사이의 유사점만 찾는 감상적 접근방식이야말로 실은 '한민족 유목태반사 복원 프로젝트' 실천의 치명적인 함정임을 직감해서다. "놀랄 정도로 많은 부분이 같은데 왜 이렇게 아주 다른 데도 있느냐?"며 예민하고 엄밀하게 주목해야, 툰드라·타이가·스텝이라는 한랭 고원 건조지대 유목태반 한민족이 온난 다습지대인 태평양으로 진입하고 한반도로 이주하여 농경화한 수천 년 역사의 단층을 걷어내고 그 유목의 본질을 드러낼 수 있기 때문이다. 몇 천 년 동안 한반도에는 유목이 존재하지 않았고 존재할 필요도 없었다는 자각이 바로 유목태반 실향민인 오늘의 한국인이라는 것이다. 미국인이 바이킹 태반 앵글로색슨족의 상고사 무대를 아메리카 대륙에 설정해 보는 치기가, 유목 태반 한민족의 그것을 농경지대 한반도에서만 탐구하려는 어떤 한국인의 오기와 아주 다를까? 적의 도발을 끌어들이는 내간이 우리 안에 기생하고 있다는 사실도 직시하자는 말이다. 이 점이 기행문 형식의 이 보고서가 다른 글들과 근본적으로 차별화되는 부분일 것이다.

대학 새내기들에게 현장 비디오 필름을 보여주며 진행하는 유목 몽골사 교양강좌의 시간강사처럼, 말하기는 어렵지만 가벼운 마음으로 이런 이야기들을 그냥 풀어나갔다. 쉽지는 않다고 생각하는 듯하면서도 뻔한 세상에 '뻔하지 않은 생기'를 감지한 듯 눈을 반짝이며 귀를 쫑긋 세우는 새내기들의 모습이 놀란 토끼들마냥 귀여워 이 순간에도 필자의 뇌리를 스쳐 지나간다.

한민족 유목 태반사에 주목하는 이들은 이제 다 알고 있듯이, 필자는 사학 시장에 '조선·고(구)려 순록유목 기원설'을 나름으로 출시하고 있다. 조선은 순록유목 초지草地에 주목해서 붙인 이름이고 고려는 순록유목의 주체인 코리高麗(순록)에 앵글을 맞춰 찍어낸 이름이라는 것이다. 툰드라·타이가 지대의 순록유목이나 방목이 생산력 발전에 박차를 가하면서 개활지인 스텝 지대에 진출, 무한경쟁에 돌입하면서 양 유목에 매진하게 되었고, 양 유목생산력이 발전하면서 대규모 양유목을 경영하기 위해 말 타고 활 쏘는 기마사술騎馬射術이 등장하였다. 이 '기마사술'은 대규모 양유목의 부산물로서 양치기 개인 셰퍼드(shepherd)와 함께 등장한 최첨단 '유목무력'이라고 할 수 있다. 순록치기가 양치기로 발전하고 양유목 생산력의 발전으로 양치기가 부유해지면서 말을 타게 된 것이니 기마는 양유목의 보조수단이다. 그러므로 정확하게는 '기마 양유목'이라 해야 옳다.

특히 유라시아 유목사에서 직접적으로 상고 유목제국의 창출을 가져온 것은 순록·양 유목으로, 이 유목 자체가 가축의 목초(꼴)의 생태적 특성에서 생겨난 것임에 틀림이 없다. 물론 현재 한반도에는 유목이 있을 수도 없고 굳이 그럴 필요도 없다. 목초가 작고 드물며 늦게 자라는 한랭고원 건조지대 같은 데서는 축산의 악조건을 극복하기 위해 어쩔 수 없이 특수 목축인 유목을 행한다. 그래서 '초지학草地學' 공부가 없는 유목사 연구는 상당히 관념적이고 추상적이 될 수밖에 없다. 고려에서 근현대 통신혁명을 연 핵심매체인 금속활자의 발전이 넓은 중원에서 들어오는 책의 종류는 많고 국내시장의 독자는 소수라서 목판인쇄로는 도저히 수지타산을 맞출 수 없어 그 궁여지책에서 나온 것이듯, 인류사를 바꿔놓은 최첨단 유목무력인 기마사술 또한 그러했다. 즉 처음부터 정복을 위한 수단으로 개발된 스키토·시베리안의 유목무력 '기마사술'이 결단코 아니었던 것이다.

목초의 생태적 조건이 이처럼 열악하였던 유목권에서 창출된 유목제국이 '광역소수'를 특징으로 하는 것은 당연하다. 넓은 목초지를, 그것도 이동해 찾아다니며 유목을 해야 하고 척박한 황야에서 먹을 것이 적어 가축도 많지 않고 그걸 먹고 사는 사람 역시 많을 수 없기 때문이다. 농경지대가 상대적으로 '협역다수'인 것과는 대조적이다. 그러므로 고리국槁離國(Qori Ulus : 순록치기 나라)·북부여·조선·고구려가 순록유목 태반에서 기원했다면, 그 태반사를 얘기할 때 '광역소수'를 거론하는 것은 당연하다. '한민족 유목태반사' 연구에서 '광역'과 '조직된 소수'의 기동력만 거론하면 무조건 '네오파시즘'이라고 몰아붙이는 것은 그 자신이 '유목의 본질'에 무지하다는 것을 스스로 드러내 보이는 일일 따름이다.

　현재 한국인은 절대다수가 '유목'이라는 글자는 알지만, 그 본질은 모른다. 가령 자신의 시원을 유목태반사에 두고 있다 하더라도, 지금의 한반도는 한랭고원 건조지대인 유목지대이기는커녕 태평양 가운데에 위치한 온난다습한 농경지대고, 그 이주사는 이미 몇 천 년이 되어 교육에서도 정착(sedentary)농경사관을 정답으로 하는 풍토에 길들여져 왔기 때문이다. 그러다보니 식량채집(food gathering)단계인 수렵(hunting)과 식량생산(food producing)단계인 유목(pastoral nomadism)조차 분명히 구별할 줄 모르는 소위 고급지성인도 자주 마주치게 된다. '유목단계' 없이 '유목제국'은 당연히 없다.

　오랜 과거시험의 전통을 계승한 한국사학계가 유목사의 연결고리라고 할 고리槁離(Qori), 북부여, 부여, 고구려, 몽골貊高麗(Mongol)사를 '역사연표'에서조차 지우고 썼던 데에는 이러한 역사배경이 엄존해 있었다. 지구상 가장 큰 숲(taiga)인 스키토·시베리안의 역사무대를 태반으로 해서 태어난 것이 한민족이다. 그 역사가 수조獸祖전설 코드로 읽을 때에야 비로소 풀리는 내용구조를 가졌을 것임은 불문가지의 사실이다. 그럼에도 짐승 같은 오랑캐兀良哈(Orunchun : 순록치기)라며, 그러한 시각에서 제 역사보기를 한사코 거부해온 조선조 양반가문의 양심적인 애국사가가 소위 정다산丁茶山이고 신단재申丹齋임을 이제라도 과감하게 꿰뚫어볼 수 있어야 한다. 양심의 문제이기 전에 과학적 실재의 문제이기 때문이다.

물론 그 역사연표란 것이 어떤 분이 일본 것을 그대로 베껴 쓴 것이긴 하다. 바다 한가운데 떠 있는 일본열도에 무슨 '유목'이 있을 수 있었겠는가? 그들에게는 유목사안遊牧史眼이 존재할 까닭이 없다. 일본통치와 일본식 사관이 고리·북부여·조선·고구려 유목태반사 연구의 연결고리마저 아예 싹둑 잘라버린 셈이다.

일본군이 군사력으로 뚫으려다 좌절한 스키토·시베리안 라이켄 로드(Lichen road, 선로蘚路)－스텝로드－몽골리안 루트가 이제 우리 앞에 활짝 열려 있다. 1990년 몽골을 필두로 북방이 개방되고 놀라운 IT·BT 개벽시대를 맞이한 지금이다. 이제 우리가 직접 유목태반사 게놈이라는 자기 주체적 정체성을 자각하고 그 게놈 실체로 스키토·시베리안 유목사 현장을 몸소 맨발로 걸어 들어가 조사연구하며 실험 검중하여, 자신을 들여다볼 수 있는 눈을 제대로 떠야 할 때다. 진실로 유목사적 민족태반사의 복원이이라는 절대로 긴요한 시대적 과제가 지금의 우리 앞에 놓여 있다고 하겠다.

이 공부를 하도록 이끌어주신 서여 선생님과 고병익 선생님, 그리고 유목몽골사를 공부하면서 문헌사학을 떠나고 자기 시대와 자기 전공 분야를 떠나면 죽을 줄로만 알았던 답답한 일개 사학도인 필자를 석기 시대까지 깊이 파내려가며 초원의 바다든 바다의 초원이든 자유자재로 접근방법의 벽을 깨부수고 활보할 수 있게 시의時宜를 깨닫도록 눈을 틔워워주며 동몽골 다리강가 스텝 고올리성高麗城터 발굴 현장까지 동행하도록 배려해주신 파른 손보기 선생님, 동북아 기마사술의 기원지를 찾아 1999년 7월에 1년 체류계획을 세워 훌룬부이르 몽골스텝으로 답사를 떠나는 필자에게 "거기 가서 조선의 기원을 찾아보라"고 하여 매우 당혹스럽게 하셨던 송암 김용섭 교수께 감사드린다. 내 나름으로 고난을 치고 나갈 수 있게 된 데는 제도권 공부는 거의 해본 적 없는 엄친의 유언도 크게 작용했다. 1980년 세종대 해직교수가 된 이래 정치가 아닌 몽골학 쪽을 공부하던 필자를 격려해주신 김동길 선생님과 베·수미야바아타르 교수를 초청해 몽골어학과를 근래의 이 땅에 처음 개설하면서 실제적인 의미에서의 현장 몽골어학의 길을 열도록 배려하고 격려를 아끼지 않으신 장충식 선생님, 그리고 한츌로 교수를 초청하여 연구의 문호를 넓혀주신 최서면 선생님 및 이 모든 뒷바라지를 숨어서 해주신 초대 주몽골한국대사 권영순 교수님과 우르 몽골 대학과 자매결연을 맺어 필자의 험한 현지답사 연구길을 애써 닦아주신 하서현 전. 강원대 총장께 이 자리를 빌어 특히 감사드린다.

필자는 2006년 6월 말에서 7월 초에 걸쳐 영하 72도까지 내려가는 세계에서 가장 추운 곳으로 알려진 사하의 오이미아콘 언저리에 위치한 한디가 압끼다 수림 툰드라 순록유목지대로 답사를 떠나면서 이 책의 초고를 들고 갔다. 한여름에 툰드라로 드는 산야에는 순록의 주식인 눈빛 이끼가 지천으로 널려 있기 마련이다. 며칠을 달려도 가 없이 펼쳐지는 이러한 순록의 목초지는 흰 이끼가 툰드라의 흰 눈 속으로 자취를 감추듯 사라질 때까지 이어진다. 너나 할 것 없이 모두의 입에서 "조선－고(구)려는 순록유목민의 나라!"라고 하는 탄성이 나올 만큼 어마어마한 장관이고 알려지지 않은 무진장한 비경秘境이다. 감개무량하게도 이러한 감격 속에서 이 책의 초고를 마칠 수 있었다.

외아들을 대학에 진학시키지 않고 끝내 할아버지께 돌려보내 유목민으로 만든 아·오치르 몽골국립중앙박물관장과 한국이 키운 인재로 몽·한 관계사에 남다른 깊은 관심을 보이며 남북한에서 오랫동안 주한 몽골대사로 봉직해 오고 있는 다리강가 스텝 출신 페·우루쥔루훈데브 대사의 우애와 협조에도 고마움을 전한다. 필자의 몽골답사에 늘 동행해준 다구르족 3대 『몽골비사』 연구가문의 아·아르다잡 우르몽골사회과학원 부연구원과, 칭기스칸 막내동생 옷치긴의 대만주권 분봉지 역사와 몽·한관계사로 각각 박사학위논문 쓰기를 막 마친 제자 윤은숙 박사와 히야드 보르지긴 에르데니 바아타르 우르몽골 대학 교수에게도 그간의 수고와 격려에 고마움을 표한다. 아울러 80년대에 나의 수업을 들었던 김현숙 학생이 이제 편집장이 되어 이 저서의 지면을 일일이 짜임새 있게 단장해 준 것도 기쁘기 이를 데 없다. 1996년 5월 훌룬부이르 몽골 스텝 답사 준비중에 협심증으로 쓰러진 필자의 심장수술을 맡은 이래 정성으로 돌보아준 김동수 주치의님의 한결같은 관

14

심과 배려, 그리고 이 보고서를 글로 정리할 수 있도록 많은 지면을 할애해 준 북방민족신문사 구판홍 총재님의 열렬한 격려를 새삼스레 되새겨본다. 끝으로 그간 한민족 스키토 · 시베리안 태반사와 관련하여 북아시아 유목민족사 공부에 지원을 아끼지 않은 도서출판 혜안의 오일주 사장님과 직원 제위, 그리고 무엇보다도 이 책이 햇빛을 볼 수 있도록 어려운 여건 속에서도 뜨겁게 격려해 준 바이칼 포럼의 시사모(시베리아를 사랑하는 사람들의 모임) 현지 답사 길벗님네를 비롯한 '유목 몽골' 마니아 애독자 여러분께도 충심으로 감사드린다.

2007년 2월
용인 조광조 무덤 앞 동네에서
지은이 주채혁 씀

글 싣는 차례

유라시아 몽골리안 루트, 'Zion(鮮)의 길'!
조선의 선鮮(Xian), 한반도 아닌 바이칼 몽골

조선이 아침의 나라라는 황당한 속설!
조선은 '찾을 조朝'자와 '작은산 선鮮'자의 모듬말,
순록의 주식인 선蘚의 목초지 선鮮을 찾아 떠도는 순록유목민 조선인!

나는 이미 「조선朝鮮·선비鮮卑의 '선鮮'과 순록유목민」(『동방학지』, 연세대학교 국학연구원, 2000. 12.)이라는 논문을 통해 조선이 아침햇살이라는 뜻과는 상관이 없고 '선鮮을 향해 가는'이라는 뜻으로서 순록유목민을 가리킨다는 사실을 밝힌 적이 있다. 사슴이 식량'채집'단계에만 주로 관련되었던 것과 달리 순록은 주로 식량'생산'단계와 밀접하게 관련되어 있으며, 조朝가 순록유목민을 가리키는 몽골어인 차아탕(chaatang)의 차아(chaa)나 축치족의 말 차오추(chaochu)의 차오(chao)에서 온 것이라고 하였다. 그 방증으로서 압록강만 넘으면 누구나 조선의 조자를 '아침 조'자인 자오(zhao) 1성으로 읽지 않고 '찾을 조'자인 차오(chao) 2성으로 읽는다는 사실을 들었다. 예나 지금이나 이렇게 읽기는 매한가지다. 애초에 한인漢人 사가가 그렇게 썼으니 당연히 그렇게 읽고 해석해 주어야 한다. 차오추가 '순록을 가진 자'라는 뜻을 가진 말임은 SBS TV 「몽골리안 루트를 가다」(1995)를 직접 현지답사

초원 스텝지대 | 전형적인 여름 영지의 모습이다.

하며 촬영한 홍순철 제작자의 사적인 전화조사보고(2000년 11월 7일 저녁)를 통해 알아낸 것이다. 조천朝天, 조공朝貢과 조남朝南 등이 모두 같은 용례에 속하는데, 이 때의 조(chao)자는 조석朝夕이라고 할 때의 조(zhao)자와는 전혀 뜻을 달리하는 것으로 몽골어인 chaad와 같은 의미로 쓰인다고 한다. 아침 조자로 '조선'을 읽는 방식은 일장기가 이 땅의 하늘을 뒤덮었던 일제 치하에서나 극성을 부렸을 뿐, 사실 한·중·일의 어떤 문헌에서도 그 전거를 확보할 수 없다.

선鮮의 선鮮과 양초羊草의 스텝이 없는 한반도 조선에는
순록·양 유목도 없다!

22

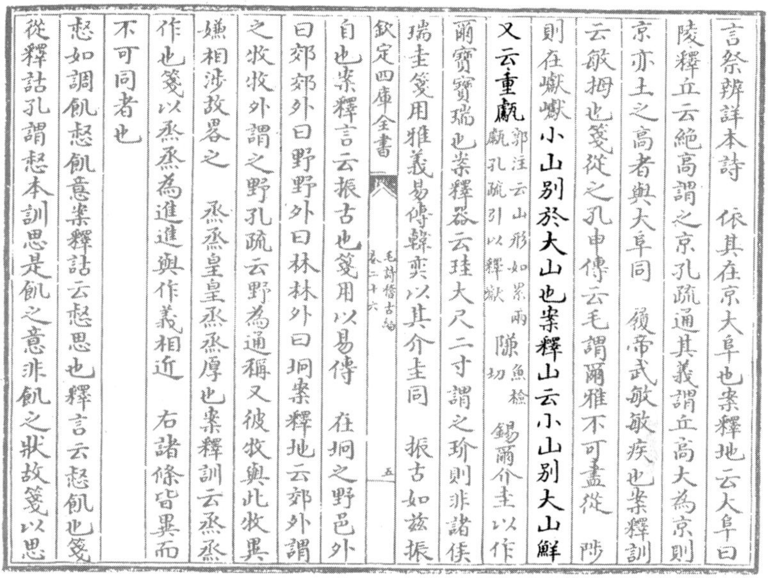

言祭辨詳本詩　依其在京大阜也案釋地云大阜曰
陵釋丘云絶高謂之京孔疏通其義謂丘高大為京則
京亦丘之高者與大阜同　履帝武敏敏疾也案釋訓
云敏拇也箋從之孔申傳云毛謂爾雅不可盡從　陟
則在巘巘小山別於大山也案釋山云小山別大山鮮
又云重甗 郭注云山形如累兩甗 甗孔疏引以釋巘 隒魚檢切　錫爾介圭以作
爾寶寶瑞也案釋器云珪大尺二寸謂之玠則非諸侯
瑞圭箋用雅義易傳韓奕以其介圭同　振古如茲振
欽定四庫全書　毛詩稽古編 卷二十六　五
自也案釋言云振古也箋用以易傳　在坰之野邑外
曰郊郊外曰野野外曰林林外曰坰案釋地云郊外謂
之牧牧外謂之野孔疏云野為通稱又彼牧與此牧異
嫌相涉故畧之　烝烝皇皇烝烝厚也案釋訓云烝烝
作也箋以烝烝為進進與作義相近　右諸條皆異而
不可同者也
惄如調飢惄飢意案釋詁云惄思也釋言云惄飢也箋
從釋詁孔謂惄本訓思是飢之意非飢之狀故箋以思

『흠정사고전서欽定四庫全書』「모시주소毛詩注疏」

『시경詩經』 대아大雅편 문왕지십文王之什에는 황의皇矣의 “탁기선원度其鮮原 거기지양居岐之陽……”이라고 하는 시가 나온다. 이에 대해 “소산小山을 대산大山과 구별하여 선鮮”(『흠정사고전서欽定四庫全書』, 「모시주소毛詩注疏」 권23)이라고 설명한 대목에 주목하여 “선원鮮原이란 소산小山이 있는 평원”을 의미할 수 있다는 사실에 착안하였다. 즉 선이란, 소산인 타이가와 초원인 스텝 및 동토지대인 툰드라로 구성된 시베리아 벌판으로 이어지는 한랭고원 건조지대의 지형을 가리키는 것은 아닐까. 기산岐山이 섬서성陝西省 황토고원에 자리잡고 있고, 그 황토고원이 그대로 고비 알타이 산맥 쪽으로 이어지는 스텝－사막－타이가의 연장선상에 있기 때문이다. 실제로 선원의 선鮮은 ‘선명하다’라는 뜻으로

선鮮, 小山 | 대흥안령 북부 흑룡강성 쿠마 하 부근

사용할 때의 '고울 선'자인 시엔(xian) 1성이 아니라, 선비鮮卑와 조선朝鮮의 역사적인 본고장인 훌룬부이르 몽골 스텝과 길림성 일대에서 볼 수 있듯이 각각 '이끼 선蘚'자와 마찬가지로 시엔(xian) 3성으로 읽힌다. 뜻은 '작은 동산'이다. 한편 한랭고원 건조지대인 스텝—타이가—툰드라를 주로 내포하고 있는 러시아의 슬라브인들은 선鮮 곧 소산小山은 따로 sopka(сопка)라고 불러, 대산大山을 의미하는 gora(гора : 현지 발음은 가라)와는 구별해서 사용한다. 대산만 있고 소산인 선鮮은 거의 없는 한반도와는 달리 스키토·시베리아 땅에서는 선鮮이 아주 많기 때문일 것이다. 이렇게 보면 '조선'이라는 말은 한문식 이름이 아니라 시베리아 원주민의 말인 상고대의 토박이 조선겨레말 이름이라고 해야 하지 않을까. 그러나 대흥안령 동남쪽에 있는 장백산맥산은 소산

24

대산 大山 | 장백산 압록강변(집안 한국 쪽)

이 아니라 대산이다. 그러니 당연히 유목하는 순록이 뜯어먹을 목초지
인 선鮮은 물론이고 선의 이끼蘚도 없다. 물론 몽골의 양이 뜯어먹을
양초도 없고 양초가 자라는 스텝도 없다. 그러니 당연히 순록·양의
유목이 있을 리 없다. 현재의 한반도 주민이 자신들의 민족사 태반인
순록·양 유목사에 대해 거의 무지에 가깝다는 것도 이해가 간다.

정태적인 '조용한 아침의 나라' 조선·고구려가
동태적인 '순록·양 유목민사 태반의 나라'로 파격적인 이미지 혁명!
순록의 주식 한랭고원 건조지대 선鮮의 이끼蘚,
광역소수로 양이 적고 늦게 자라 '유목 방법' 선택!
습기 많아야 잘 자라는 이끼,
중앙아시아의 순록치기들
더 좋은 이끼 목초지 따라 대서양·북극해·태평양 쪽으로 이동!

소산小山인 선鮮에서 나는 선蘚을 다구르 어로 니오끄(niokq, 이끼)라고
한다. 동토지대인 툰드라나 겨울이 매우 긴 타이가 지역 순록의 겨울
주식인 이끼가 바로 그것이다. 지역에 따라 다소 차이는 있지만 대개
한 번 뜯어먹으면 3~5년이 지나야 다시 자라므로 순록은 먹이를 찾아
새로운 선鮮으로 이동할 수밖에 없고 따라서 순록치기들은 '유목 방법'
을 선택하였다.

　그런데 선은 이끼라고 했다. 이 이끼는 습기가 있는 응달에서 많이
나며 습기가 많을수록 잘 자란다. 그래서 순록치기들은 서시베리아에
서 태평양이 있는 동시베리아 쪽으로, 남러시아 초원에서 대서양과 북
극해 쪽으로 각각 이동하는 경향이 있다. 그 한 갈래가 바로 조선 겨레
였다. 이에 필자는 상당 부분이 몽골리안 루트와 일치할 것으로 보이
는 민족의 이동루트를 라이켄 로드(Lichen Road : 선鮮의 선로蘚路) 즉,
이끼의 길(Ni, ukinii jam)이라고 이름 붙였다.

**중앙아시아 조선 소욘鮮족 결국 해뜨는 쪽으로 이동해 왔지만,
실은 더 좋은 이끼 목초지인 선蘚의 선鮮을 '찾아朝'
습기 많은 태평양 쪽으로 옮겨왔을 뿐!**

결국은 '해 뜨는 쪽'으로 이동해 왔지만, 더 본질적인 차원에서 보면 순
록의 겨울먹이인 이끼蘚를 찾아, 순록의 목초지인 선鮮을 따라朝 옮겨
온 것이라 할 수 있겠다. '조용한 아침의 나라'라는 정태적인 조선의 이
미지가, 그 핵심적인 시원始原문화에 관한 한 먹이를 찾아 계속 움직일
수밖에 없는 수렵·유목의 역사적 태반을 가진 동태적인 조선의 이미
지로 전환되는 순간이다.

북유라시아는 등온대를 이룬데다가
초원의 길―몽골리안 루트로 유목적 기동력이 여기에 가세하여
사람과 기술의 이동이 신속했다.
이렇게 유목민 주도로 인류사상 최초의 몽골 세계제국을 창업했고,
마침내 아프리카와 아메리카를 정복 · 지배하는
위대한 유라시아 대륙사를 일구어냈다!

재레드 다이아몬드(Jared Diamond)는 『총 · 균 · 쇠』(*guns, germs, steel* 한글 번역본, 1998)에서 "아메리카나 아프리카와는 달리 유라시아 대륙은 동서축으로 되어 있어 등온대等溫帶를 이루면서 사람과 기술의 이동이 용이했는데, 식량채집단계에서 식량생산단계로 가장 먼저 발전한 곳이 서아시아였다. 서북쪽으로 거대한 히말라야 산맥이나 천산산맥 등의 산악지대와 타클라마칸 사막지대가 가로놓여 서아시아의 선진지대 문화와 차단된 채 한동안 유라시아 대륙의 고도孤島로 남아 있던 중원지역과는 달리, 고원 건조지대로 이른바 몽골리안 루트를 확보한 북유라시아 여러 민족은 척박한 생태환경에도 불구하고 이런 서아시아의 선진 식량생산문화를 수용하여 나름대로 독창적인 선진역사를 창조해낼 수 있었다."고 지적하였다. 몽골리안 루트는 순록 · 양 유목민인 몽골리안의 이동루트와 상당 부분 일치한다. 스텝로드는 라이켄 로드, 곧 이끼의 길(선鮮의 선로鮮路)일 수 있다. 그래서 대산지대 이전의 소산지대인 시베리아 · 몽골 한랭고원 건조지대는 이 루트를 통해 역사적으로 식량생산문화의 발원지인 서아시아와 직접 접맥되었다. 당연히 여기에 유목적 기동력이 가세하여 사람과 기술의 이동에 가속도가 붙었다. 고원지대에서 고원지대로 오가며 살 수밖에 없는 동물의 생태상, 짐승이나 그 짐승을 사냥하거나 사육하는 사람이 시베리아 몽골 고원

에서 백두대간에 접맥된다는 것은 생태유전학적으로나 지정학적으로나 지극히 자연스러운 일이다. 여기에 대해서는 전문적인 사냥꾼이기도 한 한국 항일독립군 지도자 이범석 장군의 사냥감 추적 경험담이 증언해 주기도 한다. 이 장대한 유목권을 태반 또는 경과지로 삼아온 민족에게서 유목사적 체질이 배어난다는 것은 너무도 당연한 일이다. 이들에게는 정태적이 아닌 동태적인 특질이 유전자 기층에 잠복해 있는 것이다.

유목민의 신단수神壇樹,
버드나무 몽골게르 천창天窓을 꿰뚫고 치솟은 자작나무는
몽골리안 루트 '이동교회의 유산!'

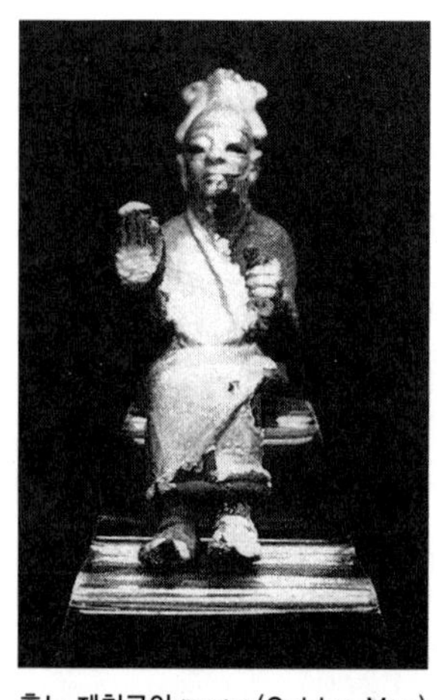

흉노 제천금인祭天金人(Golden Man)을 상기시키는 황금 엘 신상 | 발을리개인 발등상이 있는 경우는 황족. 다마스커스 박물관 소장(창조사학회 제공)

투르크·몽골어의 '일'이나 '엘'은 '움직이는 부중部衆'이라는 뜻을 가진 말로, 국가 곧 유목국가를 뜻한다. '엘'이라는 신 자체가 움직이는 부중의 하느님일 가능성도 있어서 국가는 신국神國 곧 '엘의 나라(Il-khan ulus)'일 수도 있다. 아랍어나 이슬람 정복 후의 페르시아어에도 영어인 state에 해당하는 고정된 '농업국가'라는 뜻의 국가는 없다. 몽골어에서 일칸국이라고 할 때의 '일'도 '엘'과 같은 의미로 쓰인 것이다(스기야마 마사아키, 『유목민이 본 세계사』, 한글번역본, 1999). 몽골리안 루트를 따라 움직이는 유목민의 나라 '엘'과 이를 주관하는 신인 '엘'을 모시는 유목민의 신단수神壇樹가 바로 이들의 '움직이는 교회' 즉, 유목민의 '이동교회'일 가능성이 높다.

앵글로색슨족 미국의 시원사는 서구,
한겨레 한국의 시원사는 스키토 · 시베리아
바이킹과 유목민에 기원한 이 두 민족은,
조직된 소수의 기동성에다 '함포와 함선'이나 '활과 말'로 무장하여
바다와 스텝이라는 개방공간의 무한경쟁에서 최후의 승자로 살아남아야 하는
'세계제국 창업주체성'이라는 공통운명을 타고났다.
상대적 '협역다수'인 농경태반 한漢족사와
조직된 '광역소수'의 유목적 기동성을 핵심역량으로 하는
유목태반 한韓민족사는 판이!
'유목사안'이 먼 채로 한민족 시원사를 읽노라면
네오파시즘적 사관 아닌 구석이 없게 마련!

이런 유목사안遊牧史眼으로 보건대, 조선의 선鮮이 장백산맥 북서쪽 건너편의 흥안령 · 시베리아에 있다는 사실은 전혀 이상할 것이 없다. 마치 15세기 이전의 미국 앵글로색슨 민족사를 서유럽에서 찾는 것처럼 지극히 자연스럽다. 유라시아 북방 몽골리안인 코리안이나 앵글로색슨 민족에게서 보이는 태반사상의 공통점은, 조직된 소수의 기동성을 살리고 '말과 활'이나 '함선과 함포'로 무장한 채, 최후의 한 지배집단만이 살아남는 무한경쟁이 강요되는 '스텝과 해양'이라는 개방공간에서 속도전과 정보전으로 승리를 거둬 온 세계제국사의 주체라는 점이다. 상대적으로 '협역다수'인 농경 한족漢族과는 달리, 조직된 '광역소수'의 기동성이 각각 자기 시대의 최첨단 무력을 조직, 동원하여 승리를 일

귀낸 유목성을 공유하고 있는 셈이다. 농경사관에 오랫동안 물든 한국 지성의 토대 위에서는 특히 몽골세계제국이 멸망한 이후 이러한 '유목 사관의 르네상스'가 지극히 어려워진 것이 오늘날의 현실이다.

조선의 선鮮은 유목초지, 고구려의 코리高麗(Qori)는 순록!

1999년 필자가 대흥안령 북부 훌룬부이르 몽골 스텝에 기지를 두고 답사하였을 때, 원주민들은 누구나 필자를 선족鮮族이라고 불렀고 필자가 쓰는 말을 선어鮮語라고 했다. 이는 조족朝族, 조어朝語라고 불러 왔다는 장백산맥 언저리 주민들과는 아주 대조적이었다. 전자는 소산小山-선鮮이 주류를 이루는 유목 선비족의 고향이고, 후자는 대산大山인 장백산맥이 우뚝 서 있는 목농 조선제국-고구려제국의 근거지다. 문제를 풀 키워드가 선鮮(сопка)에 있다는 것을 직감할 수 있다. 선비족 무덤의 껴묻거리인 선비곽락대鮮卑郭洛帶를 분석한 육사현陸思賢의 논문(『내몽골사회과학』 1984-3)이 보여주듯이 조선에서의 선鮮자는 유목초지를 말하고, 고구려의 코리高麗(Qori)는 그 목초지에서 꼴을 뜯는 순록(orun bog-chaa bog)이다. 고대 투르크·몽골어 및 오룬춘, 부리아드, 에웽키, 다구르와 코리야크 등 북유라시아 유목민의 언어들이 이를 입증한다. 선鮮에서 선蘚(lichen)을 뜯는 순록 바로 그 자체가 조선과 고려의 복원된 원형이다. 선鮮이라는 유목초지에 사는 민족이 조선·고려의 시원인 '순록유목 겨레'다. 그래서 한국과 맥고려貊高麗(몽골)의 역사적 태반을 찾는 키워드는 선鮮이 될 수밖에 없다. 한국은 그 역사적 뿌리를 캐내어 읽어 보면 체첸 '칸'의 나라 체첸 '칸국'처럼 칸국韓國일 수 있다. 몽골이란 맥국貊國과 고려국高麗國의 합칭 또는 총칭일 수

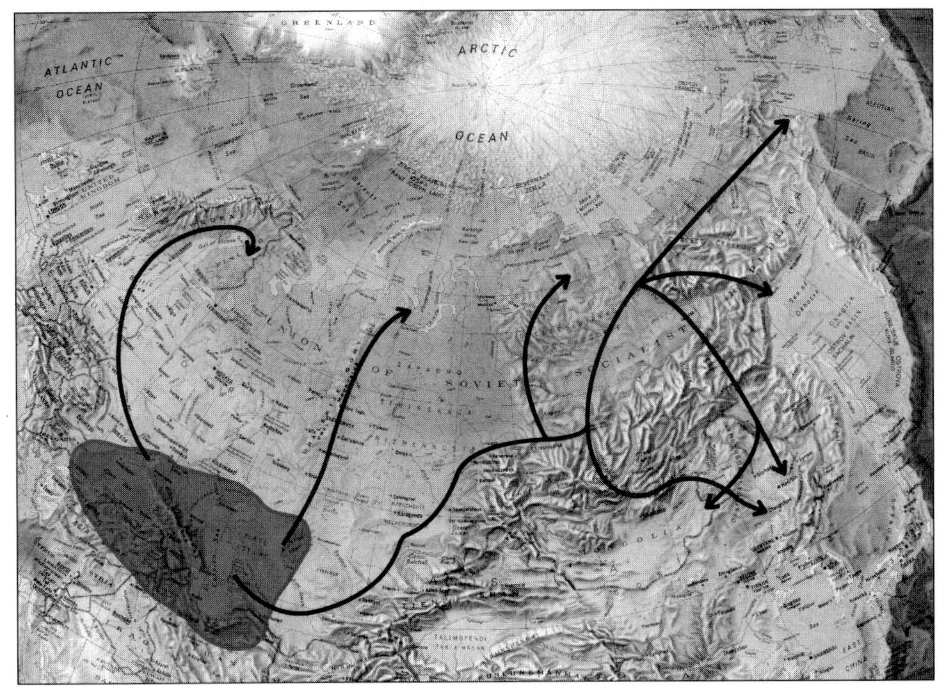

유라시아 순록유목민의 추정 이동경로도

도 있다. 즉 순록유목의 목초지인 선鮮을 생업의 토대로 삼는 민족이나 나라들의 시대별 내지 공간별 별칭이거나 이칭일 수 있다. 따라서 역사적 뿌리를 캐들어 가는 키워드는 역시 선鮮(Xian, Soyon)이다. 소욘鮮이라는 명칭은 본래 유목민의 주식인 젖을 주는 암사슴이라는 뜻의 sugan에서 유래했는데, 음운의 발전 과정에서 'g'가 탈락하였다고 한다. 이는 투바 대학의 엔·베·아바예프 교수와 스키타이사 전공자인 엘·케이·헤르테크 여교수의 지적에 따른 것이다. 소욘과 스키타이는 물론이고 북극해권의 사하(페르시아에서는 스키타이를 이렇게 부른다) 역시 여기에서 기원한 종족이름이라고 했다.

IT · BT시대, 지구마을 역사정보 무한개방시대에
이젠 서아시아의 셈, 북아시아의 소욘과 상商, 서북아메리카의 샤얀족도
몽골리안 루트-라이켄 로드蘚路 속에서 과감히 사맥史脈의 물꼬를 트자!

1990년대 들어 북방이 개방되면서 우연히도 한국에서 두 팀이 북방 탐사에 나섰다. 한 팀은 서아시아에서 셈(Sem)족의 동천東遷을 추적하고, 필자가 포함된 다른 한 팀은 동북아시아에서 우랄·알타이 산맥 쪽으로 조선·선비의 소욘 족의 기원을 천착해 가고 있었다. 유라시아 대륙의 관계 유적을 추적 답사하여 「한민족 기원 대탐사-셈족의 루트를 찾아서」(다큐멘터리 4부작, 1999)를 제작한 창조사학회와 한국 바이칼·몽골학회는 1990년대 말쯤 서로 만나게 되었다. '셈(Sem)과 선鮮'의 역사적 접맥과 그 일체성을 직감하였고, 셈·상商·선鮮이 치열한 담론의 주제로 떠올랐다. 모두 고원건조지대의 문화사여서 유목사안遊牧史眼으로 이들의 역사를 들여다보니 우리를 놀라게 하는 것들이 무수히 쏟아져 나오기 시작했다. 양유목 관행과 이동교회의 전통이며 신화와 전설들이 시간과 거리상의 차이에도 불구하고 역사의 기층 토대에서는 이질성보다는 동질성이 두드러져 그 접맥 가능성이 상당히 많아 보였다.

IT(정보기술)산업의 놀라운 발전과 BT(생명공학)산업의 눈부신 도약에 힘입어 이제 지구마을 차원에서 역사정보의 무한한 공유가 가능해졌고, 역사인식의 코페르니쿠스적 전환을 절실히 요구하는 시대권으로 무서운 속도로 빨려 들어가고 있다. 이런 역사의 소용돌이 한가운데서 필자는 지금 이 글을 써 내려가고 있다.

물론 이 땅에 우리의 길을 예비해 둔 두 거장의 노작이 있었다. 동북

아시아 쪽에서 바라본 연구로는 최동의 『조선상고민족사』(동국문화사, 1996, 서문 : 장도빈)가 있고, 주로 서아시아 쪽에서 천착한 연구서로는 김효신의 『상고연구자료집』(도서출판 새남, 1992, 서문 : 김형효)이 있다. 후자는 특히 서아시아 및 서구 언어에 대한 해박한 지식을 배경으로 하여 치밀한 관계 문헌자료 비판을 담고 있어 국제적 역사감각에서 다소 소외된 외딴 섬 같은 한국사학계에 넓은 시계를 제시해주었다. 이 책들은 각각 서류西流와 동류東流를 강조하는 경향을 보여주는데, 정보화시대의 시각에서 다시 보면 흉노제국 이전의 상고사에서는 '동류'가 역사를 주도하고 이후에는 '서류'가 주도하였다고 보는 것이 타당하다.

식량생산혁명 이래의 '동류'를 역류케 한 '서류'의 근거지이자 태반은 '훌룬부이르 태평양권' 대만주 벌판.
스키토·시베리안 생태무대에서 가장 비옥한 눈 강 유역을 배경으로 훌룬부이르 몽골 스텝이 펼쳐져 있어, 그 거대한 역류가 가능했다.
조선의 선鮮의 태반은 바이칼 몽골, 그 만주의 종착역이 금국의 첫 수도 아성!

올 2월에 필자와 창조사학회 김영우 사무국장을 위시하여 두 팀이 단출하게 몽골·시베리아 합동 겨울답사에 나섰다. 북유라시아의 진수는 겨울이어서 대략 15년에 걸친 현지답사 연구를 이 때 현장감 있게 채록해 두려는 생각을 갖고 있었다. 꼭 21일 동안 흰 땅 위에서만 숨을 쉬며 우리는 많은 이야기를 나누었다. 이견도 많았지만 동류와 서류의 대로大路가 바로 몽골리안 루트인 라이켄 로드(Lichen Road, 선鮮의 선로鮮路)라는 점과 '이끼蘚(鮮)의 길'은 하르빈 언저리에 위치한 금나라의 초기 수도인 아성阿城에서 멎는다는 사실에 대해서는 별 이의가 없었다. 그리고 조선의 '선鮮의 태반'은, 그 연결고리로 북방 유목제국 창업의 자궁이라 할 훌룬부이로 몽골 스텝이 결정적으로 개입하기는 하지만, 바로 바이칼 몽골이라는 같은 결론에 이르렀다.

시안鮮(Xian)이 바로 시온(Zion), 라이켄 로드의 동서단東西端!

이끼떼蘚群 | 대흥안령 북부 근하시根河市 아룡산阿龍山 지역. 왼쪽은 필자, 오른쪽은 훌룬보이르 학원 임점덕林占德 부교수

여기서 필자는 육십 평생을 품어 왔던 의문을 나름대로 풀었다. 창조사학회 쪽에서 현지 이스라엘 학자들에게 자문을 해 보아도 그 이름의 유래를 알지 못하였던 시온(Zion) 산이 다름아닌 소산小山(сопка) 선鮮(Xian)이고, 그것이 바이칼 몽골권에 엄존한다는 사실을 나름으로 확인하고 나서였다. 로만가톨릭이 근 천 년에 걸쳐 그렇게 전도하고자 애썼던 땅, 그럼에도 신도는 아직도 전 인구의 0.0 몇 %밖에 안 되는 곳이 중국이다. 아울러 근대 이후 아시아에서 유일하게 제국주의국가가 된 일본에도 고학력 목회자를 보내는 등 많은 노력을 기울였지만 그 성과 역시 현재의 중국보다 결코 낮지 않다. 그런데 그 가운데 왜 유독 한국에서만은 기독교가 이렇게 부흥하고 있는 것일까? 만약 가난을 이유로 든다면 과연 중국과 일본의 20세기 상황이 늘 한국보다 나았다고 할 수 있

을까?

이러한 의문에 대해, 필자는 2003년 여름 서울의대 유전자이식연구소 서정선 소장 팀과 몽골 현지를 답사하면서 답을 얻었다. 지금은 비록 태평양의 한반도에서 숨쉬고 있지만 본래는 고원 건조지대인 시온 선鮮의 태반인 바이칼 몽골에서 조선인·한겨레의 '게놈'이 형성되어 왔기 때문이라는 것이 바로 답이었다. 즉 유목태반인 셈족과 선족鮮族은 아주 멀고 오랜 역사적 심층 정서가 서로 소통될 가능성을 갖고 있었고 기독교 문제는 그 실제 결실임을 나름대로 읽어낸 셈이다.

주채혁, 「조선, 아침의 나라가 아닌 순록 키우는 북방유목민?」, 『한겨레 신문』 2001년 2월 22일, 10쪽 학술.

주채혁, 「조선·선비의 '鮮'과 순록유목민－몽골유목 起源과 관련하여」, 『동방학지』 110, 2000, 117~220쪽.

주채혁, 「'鮮'의 고려와 '小山'의 馴鹿 연구」, 『백산학보』 67, 백산학회, 2003, 337~360쪽 (『북방민족신문』 제2호, 2005년 6월 15일, 2쪽).

단군은 수달임금,
조선·고구려는 순록유목민의 나라!
수조전설과 한민족 스키토·시베리아 기원설

조선·고구려는 순록유목민의 나라!
조선이 '아침의 나라'라는 역사적 필연성 논증 없는 소모전은 말놀음

밝음이나 태초, 큰이나 또 그 밖의 어떤 것이든 그것을 고중세 북방몽골리안 원주민 언어에서 음가를 빌려다가 한韓이나 환桓, 박朴이나 불함不咸, 발해渤海의 '밝', 조선朝鮮의 '아침'이나 '해'처럼 시적인 감각을 담아 풀어보는 것은 자유다. 어떤 틀을 만들어 겨레 이름이든 나라 이름에 대입해 보고 이를 유형별로 분석해 보는 것 역시 마찬가지다.

그러나 그것이 왜 그럴 수밖에 없느냐 하는 생태사적 이유나 음운 발전상의 역사적 필연성만은 반드시 논증해 보여야 한다. 왜 태초가, 왜 밝음이, 왜 달도 아닌 해가 남달리 우리 나라나 겨레 이름으로서 이렇게 정착되어 올 수밖에 없었는지 그 역사적 필연성을 논증해 보여야 하는 것이다. 특히 게놈이 그렇게 설계되어 있으니 우선 무엇을 먹고 배설하며 어떻게 대를 이을 자기를 재생산해 왔는지에 대한 기본적인 접근 틀에 주목할 필요가 있다.

그것이 없다면 하느님이 선택한 선민이어서 그렇다는 식의, 신학적인 해석이나 언어의 관념적인 유희 이상은 되지 못한다. 하느님이 선택했더라도 역사적인 필연으로서의 이유는 있어야 하지 않겠는가. 그저 하느님은 사랑의 주체요 사랑에는 이유가 없다는 식의 답이라면 일단 학문적 담론의 대상에서는 제외될 수밖에 없다.

물론 한랭고원 건조지대와 같은 특정 생태와 관련된 역사권에서 황금색이 햇빛과 연계되어 있다든가, 조로아스터교 같은 불 또는 밝음을 숭상하는 신앙이 고대부터 있어 왔다는 사실을 부정할 생각은 없다. 그러나 거기에도 그렇게 된 생태사적 배경이 반드시 존재하기 마련이다. 그걸 논증해 내는 것이 바로 과학적 학문의 소명이 아니겠는가.

동북아사상 관념적 이데올로기 국명이 등장한 것은 원·명·청부터!

실로, 동북아시아사만 놓고 보더라도 관념적인 이데올로기가 나라 이름으로 등장하게 되는 것은 기원후 1000년을 전후한 시기다. 즉 연료혁명으로 석탄을 사용하게 되고 제철기술의 혁신으로 군사력과 식량 생산력이 폭발적으로 발전한 몽골 유목세계제국이 성립한 이후부터다. 『주역』에서 따온 '원·형·리·정'의 원元, 이를 이은 명明과 청淸이 그 같은 예에 속한다. 특정 종족명이나 지배종족의 고향 이름을 갖고는 거대한 다민족 대중인 당시의 세계제국민을 영도하고 통합하기는 어려웠기 때문이다. 물론 유목적 기동성을 갖춘 유목민이나 개방공간을 생태무대로 삼는 해양민족의 경우, 집요하게 개인이나 집단의 특정 명칭을 기어이 고수하기도 한다. 그렇지만 그 이름은 자신들의 태반사와 직결되는 경우가 대부분으로, 본래의 명칭은 종족명이나 고향지방의 이름을 함의하는 것이 보통이다.

솔롱고스가 '무지개 나라'라니……
몽골인 몽골학자들 "난생 처음 듣는 얘기!"

물론 원·명·청 이후에는 이데올로기적인 관념적 이상을 투영시켜 그럴듯하게 꾸며서 달리 해석하는 경우가 있을 수는 있다. 예컨대, 강강 '술래'를 강강 '수월래'로 둔갑시켜 특정지역 특정집단의 근래의 역사적 정서를 대변한다든가, 15세기경 서구에서 아메리카 대륙으로 이동한 바이킹에 기원한 앵글로색슨 민족처럼 알타이 사얀산 쪽에서 '이끼蘚의 길'을 따라 동래하여 한반도에 자리잡은 일부 순록유목민에 기원한 조선족이 자신들의 현재 정착지를 미화하여 조선을 '아침 고움'으로, 고려를 '높음 아름다움'으로, 솔롱고스를 '무지개의 나라'로 제멋대로 둔갑시켜버리는 감상적 애국주의가 그것이다. '고움'이라는 뜻이 나쁠 거야 없지만, 문제는 그러한 감상적인 경향이 치명적인 한민족 태반사 왜곡을 가져온다는 사실이다.

1990년 한·몽 수교 직후 솔롱고+복수어미 '스'=솔롱고스(펠리오에 의하면 족제비과인 황서랑黃鼠狼 모피를 팔아 부강해진 종족일 가능성이 있다.)를 한국 언론이 발음만 유사한 '무지개'의 나라라며 연일 대서특필하여 몽골 국민을 어리둥절하게 만든 적이 있다. "그렇지 조선(Solongos=Korea)이 해뜨는 동쪽에 있듯이, 솔롱고스(무지개)도 습기 많은 동방의 태평양 쪽에서 뜨니 누이좋고 매부좋게 수용하자" 했던 식의 이러한 역사왜곡 사례는 위에서 지적한 사례들과 너무나 흡사하다. 한국의 사가나 기자들은 어찌 이리도 시적 감성들이 흘러넘치는지 모르겠다.

더 가관인 것은 '한'이나 '조선' 등을 스키토 · 시베리아 기원설에 접합시키기 위해 어원을 고중세 투르크 · 몽골계 원주민 언어의 음가를 빌어 의미를 합리화시키려 한 거창한 연구작업이다. 한 마디로 어이없는 어용사학이고 역사언어학이다. 이런 얼치기 연구자일수록 이상하게도 한국 북방사학계에서는 마이크를 차고 있는 듯 목소리가 매우 크다. 분위기를 띄우려는 것이겠지만 본질적으로는 위생상 아주 해롭다. 역사왜곡의 첨병이기 때문이다.

IT · BT시대에 아직도 "조선은 아침의 나라"라니 웬 잠꼬대?
본질적이고 궁극적인 한민족사 왜곡은
한인漢人 아닌 한인韓人 자신의 제 역사 삐뚜로 읽기.
중국인이 쓴 한민족사는 차라리 '중국식으로 읽는' 게 정답!

조선朝鮮이라는 한자를 처음 쓴 사가는 분명 한인漢人 지성인이고 한인韓人은 아니다. 그렇다면 당연히 한어漢語 발음인 chao로 읽고 '찾을 조'朝자로 해석하여 한자식으로 '새로운 선鮮을 찾아 늘 옮겨다니는'(순록 유목민)으로 풀이해야 할 일이다. 왜 한국식 한어漢語 발음으로 전거도 없이 멋대로 zhao라고 읽고 한글식으로 어색하게 '아침 고움'의 (나라)라고 해석하여 '애국적'으로 민족역사를 왜곡하고 있는지 모르겠다. 유목 태반사에 대한 무지가 낳은 이러한 쇼비니즘적 민족사학이 '동북공정'을 자행하며 우리의 스키토 · 시베리아 기원 민족태반사를 송두리채로 빼앗고자 하는 중국 지식인들보다 더 본질적으로 한민족 태반사를 철저히 말살시키고 있다는 것을 알고나 있을까. 이는 차라리 민족사를 내부에서 자폭시키는 내간과도 같은 이적행위에 다름아니다. 한민족 태반사의 '유목사적 정체성'을 자포자기하도록 강제하는 한, 이는 엄연한 사실이다.

'광역소수'의 한민족 유목태반사,
거론만 해도 네오파시스트요 쇼비니스트?
이런 유목사적 사맹들의 망동이 고도의 세련된 국제정치적 생존전략인가?

농경 한민족漢民族의 상대적 '협역다수'에 대한 '광역소수'라는 한민족韓民族 유목태반사의 특성만 거론할라치면 구체적인 논거도 없이 네오파시스트라며 온갖 비난을 쏟아내는 이들이 있다. '있었던 그대로'의 한겨레 유목제국 태반사의 천착을 지적하기만 하면 "역사는 역사일 뿐"인데도 열강에 포위되어 있는 우리의 생존 현실을 거론하며 오로지 패배주의적 불가론을 펴대는 이들은 '유목사적 사맹史盲'임에 틀림없다. 물론 여기에는 낯선 새 것에 대한 치기어린 '낯가림'도 크게 작용하였을 것이다.

그렇다고 언제부턴가 지금의 우리를 우리로 있게 해 왔고 또 있게 하고 있는 지금의 한반도의 중차대성을 폄하하자는 애기는 결코 아니다. 다만 그것도 유목사적 민족 태반사를 '있었던 그대로' 올바르게 자각하고 제 '게놈'대로 숨쉴 수 있을 때에야 비로소 그 진정한 의미가 되살아날 수 있음을 알아야 할 것이다.

맥貊이 짐승이니 맥족사는 조선족사와는 절대로 무관하다는 정다산의 망발,
과거시험 정답 '농경사관'으로 인한 한민족 '유목태반 정체성'의 망실은
한국 지성 전통의 일대 참극!

한국 지성사의 고질적인 전통에 따른 이러한 잘못된 관행은 농경사관에 기초한 정답을 원칙으로 한 과거시험제도와 직결되어 있다. 이는 특히 몽골 유목세계제국이 멸망하고 농경 한족제국인 명과 연계되면서, 그리고 만주제국의 흥기에 저항하는 기운이 집권투쟁과 결합하면서 형성된 것으로, 본질적으로 주자학의 기반 위에서 맴돈 조선조의 이 같은 풍토는 오늘날 우리 지성 풍토의 저변을 이루고 있다. 그래서 민족적 자주성을 표방한 혁신적인 정약용 같은 큰 실학자까지도 그의 『아방강역고』의 「예맥」조에서 '맥'이 오소리라는 말이 나오자마자 이 것을 한인漢人학자가 우리 한민족韓民族을 깔보고 쓴 것이라고 하면서 맥은 우리 민족과 무관하다고 단호히 거부하는 반응을 보인다. 이러한 시각은 얼핏 반反주자학적 자주사관 같지만, 사실 주자학적 사관에 본질적으로 영합하는 결과를 내기 마련이다. 이는 "짐승만도 못한……" 이라는 관용구가 상징해 주듯 짐승에 대한 부정적 이미지에 기초한 것이기 때문이다. 유목 몽골인들은 사실 다 백정질을 해야 식사를 할 수 있었다. 짐승 잡는 백정을 팔천의 하나인 백정놈으로 짓눌러온 사회가 조선조 사대부 사회다.

홍명희 선생께 드린 가상탄원서 「임꺽정을 몽골 초원으로!」

그래서 나는 홍명희 선생께 「임꺽정을 몽골 초원으로!」라는 가상탄원서를 낸 적이 있다. 유득공의 『발해고』도 이른바 통일신라 이래 민족사에서 망각해 버린 발해 역사를 재편하는 훌륭한 용단을 보였지만, 발해가 '보카'요 보카는 스텝을 주된 생태무대로 삼는 늑대의 토템화된 이름(『체벨 사전』에서 booqai로 재조회. 몽골어학자 이성규 교수)이라는 사실은 한 마디도 언급하지 않았다. 신채호의 경우 험로를 헤치면서 당시 적진이라 할 고조선과 고구려 유적지를 목숨 걸고 답사하며 역사를 다시 고쳐 쓰는 파격성을 유감없이 발휘하였지만, 조선과 고려를 순록유목의 주체인 순록과 직결시켜 파악할 생각은 꿈에도 해본 적이 없었던 듯하다. 가통이 내로라하는 사대부 신숙주 가에 직결되기 때문이다. 이런 고질적인 지성의 전통에 깊이 물든 환경에서 태어나 난마와도 같은 이 시대의 민족사 인식계를 헤쳐나가고 있는 우리 한국 사학도들이 '한민족 유목태반사적 정통성'을 명실공히 소생 부활시켜 확립하기는 그래서 아직은 너무나 요원해 보이기도 하다.

세계 최대의 숲 시베리아 기원 민족들의 '수조전설 천국'
유목 몽골사학도인 필자가 들여다본 한민족 태반사는 스키토·시베리안사를 창출해온 어로·수렵과, 뒤이은 목축, 특히 특수 목축인 순록·양의 유목과 직결된다. 그렇지 않은 한국 상고사 서술은 허구라고 보는데, 우선 문제제기 차원에서 이를 간추려 보겠다.

스키타이 청동기의 동물의장이 보여주듯 스키토·시베리아에 기원을 둔 동북아의 고대 종족 또는 제국들은 거의 예외 없이 수조전설을 갖고 있다. 그들의 태반 생태와 역사지리적인 배경 등이 그들에게 이러한 시조전설들을 갖게 하였는데, 우선 창업 주체들의 생업이 유관 야생동물들과 밀착되어 있었다고 하겠다.

동북아의 여러 종족 내지 고대제국들은 서아시에서 동아시아로 흘러온 초기 식량생산문화의 세례를 신속히 그리고 집중적으로 받았다. 대체로 동·서축으로 되어 있는 유라시아 대륙은 등온대等溫帶를 이루

스키타이의 황금으로 만든 사슴모양 방패장식판 | 기원전 7세기

어 사람과 기술의 이전이 상대적으로 용이했고, 또한 툰드라―타이가―스텝으로 이루어진 개방공간에 유목적 조직력과 정보확보력, 그리고 기동성을 더하여 기후와 풍토를 달리하는 시베리아 북극해권과 대비되는 외흥안령 동남의 훌룬부이르 호 태평양권·대만주권을 창업기지로 활용하여 대체로 다른 대륙과 지역을 압도하는 발전을 이룩하였다.

짐승만도 못한 오랑캐라니!
'오랑캐'는 orun bog이란 말에서 기원한 순록유목민,
조선·고구려의 뿌리! '조선·고구려 순록유목 기원설'의 모태

그 기반이 된 것은 수렵과 어로, 그리고 이를 이은 순록·양 유목이라는 축산문화였다.

44

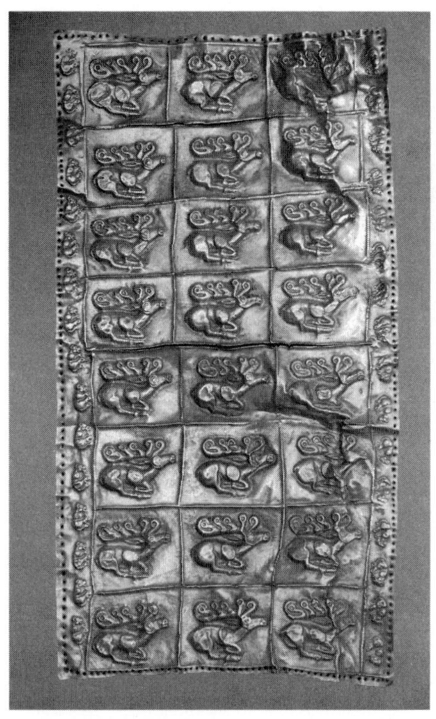

스키타이 활·화살통의 금박 | 기원전 7세기 후반. 역시 사슴이 주인공으로 등장하고 있다.

동북아 여러 종족들의 북방기원설에 대해서는, 조선은 목초지, 고려는 순록 자체를 가리킨다는 '조선·고려 순록유목기원설'로 함축되는 필자의 견해를 이미 밝혔다. 아시아 대륙의 1/4, 세계 육지의 1/10을 차지하는 세계 최대의 타이가—스텝—툰드라 지대에서 식량채집단계에서 식량생산단계로 나아가는 생산혁명 과정을 거치며 지배종족 내지는 고대정복제국으로 발전해 나갈 수 있는 생업으로는 순록유목과 개활지 스텝의 양유목 외에는 있을 수 없다. 양유목의 뿌리인 순록유목으로 툰드라—타이가에서 힘을 기르며 점차 개활지인 스텝으로 진출하여 대규모 양유목 생산으로 발전하게 되고, 그 부산물로서 필연적으로 등장한 기마사술騎馬射術은 이 유목의 첨단 무력이 되었다. 이렇게 하여 기마 양유목민이 되고, 기마 양유목으로 양유목의 생산력이 더 크게 발전하면서 기마 양유목제국이 출현하고, 더 나아가 목농을 아우르는 유목 주도의 고대 유목 세계제국이 출현했다.

흑룡강성 반달곰

이렇게 세계 최대의 스텝 －타이가－툰드라 지대를 무대로 형성된 북아시아 여러 종족이 거의 예외없이 종족사상種族史上의 생존 생태와 유관한 어떤 짐승을 조상으로 삼는 수조전설獸祖傳說을 공유하게 된 것은 전혀 이상할 것이 없다. 백두산 호랑이가 시베리아 호랑이와, 태백산 반달곰이 흑룡강성 반달곰과 생태유전학적으로 접맥되는 것이 고원에서 고원으로 이동해 가며 사는 짐승의 생태적 특성 때문이라면, 백두산 조선족이 가까운 중원의 한족漢族이 아닌 더 머나먼 한랭고원 건조지대인 우랄·알타이 산맥 지역의 원주민들과 인종, 언어, 문화적으로 주로 접맥되는 이유도 알 수 있을 것이다. 짐승만도 못한 '오랑캐'라지만 투바의 오랑캐족 목민(투르크계) 노인은 한국인인 나를 보고 오랑캐 동포라며 반겼다. 순록이라는 오룬복(orun bog)을 치는 순록유목민 동포라는 얘기다. 놀랍지 않은가?

시베리아 툰드라－타이가－스텝의 야생동물 생태 파괴,
한민족 태반사의 치명적인 말살!
'순록·양 유목 태반사' 잃고 역사의 고아로 전락
모태회귀처 부르칸 동산도 갈 길 잃고 더듬이 떨어진 개미처럼 헤매기만!

순록과 사슴 | 아.아르다잡 다구르 학자가 직접 그린 것

인간 태아의 3~4년여 태반사가 그 후 수십 년간의 인생살이보다 더 큰 영향력을 발휘함에도 불구하고, 유목제국과 목농제국, 농목제국을 건설해 오는 과정에서 제도적 함정에 몰입하여 이들은 점차 자신들이 '유목 태반사적 정통성'을 잃어버리게 되었다. 이 때 결정적인 역할을 맡은 것이, 특히 송대 이후의 중국과 조선대 이후의 한국에서 농경사관에 기초한 정답을 요구한 과거시험이다. 여기에 치명타를 가한 것은 '수조전설'지인 시베리아-몽골-만주 지역을 근대화라는 이름으로 상호경쟁적으로 치열하게 전개한 개발이었다. 사냥터도, 축산을 위한 광활한 목초지도 마구잡이로 개발의 대상이 되어 생태는 파괴되고 유관 야생동물은 남획되어, 동북아 원주민들의 역사 태반 현장에서조차 거의 멸종 상태에 이르게 되었다. 이에 따라 이것들을 모태로 삼는 동북아 주민들의 태반사를 복원시킬 최후의 끈마저

툰드라 지대

사라지기에 이르렀다. 동북아 원주민의 역사적 모태는 북유라시아 툰드라—타이가—스텝이고, 생업의 토대는 어로와 수렵, 그리고 순록·양의 유목이다. 사냥과 특수 목축이라 할 유목으로 이어지는 역사적 토대 위에 '게놈'의 핵심이 서 있다. 따라서 야생동물이 사라지면 이들의 역사 역시 소멸되며, 이들의 역사가 소멸되면 이 곳을 터전으로 삼았던 사람들은 '유목 태반사적 정체성'이라는 자기 삶의 기억의 모태를 송두리째 상실한 채 마치 알츠하이머 환자처럼 인류사에서 저절로 사라지게 될 것이다. 스키토·시베리아와 북미에서는 차르 러시아와 소비에트 러시아, 자본주의 산업국가들의 금융만능의 개발 때문에 순록과 순록유목민의 후예들이 속속 사라져 가고 있는 것이 현실이다. 지금 한 민족사학도가 유관 야생동물의 생태 복원 문제를 절박하게 제기

타이가 지대

하는 까닭이 바로 여기에 있다.

현존 한우의 고향은 바로 몽골고원 동남부 다리강가 대초원
알타이·사얀 산맥에서 백두대간까지 고원지대에서 고원지대로 생태
조건을 따라 오간 것이 예穢와 맥貊이며, 시베리아 호랑이와 백두산 호
랑이며, 반달곰이며, 또한 조선족·고려인이다. 진돗개는 삼별초가 진
도항전을 전개할 때 몽골군이 진도의 짙은 숲에 풀어놓은 개라고도 한
다. 17세기 이후 현존 한우韓牛의 고향은 바로 몽골 고원 동남부의 다
리강가 대초원이다. 문헌사료와 구비사료를 토대로 하고 그것을 생명

공학의 힘을 빌려 증명해 가는 차원에서 하는 얘기다. 한국야생동물유전자은행(이항)도 있고 마크로젠(서정선)도 있으며 한국녹용연구센터(전병태 : 순록관계)와 지의류蘚 연구센터(고영진), 그리고 수달연구센터(한성용)와 한국초지학회(성경일 총무)도 있어서 이 단체들은 서로 연구정보를 교류하고 있다. '역사과학'이라는 무한 개방영역을 첨단과학과 단절시킨 채 독선적으로 고립해서 살아남을 수 있는 그런 시대는 이미 아니다.

예는 부이르, 부이르는 숫수달! 예에서 부여가 나왔다

고원지대를 대표하는 짐승이 산달山獺인 너구리(몽골어로 elbenkü) 즉 맥貊이라고 한다면, 저습지대를 상징하는 짐승은 숫수달인 부이르 즉 예다. 부이르라고 부르는 숫수달은 암수달보다 모피(fur)가 더 좋아서 유명해졌다. 그런데 산달은 건달乾獺이라는 고원지대의 타르박, 수달은 바다의 해달과 각각 연계되어 있다. 그래서 맥국은 산골 춘천에(2005년 3월 23일, 헤이룽장 성 동물연구소 박인주朴仁珠 교수의 공식보고), 예국은 물가 강릉에 각각 역사유적을 남긴 것이다. 신앙의 대상이 되는 나무로는 '맥'은 산의 자작나무, '예'는 저습지대의 홍류紅柳였다. 예와 맥이 통일되면 예맥이 되고, 수달과 산달이 합쳐지면 타타르가 된다.

예맥=수달+산달=달달=단단=Tatar
배달은 '흑달달'에 대해 문명화·농경화한 백달달에서 나온 한겨레 이름!
유목민의 신단수가 숨쉬는 배달겨레의 이동교회 '부르칸 오보!'

예맥濊貊=달달獺獺=단단檀檀=Tatar다. 그리고 이 나라를 다스리는 임

맥貊 | 산달, 훌룬부이르대 교수 황학문黃學文 제공

예灖 | 한성용 한국수달연구센터 소장 제공

금을 칸韓이라고 한다. 문명화, 농경화된 것은 백白타타르고 그대로 원형을 유지하고 있는 것이 흑黑타타르다. 그래서 나는 '배달'을 백타타르에서 유래한 겨레의 이름으로 본다. 예목灖木 홍류紅柳를 이용하여 게르를 짓고, 화덕 곁에 맥목貊木 자작나무로 천창天窓을 꿰뚫는 샛대鳥竿를 세우니 '유목민의 신단수'가 숨쉬는 샤먼의 '이동교회'가 뜬다.

**한민족 중핵 태반사 해석의 키워드는
농경기원이 아닌, 특수 목축 순록·양 유목 기원으로 축약!
스키토·시베리안 유목태반사는 '수조전설 코드'로 읽어야!**

샤먼 사제의 역사 인식틀을 가진 이들이 스키토·시베리아 기원민족과 관련하여 문제가 된 것은 물론 순록·양 유목이라는 식량생산단계에 성공적으로 진입하여 부족국가, 부족연맹국가, 그리고 고대유목제

유목민의 신단수(이동교회) | 정재승 소장 제공

국을 창업해 냈기 때문이다. 여기에서 예맥 조선·고려 문제도 대두된다. 맥궁貊弓이 맥나무로 만든 활이 아니듯, 단궁檀弓 또한 결코 박달나무檀로 만든 '밝은' 활이 아니다. 물론 맥적貊炙도 맥족이 구워먹은 불고기 이름이고, 맥고기로 만든 불고기를 말하는 것이 아니다. 맥(너구리)을 사냥해서 먹고 살던 맥족이 만든 활이 맥궁이요, 예(숫수달)를 사냥해서 먹고 살던 단족檀族=숫수달족(예족)이 만든 활이 단궁이다. 그래서 단군은 수달임금, 조선·고려는 순록유목민의 나라인 유목제국에 기원하고 있다. '유목제국'이란 유목민만이 만든 나라가 결코 아니다. 그런 유목제국은 존재한 적이 없고, 목농복합국가로서의 유목제국

52

단군의 영정

만이 역사상에 실재했다. 이것을 혹여 신성모독으로 받아들인다거나 하지는 말기 바란다. 실제로 그렇게 생각하는 것이야말로 한민족 유목 태반사적 정체성을 말살하는 반反자주사관이다. 한민족의 중핵인 태반사 해석의 키워드는 농경이 아닌 특수목축 '유목 기원'으로 축약되기 때문이다. 그래서 수렵·어로 → 유목으로 이어지는 스키토·시베리안 유목태반사는 수조전설 코드로 읽어야 읽히게 되어 있다. 선로鮮路

아기를 안고 있는 곰녀상 | 다마스커스 박물관 소장,
김영우 국장 제공

상의 다마스커스 박물관에는 「아기 안은 곰녀상」이 소장되어 있고 우랄산맥에는 단군신화와 매우 유사한 '수조전설'을 공유하는 고미熊 공화국이 엄존하고 있다. 물론 고미족이 지금도 살아 숨쉬고 있다. 수조전설의 천국을 모태로 태어난 스키토·시베리아에 기원한 민족이 우리다. 지구생태사 운영에서 짐승만도 못한 우리가 아니라, 우리는 겸허히 '짐승만은 해야' 하는 한민족사의 주체들이 아닐까.

주채혁, 「한민족 기원 미스터리 : 한국인은 어디에서 왔나? 한민족 기원3 : 북방기원설—북방의 순록유목민 한반도로 이동 ; 스텝-타이가 지역인 천산북로(天山北路)의 순록의 먹이 이끼의 길 따라」, 『역사탐험』 2(『월간중앙』 2003년 7월호), 16~19쪽.

주채혁, 「朝鮮·鮮卑의 선(Soyon)족 起源考—原조선겨레 '소욘(鮮)'族에 관하여—」, 『백산학보』 63, 백산학회, 2002, 5~45쪽.

주채혁, 「동북아종족 '수조전설(獸祖傳說)' 및 야생동물자원 복원」, 『한·중 야생 동물자원보호와 회복 연구토론회 논문집』, 흑룡강성야생동물자원연구소·서울대 수의과대학, 2005. 3., 80~96쪽(『북방민족신문』 제5호, 2005년 10월 1일, 2쪽).

맥국 터와 예국 터 답사 가이드

맥국 터와 예국 터에 관해서 편의상 박문순朴問順과 주답돌周쫍돌의 문답식 대화로 답사안내를 하기로 하지요.

맥국과 예국 정체성 밝혀야 춘천과 강릉, 제 얼굴 보여!

□ 문순 : 왜 하필 맥국 터와 예국 터 유적을 골랐지요?

▽ 답돌 : 춘천맥국설은 어디까지나 설일 뿐, 그간의 맥국에 관한 문헌사학이나 고고학적인 연구에도 불구하고 춘천의 어디에 언제 어떤 형태의 나라로 존재했느냐를 입증할 수 없어서 그냥 그 곳으로 추정되는 천전泉田(샘밭)리에 맥국의 유허비만 세워둔 때문이지요. 대체로 청동기시대의 고인돌 무덤사회~철기시대 돌문이 무덤사회에 걸치는 성읍사회, 족장국가나 부족국가와 부족연맹국가였을 것으로 추정하고 있습니다. 그리고 각각 출토 유물과 관련하여 맥국 터를 중도, 천전, 발산과 우두산 등지로 어림짐작하면서 치밀한 학술조사를 통한 역사적인 실체의 규명을 무작정 기다리고 있는 실정입니다. 그래서 사서에 "본래 맥국인데……"라고 기록된 춘천의 역사적 정체성은 계속 실종된 상태로 표류하고 있고, 달리 뾰족한 수가 없다면 앞으로도 언제까지나 이

런 상태일 겁니다. IT·BT 역사인시 개벽시대에도 현지 학계가 아예 눈을 감고 숨바꼭질을 계속하는 한은 말입니다. 강릉(명주군) 예국 터는 우선 맥국 터를 답사해 가며 그때그때 함께 설명하기로 하죠.

산산이 부서진 이름, 고요한 아침의 나라 조선!
내몽골 훌룬부이르 시는 한자와 몽골어를 함께 쓴다.
한자로 맥貊은 별칭이 산달이고 몽골어로는 엘벵쿠다.
산달도 엘벵쿠도 모두 한국어로는 너구리다!

□ 문순 : 그런데 도대체 맥국의 맥貊이란 무엇이고 왜 맥족이라는 종족 이름이 생겨났을까요?

▽ 답돌 : 실은 가탐賈耽의 『고금군국지』와 『수서』「백제전」에 춘천 맥국의 옛터가 등재되어 있을 정도라면, 중원의 한인漢人 사가가 그 먼 곳에서 당시의 관계 사료를 수집하여 기록했다는 사실 자체만으로도 그 역사적 실재는 일단 인정하는 것이 상식이 아닐까 합니다. 물론 치밀한 연구는 문헌고고학자의 몫으로 남겨두더라도, 일단 그것이 한인 사학자에 의해 한자로 기록된 사료임에 틀림이 없고 보면 그들의 용례 관행을 살펴보는 것이 중요할 것입니다. '조선'이나 '맥'은 다 기원전부터 지금까지 사용되고 있는 명칭입니다. 그런데 조선은, 자고 이래로 중국인들이 요즘의 우리들이 일반적으로 그러하듯이 '아침'조朝(zhao)와 '고울'선鮮으로 읽은 적이 없고 지금도 그렇게 읽지 않는다는 사실이 밝혀져 한국사학계에 작은 파문을 불러일으키고 있습니다. 조선이 '아침의 나라'라는 통념은 산산이 부서지고 그 폐허 위에 '조선 순록유목 기원설'이 고개를 들고 일어날 수 있을지도 모릅니다. 소牛 말馬, 개

犬처럼 기원전부터 사용되어 온 맥貊도 '한인'의 '한자'로 읽어 그 용례 관행을 살펴본다면 뜻밖에 너무나도 간단히 맥국의 문제를 풀 수도 있습니다. 내몽골에서 한자로 맥貊이라고 쓰고 몽골어로 엘벵쿠(elbenkü)라고 읽는 관행이 지금도 중국 내몽골과 만주에는 상존하니까요. 여기서의 맥은 산달이라는 별명을 가진 너구리입니다. 몽골어 엘벵쿠가 너구리라는 뜻이니까. 그러니까 너구리 사냥을 주업으로 하며 너구리 모피(fur)를 시베리아와 만주시장에 주로 팔아온 종족이 맥족이라는 것이지요.

이 곳 수조전설의 천국엔 사람만도 못한 짐승은 없다!

□ 문순 : 재미는 있는데 너무 어렵네요.

▽ 답돌 : 당연하죠. 정다산 같은 대학자도 『아방강역고』 「예맥고」에서 '맥'이 오소리라는 말이 나오니까, 기겁하며 중국인이 우리를 깔보고 적은 종족이름이니 우리와는 무관하다며 잡아떼었을 정도니까요. 요즈음엔 저 죽어가는 줄도 모르고 허욕에 눈이 멀어 생태계를 마구 파괴해 대는 사람을 두고 '짐승만도 못한 사람'이라는 말이 나오고 있습니다. 농경 전통사회에서야 '짐승만도 못한 사람"이라는 관용구는 보편적으로 쓰이니까요. 그런데 우리 역사를 주도한 세력은 스키토ㆍ시베리아 기원일 수밖에 없는 유라시아사적 배경이 엄존합니다. 그리고 세계육지의 1/4, 아시아 대륙의 1/10이나 되는 시베리아를 태반으로 태어난 우리 같은 이들은 모두 다 단군웅녀 전설과 같은 수조전설의 소유자일 수밖에 없다는 것이 객관적 사실입니다. 그렇다면 맥이 산골인 춘천에 많이 살고 있고 그것을 사냥하는 관행을 가진, 이전에

어디에선가 맥국을 세웠던 사냥꾼-유목 종족의 한 분파가 산짐승의
왕국 춘천에 그것이 어떤 성격을 띠었든 맥족의 나라를 그대로 옮겨와
다시 세우는 것은 있을 수 있는 일이 아니겠느냐는 거지요.

유라시아 대륙과 한반도, 특히 북유라시아 한랭고원 건조지대와 한
반도는 자연생태상으로나 역사적으로나 밀접한 관계를 맺어온 지역으
로서 절대 단절된 공간일 수가 없었어요. 유라시아대륙은 동·서축으
로 되어 있어 등온대를 이룰 뿐만 아니라 식량생산단계 이후부터는 유
목기동력이 여기에 가세하여 사람과 기술의 이동이 상대적으로 용이
했습니다. 중원지역과는 달리, 식량생산혁명이 처음 이루어진 서아시
아와 시베리아-만주-한반도는 몽골리안 루트-라이켄(Lichen, 선鮮
의 선䕘) 로드-스텝로드로 접맥되어 있어요. 물론 오랜 역사과정을 거
치면서 자연생태조건도 다소 변하게 마련이지만, 이와 같은 세계 최대
의 스텝-타이가-툰드라 지대를 무대로 하여 형성된 북아시아의 여
러 종족이 거의 예외없이 짐승을 자신들의 조상으로 삼는 '수조전설'을
공유하게 되는 것은 이상할 것이 없고요. 백두산 호랑이가 시베리아
호랑이와 생태유전학적으로 접맥되는 것이 고원에서 고원으로 이동해
가며 사는 짐승의 생태적 특성 때문이라면, 백두산 조선족이 가까운 중
원의 한족漢族이 아닌 더 머나먼 한랭고원 건조지대인 우랄·알타이나
티베트 고원의 원주민들과 인종이나 문화적으로 주로 접맥되는 이유도
알 수 있습니다. 요즈음의 DNA 비교·검사 결과들이 이를 점차적으로
증명해 내고 있지요. 물론 농경지대의 한어漢語와는 달리, 속도 위주의
유목생업 태반사에서 비롯된 것으로 보이는 '주어(s) + 목적어(o) + 동

사(v)형'의 구문구조도 이를 입증하는 하나의 증거가 될 수 있어요. '나는(s) + 사랑한다(v) + 너를(o)' 어쩌고 저쩌고 하다가는 이미 저만큼 지나쳐버리는 유목지대의 '너'이기 때문이지요.

실은 '기마 (양) 유목'은 있어도 '기마유목'은 없다.
요즘은 신유목이라며 오토바이를 타고 양유목을 하기도 하는데,
그렇다면 '기騎 오토바이 유목'도 있어야 한다.

이런 생업의 특성상 순록유목민 내지 기마騎馬 양유목민羊遊牧民이 이 지대의 군사·정치적 주도권을 장악하여 농경정착지대를 정복하는 과정에서 고대 유목제국을 창업한 사실도 당연한 결과라 하겠어요. 그러니까 춘천의 맥국 옛터도 결국 이런 역사의 큰 흐름 속에서 파악해야 한다는 거죠.

농경사관 정답 과거시험이 오랜 세월 한민족 태반 '유목사적 정통성' 지우개 노릇!
흑룡강성 동물자원연구소 박인주 교수
십여 년간 흥안령 지대 현지조사결과 내한 보고,
현지에 지금도 '맥 수만 마리가 뛰놀고 있다!'

□ 문순 : 답돌 님 말고도 이런 얘기를 하는 이가 또 있나요?

▽ 답돌 : 한국사학계에는 없어요. 1970년대 초반까지 고구려사 전공자가 단 한 명도 없었듯이, 지금까지 수렵·유목사를 전공하는 한국사 전공자는 한 사람도 없으니까요. 몽골유목사 전공자인 답돌이 같은 사람이나 이렇게 밖에서 들여다보고 손가락질하고 있는 셈이지요. 그도 그럴 것이 한국사학계가 오로지 농경위주의 유학경전으로 과거시험을 보아 수백 년간 그 가문의 위상을 일으켜온 사대부 지성사회의 학맥을

이어오는 터에, 정다산 같은 거유巨儒의 견해를 거스르며 감히 살아남을 수는 없었기 때문이지요.

1999년 대흥안령 북부 훌룬부이르 몽골 스텝에 한 해 동안 상주하며 이런 사실을 조사연구하여 국내에 보고했지만 여기에 귀 기울이는 사학자는 하나도 없었습니다. 맥에 관한 답돌이의 이 같은 답사보고가 주목을 받게 된 것은, 그로부터 6년 뒤인 2005년 3월 23일 서울대 수의과대학에 객원교수로 와 있던 헤이룽장 성 동물연구소의 박인주朴仁珠 조선족 교수가 "대·소 흥안령에 맥貊이라고 불리는 너구리가 지금도 적지아니 뛰어놀고 있다"고 관계학회에 공식보고를 하고 나서입니다. 박 교수는 성경일 동물자원학자(강원대 교수)의 초청으로 춘천이라는 맥국 옛터를 직접 답사하고, 자신의 태생지인 흥안령과 눈嫩강 지대에서 지금도 뛰노는 맥=너구리들을 상기하면서 아주 감명깊은 학술강연도 했지요.

동북공정 1970년경 이미 꿈틀,
호눈 평원 발굴유적지에서 영구 추방당한 북한 고고학자들!

□ 문순 : 너무 어렵네요.

▽ 답돌 : 어려워도 눈을 부릅뜨고 맥貊을 제대로 봐야 춘천 문화유적의 맥이 숨쉬며 깨어 일어나게 되고 예맥족인 한국인이 제 역사적 정체성을, 연출에 능란한 정치가들의 구호 같은 독선적이고 허구적인 차원을 깨고 제대로 깨달아 세울 수 있습니다. 어떤 유명인이 춘천 문화유적을 언급하지 않았다고 해서 염려할 것이 전혀 없어요. 시각만 바로잡고 시력만 키우면 세계사적인 맥락의 춘천 문화유적이 아주 많이

깨어 일어날 테니까요. 이메일이라는 수단을 통해 역사정보가 지구촌을 빛의 속도로 날아다니고 유골만 있으면 천 년 전의 부계나 모계 조상의 진위 여부까지 밝혀지는 생명과학의 시대입니다. 아직도 한국식으로 중국인의 한국사 관련 한자사료들을 읽고, 유목사 유물도 농경사 유물의 잣대로만 재려고 하는 편견과 독선으로 가득차 있다면 춘천의 맥국사 연구는 앞으로도 별다른 희망이 없다고 봅니다. 맥국이 어디 한국 춘천에만 있을 수 있나요? 대흥안령 북부에도, 요녕성이나 길림성에도, 평양에도 있을 수 있고 또 있었을 겁니다. 그러한 역사의 광맥을 천착하려면 때로는 유적지의 항공촬영도 필요하고 유목사적 시각의 맥국사 읽기도 필요한 것이지요. 1970년경 북한학계가 현지답사와 발굴을 한 후 기원전 5~3세기 이전에 이미 대흥안령 북부의 훌룬부이르 몽골 스텝과 눈嫩강 사이에 맥국＝고리국이 세워졌다는 견해를 발표했다가 저우언라이周恩來에게 쫓겨나 다시는 그 유적지에 얼씬도 못하게 된 사건은 유명합니다. 짐승왕국 춘천 맥국 터의 모태는 역시 시베리아·몽골 고원지대고 고원에서 고원으로 옮겨다니는 맥(너구리)의 속성상 백두대간이 이와 연계되어 맥국이라는 춘천 지류가 생겨났다고 볼 수 있겠지요. 가령 고구려 같은 맥국류의 거대제국이 여러 창업조건이 구비되어 장백산맥 일대에서 일어났다 하더라도, 그 맥국의 시원은 역시 한반도 농경사회 내에서 자생했다기보다는 핵심 지배조직이 숲의 바다인 짐승천국의 모태 시베리아·몽골의 수렵·유목사회의 역사에서 기원했다고 봐야지요.

고대 타이가―툰드라 지대에는 당연히 목기, 피기皮器나 골각기가 주류!
왜 토기와 청동기나 철기가 유목사 해석의 절대기준인가?

□ 문순 : 그래서 답돌 님은 지금까지의 연구시각들에 근본적으로 문제점이 있다고 보는 건가요.

△ 답돌 : 물론입니다. 1126년에 요遼가 멸망하자 왕족 중 한 사람이 불과 200기騎를 거느리고 중앙아시아로 가서 서요西遼 즉 카라키타이黑遼를 세웠어요. 오랜 세월에 걸쳐 십자군에게 치명타를 가해 온 셀주크 투르크 주력군을 일거에 타파해서 서구를 경악케 한 강국이지요. 그런데 그들의 유물이나 유구가 지금까지 거기에 얼마나 남아 있는지 주목할 필요가 있어요. 1206년 몽골 고원 통일 직후 헨티·아이막의 몽골 초기 수도 자리에는 유구는 물론 유물이라 할 만한 게 거의 없어요. 불과 700~800년 전 이야기입니다. 성을 거의 쌓지 않는 유목민들에게 유적은 별 의미를 갖지 못하거든요. 기원 전후의 역사라면 더 말할 것도 없습니다. 도대체 순록이나 양의 유목지대에서 왜 석기나 토기나 청동기나 철기가, 목기木器나 피기皮器 및 골각기보다 역사해석에서 언제나 우선시되는 자료로 동원되어야 하는 걸까요? 물론 한반도 춘천은 유목지대가 아닙니다. 그러나 맥국의 시베리아·몽골 고원의 수렵·유목 기원을 염두에 둔다면 적어도 이러한 접근시각을 가져야 하지 않을까 합니다. 지금도 몽골리안 유목민은 자기가 살던 곳의 지명이나 부족 이름을 아메리카 대륙으로까지 가지고 갔다는 흔적들이 엄존하거든요. 과연 춘천의 맥국은 거기에서 예외여야 할까요?

예는 모피가 좋은 숫수달 '부이르', 부여의 명칭 유래 가능성 매우 커!
예는 저습지대 수달, 맥은 고원지대 산달(너구리)
고구려貊 → 발해濊 → 거란貊 → 여진濊 → 몽골貊 → 만주濊
스키토·시베리안 역사상의 오랜 예와 맥의 상호투쟁사,
한반도 강릉 예국과 춘천 맥국까지 통합권 다툼 치열!

□ 문순 : 흔히 예와 맥을 대칭시키기도 하고 합쳐서 부르기도 하는데, 그렇다면 예는 무엇이라고 봐야 할까요?

▽ 답돌 : 참 대답하기 힘든 질문이네요. 답돌이가 몰라서라기보다는 듣는 손님인 문순 님이 북아시아 원주민의 언어, 특히 짐승이름들에 대해 전혀 아는 바가 없어서입니다. 시베리아에는 사냥꾼이나 말 탄 양유목민만 있는 줄 알기 쉬운데 실은 저습지대에서 식량생산이 더 많이 이루어져 왔고 지금도 이 저습지대에서 어로를 겸하는 시베리아 원주민이 산짐승만 주로 사냥하는 이들보다 수적으로 더 우세합니다. 고원지대를 대표하는 짐승이 산달인 너구리貊라면 저습지대를 상징하는 짐승은 수달인 부이르濊라는 것이 내몽골 사회과학원 역사연구소 아·아르다잡 교수의 견해입니다. 부이르는 호수 이름이지만 전설상 숫수달이라는 뜻을 갖고 있습니다. 숫수달이 암수달보다 모피가 더 좋아서 부이르(Buir)가 문제가 되었던 것이지요. 그런데 언제부턴가 B자가 탈락하고 예濊자로 쓰이게 되었습니다. 실제로 2003년 정월에 눈 내리는 춘천 맥국 유허비 언저리를 현지답사한 후 이런 견해를 내놓았습니다. 예계와 맥계는 역사적으로 치열한 공방전을 벌여 왔으며 그 실례를 들기도 했지요. 예컨대 맥계인 거란이 서니 예계인 여진이 일어나 이를 멸망시키고, 이 여진을 다시 맥계인 몽골이 정복하여 지배하다가 결국 예계인 만주제국에게 거의 철저히 멸망당했다는 것입니다. 저습지대

종족인 예족과 고원지대 종족인 맥계가 치열하게 공방전을 펼쳐온 오랜 역사적 맥락 속에서 해변 강릉의 예국 유적과 산중의 짐승왕국 춘천의 맥국 유적이 상존한다는 시각과 그 집요한 천착이 이제 아주 긴박하게 요청되고 있는 셈이지요.

수달(예)과 산달(맥)이 하나된 예맥=타타르
거란과 여진, 몽골과 만주, 강원도 관서와 관동의 창조적 통합일 수도!
예라는 수달과 맥이라는 산달이 통일되면 예맥濊貊=달달獺獺(Tatar)이 된다고 보는 이도 있어요. 때마침 국내 유일의 수달 전문가인 한성용 교수를 소장으로 하여 세계적인 차원의 '수달연구센터'가 화천에 세워졌습니다. 이를 계기로 자잘한 밥그릇 싸움이나 하는 연구는 지양하고, 역사정보가 빛의 속도로 오가는 지구마을시대답게 과감히 시베리아·몽골에 문호를 개방하여 예맥의 맥(너구리) 연구를 위한 동물학적 접근도 적극 시도해야 합니다. 이제 진실로 한국 '수조전설' 유산의 태반인 유구한 전통의 '짐승왕국' 춘천의 문화유산 맥국 터의 장엄한 맥을 소생시켜 냈으면 참 좋겠네요.

강릉 예국 터에 '예회濊膾 레스토랑', 춘천 맥국 터에 '맥적貊炙 레스토랑'을!
이 연구작업이 성공을 거두면 맥궁을 만들어 너구리 사냥을 하고, 춘천인의 선조 맥족이 이르렀던 맥국터 벌판에는 맥적 레스토랑이라는 불고기집을 하나 내는 게 답돌이의 개인적인 포부랍니다. 맥적이란 동북아에서 고대 맛시장을 주름잡은 우리식 불고기 요리지요. 춘천 사람들은 맥적의 전통이 이어져 내려와서 그런지 음식 솜씨가 세계 수준급입니다. 한국라면이 아주 비싼 값으로, 베이징-울란바아타르-모스크바-시베리아를 주름잡고 있는 현실에 비추어 답돌이 나름대로는 아주 진지하게 하는 말입니다. 그냥 한 번 해보는 소리가 결코 아니라는 거지요.

단기 4338년 개천절 제천축제 가상축사

나와 우리의 정체는?

10월 3일(양력 11월 4일) 오늘은 고기古記에 따르면 4338년 전 국조이신 단군이 유라시아 대륙 평양성에 도읍을 정하고 처음으로 조선이라고 국호를 일컬으신 창업일입니다. 스키토·시베리안 황금씨족(Altan Urug, 김씨) 천손족의 국조로서 하늘의 정치를 여신 개천開天일인 것입니다. 이에 앞서 단군의 아버지이신 환웅이 홍익인간의 큰 뜻을 품고 인간세계를 그리워하며 시베리아·대만주 벌판 백두산 신단수 아래서 웅녀와 혼례를 올리어 국조 단군을 낳으시고 신시神市의 정치를 베풀 기틀을 마련하셨습니다. 개천 이래로 오랜 세월에 걸쳐 알게 모르게 이어져온 이 날의 제천행사는 이러한 우리의 유목 스키토·시베리안 기원 태반사적 정체성을 늘 일깨우며 오늘에 이르렀습니다. 그리고 오늘의 우리 또한 이러한 제천행사의 역사적 맥락 속에서 묵묵히 경건한 마음으로 우리의 하느님께 우리를 산제사를 드리고 있는 터입니다.

신주를 밤나무로 깎는 사연은?

우리는 언제부터인가 제사를 드릴 때 신주神主를 깎아 세웠는데 목재는 굳이 밤나무로 골라 썼습니다. 밤나무는 몇 십 년, 몇 백 년이든 일생을 다 살고 죽어가도록 끝내 그 근원인 쭈그렁밤송이를 뿌리에 매달고 있어서라고 합니다. 제 생명의 근본을 잃지 않는다는 것이지요. 내 생명의 불을 켜주고 지펴내 온 내 역사적 태반인 부르칸不咸(紅柳)을 영원히 잊지 않는다는 공덕 때문이라는 말씀입니다. 지금은 생명과학의 시대니 모태인 쭈그렁밤송이에 생명공학의 빛을 비추어 본다면, 그 의미가 어떻게 소생 부활되어 나올지 우리 함께 생각해 보기로 합시다. 내 게놈과 쭈그렁밤송이의 게놈을 비교 분석해 보면 놀랍게도 그 틀을 통해 설계되어 나온 내 오랜 생명설계도, 역사적 정체성이 드러날 것입니다. 너나 할 것 없이 역사적 결과물이 아닌 존재는 없으니, 그러고 보면 "네가 누구냐?"하는 질문에 대한 답으로서 "나는 누구다!"라고 하는 자기정체성 확인은 미상불 역사적 그것의 재확인일 수밖에 없습니다.

공간으로 멀리 가는 만큼 시간으로도 깊이 파내려가야
균형잡힌 자아 인식할 수 있어!

과학적인 역사연구를 역설하는 일부 사가들 중에는 단군역사는 신화일 뿐이어서 복원할 수 없고 따라서 문제를 삼지 않는 것이 합리적이라고 주장하기도 합니다. 하지만 현대 인류의 발생도 십수만 년 전으로 추정되고 있는 작금에 불과 반만 년 전의 단군이 신화라서 역사에서 소외시켜야 한다는 주장은 시대착오적일 수 있습니다. 쭈그렁밤송이가 있어서 신주를 깎을 밤나무가 자랄 수 있었다면, 밤씨와 같은 단군이 있어서 오늘날의 우리가 결과된 것은 너무나도 당연한 일이며,

더군다나 단군이 제정일치시대의 군주라면 문자가 생겨난 청동기시대니, 어떤 형태의 문자로든 기록되었을 가능성이 높기 때문입니다. 조만간 생명공학의 놀라운 발전에 힘입어 그것도 밝혀질 수 있을 것이라 기대하고 있습니다. 계대繼代 게놈 비교분석이 유전형질의 맥을 따라 내려오는 개체생명사의 가장 정확한 『삼국유사』요 『조선왕조실록』일 수 있기 때문입니다. 때는 바야흐로 IT · BT의 시대로, 공간적으로 멀리 가는 만큼 시간적으로도 깊이 파들어 가야 균형잡힌 인생을 살아낼 수 있는 시대권에서 살고 있습니다. 우리는 신화가 역사현실로 되살아오는 시대에 살고 있다는 말씀입니다.

길고 숱많은 단군 수염, 칭기스칸의 염소수염과는 달라!
IT · BT시대의 단군과 랑데부?

근래 루브르 박물관에 들러 기겁을 한 적이 있습니다. 그 넓은 박물관 공간을 벽면은 물론 천장과 바닥까지 온통 도배질하다시피한 유명한 성화 예술작품들이 사실은 온통 추상화들이고 그것들이 역사를 움직여 왔고 그래 가고 있다는 현실을 보았기 때문입니다. 그럴 바에야 단군영정을 역사과학적 방법으로 접근하여 연구해 보는 것이 더 필요한 작업이 아니겠느냐는 생각이 들었습니다. 수염이 길고 숱이 많은 단군의 영정을 바라보며, 툰드라에 기원하는 북방 몽골리안 칭기스칸의 염소수염과는 다르다는 생각을 해보는 이들이 있습니다. 행여 카스피해나 흑해 쪽에서 대만주권에 이른 이들은 아닐까 하는 생각을 해보는 것이지요. '순록유목민 조선'을 상정한 이상 스텝로드-라이켄 로드(Lichen Road, 이끼의 길)-몽골리안 루트 상에서 단군은 이미 정착적인 단일민족이기보다 유목적 다민족복합성을 띤 세계인이었을지도 모른다고 생각하는 것이 과연 무엄하기만 한 일일까요.

제 숨결로 제 인생불 지펴내는 '부지깽이질' 역사공부 단군학 檀君學도!

"콩 심은 데 콩 나고 팥 심은데 팥 난다"고, 단군과 웅녀의 염색체도 지금의 우리 자신들로부터 역으로 추적하여 발굴된 관계 유골들과 비교 분석해 올라가다 보면 저절로 밝혀질 것으로 기대되기도 합니다. 단군과 웅녀의 염색체가 이미 우리 속에 살아 숨쉬고 있는, 살아 있는 실존체일 수 있다는 것입니다. 그리고 우선 가까운 조상님들부터 찾아 올라가다 보면, 우리가 지금 단군과 웅녀의 숨결로 제대로 숨쉬고 있는지 점검해 볼 수 있을 것입니다. 사람이 저마다 숨을 쉰다는 것은 제 인생불을 지핀다는 뜻이니, 제 역사적 정체성을 바로 깨달아 "제 숨결로 숨쉬는" 일은 제 인생을 "제대로 살아내는" 데에 그만큼 아주 긴요한 일일 수 있겠기에 드리는 말씀입니다.

**목 · 농 복합의 유목제국 조선 · 부여 · 고구려 태반 창업의 '씨눈'은
스키토 · 시베리안 순록 · 양 유목민!**

청동기시대에 들어 비로소 나라의 틀을 꾸릴 단초를 열었고, 그 궁극적인 완성은 물론 세계제국일 것입니다. 그런데 그 세계제국이 역사적인 수순으로 보면, 무한경쟁이 불가피한 개방공간인 스텝에서 먼저 유목세계제국으로 이루어졌고, 그 후 수백 년을 지나서야 마침내 같은 생태조건인 바다라는 생존무대에서 해양세계제국이 창업되어 오늘에 이르렀습니다. 몽골 스텝 제국과 영 · 미 해양제국이 그것입니다. 이로

태고의 신비를 간직하고 있는 바이칼 호는 한민족 출발점의 하나로 여겨지고 있다.

써 미루어보면 역시 국가형태의 궁극을 지향하고 먼저 제국 만들기에 나선 것은 해양보다는 스텝이었습니다. 그래서 저는 우리 민족의 기원설중에서 북방 스텝을 모태로 하는 북방 스키토·시베리안 기원설에 보다 높은 비중을 두고 있습니다. 물론 그 곳을 역사적 태반으로 삼아 태어났다고 그 흐름의 서아시아로의 역류를 부정하는 것은 결코 아닙니다.

훌룬부이르 호 태평양권과 바이칼 호 북극해권의 역사적 소명 차별화

만주는 오늘날 수전농업지대로 변하여 수억 중국 인구를 배불리 먹여

살릴 만큼 비옥합니다. 이 곳은 백두대간을 중핵으로 하는 한반도라는 군사요새, 연해주·일본열도·중국 동남 해안으로 둘러싸인 동아시아의 지중해무역권을 거머쥐고 몽골 스텝의 기마 양유목이 안겨주는 유목무력에 힘입어 사회분화를 거듭하면서, 바이칼 호 북극해권의 시베리아와는 달리 수온이 그리 차지 않은 훌룬부이르호 태평양권을 토대로 하여 조선, 부여, 고구려, 백제, 신라, 발해, 거란, 여진, 몽골과 만주 제국을 창출해 왔습니다. 이런 과정에서 서아시아로의 역류가 충분히 가능했다는 결론을 이끌어 낸 것입니다. 오늘날 산업혁명의 진원지인 영국에, 도리어 후래자인 미국이 산업혁명문화를 역수출하고 있는 상황과 유사한 역류가 흉노, 터키나 몽골 제국의 창업 및 수성 과정을 거치며 가능할 수 있었다고 보는 터입니다.

백두산 호랑이와 시베리아 호랑이,
백두산 조선족과 시베리아 조선족, 그 생태유전학적 접맥

북방 스키토·시베리안 기원설에 비중을 두고 주목하는 또 하나의 이유는 우리가 주로 한랭고원 건조지대에서 유래했을 가능성이 높아서입니다. 거리로 보면 황하문명권이 한국과 더 가깝지만, 문화풍속이나 언어와 종족으로 보면 도리어 보다 멀리 떨어진 시베리아의 우랄·알타이·사얀 산맥이나 바이칼 호수 지역, 그리고 히말라야 산맥이나 몽골 및 티베트 고원지역과 더 가깝다는 것이 상식으로 되어 있습니다. 그런데 그 까닭을 생태유전학자들이 탐구해 내기 시작했습니다. 고원지대의 동물은 먹이사슬이나 습도 등의 생태상, 고원지대에서 고원지대로 이동합니다. 그래서 백두산 호랑이는 시베리아 호랑이와 생태유전학적으로 밀착된 관계를 가질 수 있으며, 백두산 조선족 또한 그럴 수 있다는 말입니다.

스키토·시베리안 태반사의 총화 팍스몽골리카 체제 속에서 한민족은 비로소 단군의 후손 정체 자각!

칭기스칸 영정 | 명초 추정. 대만 고궁박물관 소장

제가 그간 늘 이상하게 생각해 온 것은 왜 아사달이며 단군, 그리고 조선 문제가 하필 고려 말~조선 초에 비로소 집중적으로 문제가 되었냐는 겁니다. 조선이라는 국호가 천여 년 만에 다시 소생해서 부활하는가 하면 단군을 정식으로 사당에 국조로 모셔서 제사를 드리고 북방소리글자권의 맥이 집약, 정리되면서 세계사적인 의의를 갖는 한글이 창제된 것 등이 다 거기에 해당합니다. 생각컨대, 몽골 세계칸국이 적어도 수천 년에 걸친 스텝-타이가-툰드라의 역사를 총화한 열매였다면, 그러한 걷잡을 수 없는 시류를 잡아타고 북방 유목사에 역사적 태반을 가진 조선이 이 때 이르러 소생, 부활한 것은 마치 봄이 와서 백화가 만발하게 된 것과 같지 않을까 하는 것입니다. 서구 주도시대인 작금

의 역사해석이 자본주의사회건 사회주의사회건 모두 서구중심사관으로 재단되는 것과 흡사한 양상이 그 때도 있었다는 것입니다. 즉 그 시대의 우주 속에서는 북방 스키토·시베리안 기원의 몽골 중심사관으로 역사를 읽고 해석하였습니다. 이른바 기자箕子도 오늘날 한반도의 우리와는 달리 북방 부리아드 몽골인들은 게세르칸居西干이라고 읽고 있습니다. 물론 몽골貊高麗의 침략이라는 대난국 속에서 고려인의 민심을 모으고자 하는 필사적인 안간힘이 그러한 결과를 빚어내는 추진력이 되었습니다. 유태인의 역사에서 모세의 '출애급' 고난기에 저마다 야훼의 후손임을 고백하며 이스라엘 민족이 형성되었듯이 미증유의 대통일 전국시기에 저마다 단군의 자손임을 고백하여 몽골 세계유목제국을 함께 창업, 수성하면서 맥고려인貊高麗人 한거레가 이룩되었습니다. 팍스몽골리카 체제 하에서 고려만이 유일하게 국명을 유지하였던 것은 맥고려의 고려였기 때문입니다.

스키토·시베리안 역사 무대 시베리아는 수조전설의 천국,
'수달형 동검'이 '비파형 동검'으로 둔갑하는 역사왜곡
개천절 제천축제에 우랄산맥 '고미공화국' 대통령 초청을!
웅녀전설은 순록치기가 된 레나 강 북극해권 곰 토템족의
아무르 강 태평양권의 수렵민 호랑이토템족 정복 사실 반영!
경쟁의 핵심은 속도!
유목 스키토·시베리안은 '생명과 기계'가 아닌,
'생명과 생명'이 호흡을 맞춰 속도를 내며 '생명중심의 역사' 창조!

다 아시는 바와 같이 지금은 지구마을시대고 정보화시대며 생명주체 과학시대입니다. 국조 단군을 모시는 제천 축제행사도 당연히 세계사

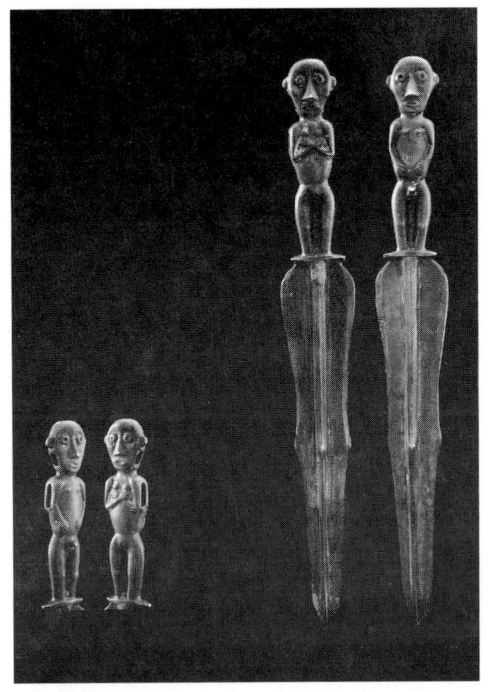

비파형(수달형?) 동검

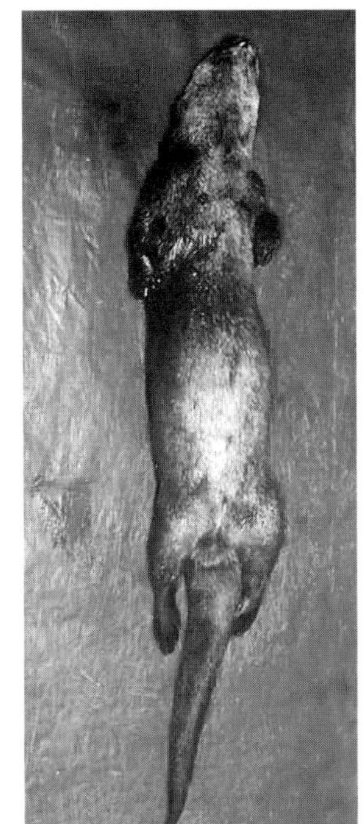

수달의 사체

적인 시각에서 세계 각지의 관계 정보를 충분

히 소화한 터전 위에서 생명주체사관으로 맥고려인 태반사를 읽고 해

석하면서 이루어져야 합니다. 우랄산맥 중에 고미공화국(곰나라)이라

는 나라가 있는데 대통령이 집정하고 있으며 거기서 흘러나오는 강의

이름이 고마錦 강입니다. 그리고 지금도 그 원주민 고미족이 다소 살

고 있으며 신화의 내용은 우리의 『삼국유사』나 『제왕운기』의 기록과

너무나도 비슷합니다. 나아가 시리아의 다마스커스 박물관에는 아예

아기를 안은 청동 곰녀상까지 진열되어 있습니다. 실은 웅녀전설도

2000년대는 이렇게 해석되어야 한다고 봅니다. "레나 강 북극해권에는

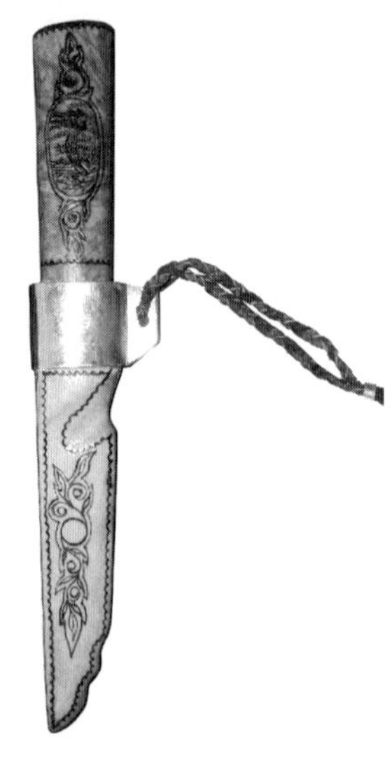

순록이 각인된 순록치기 에벤 족의 칼자루

호랑이는 추워서 못 살고 곰은 잘 사는데, 특수 목축인 유목의 경우에 순한 순록 유목이 먼저 시작되고 아무르 강 태평양권 몽골 스텝에서는 북극권에서 역시 추워서 못 사는 양¥ 유목이 사나운 말을 타고나 대규모로 이루어질 수 있었습니다. 말은 금속재갈을 물려야 탈 수 있으므로 청동기~철기 시대 이후에나 가능해졌습니다. 레나大水 강 북극해권에서 유목생산을 먼저 시작한 곰토템족은 힘이 넘쳐 아무르 강 태평양권으로 진출하게 됐는데, 여기서 호랑이 토템부족과의 사이에 대흥안령 북부 선비족의 가셴둥嘎仙洞이나 고구려 집안의 국동대혈 같은 동굴 근거지를 쟁탈하는 싸움이 벌어졌지요. 당연히 선진 곰토템족이 범 토템족을 내쫓고 동굴을 독점하여 환인 천제의 아들인 환웅과 결혼하고 곰녀의 자손들을 낳게 되었습니다. 임금의 혈통을 타고난 천손족이라는 이들이 다른 짐승과 차별화되어 사람으로 다시 나게 된 것은 당연히 생명 생산과 사육의 원리를 터득해 식량채집단계에서 식량생산단계로라는, 생명주관의 과학 누리로 진입하면서부터입니다. 그래서 엔. 베. 아바예프 투바 대학 교수는 순록을 상징하는 젖을 주는 암사슴 sugan-soyon(鮮)이라는 낱말에서 '사람'이라는 단어가 나왔다고 보기도 합니다. 웅녀는 환웅과 결혼하여 사람 곧 '순록치기'−선인鮮人를 낳았

76

던 것입니다”라고 말입니다. 이와 같은 스키토·시베리안 기원의 맥고려인貊高麗人 한겨레인 세계 최대의 스텝-타이가-툰드라 지대를 무대로 하여 형성된 북아시아 여러 종족이 거의 예외없이 짐승을 자신들의 조상으로 삼는 수조전설을 공유하게 된 것은 이상할 것이 하나 없습니다. 그래서 ‘비파형 동검’은 잘못된 명명이고, 이제 수달임금 단군을 상징하는 ‘수달형 동검’이라는 천제의례용 샤먼도로 제 이름을 찾아주어야 한다고 믿습니다. 칼을 두고 생사의 갈림길을 넘나드는 가운데 자신의 몸주신인 조상신에게 기도 드리는 징표를 칼자루에 그려넣었다면, 그 징표는 당연히 자신의 생존을 보장하는 주체가 될 수밖에 없다. 그래서 순록유목인인 에벤족의 칼자루에는 순록이 각인되어 있다. 그리고 단군의 후예들이 그 후 오랫동안 생명과 기계가 아닌, 생명과 생명이 호흡을 맞추어 속도를 내며 생명중심의 유목제국사를 창조해 온 것은 도리어 당연하다고 하겠습니다.

백두산, 차간 톨로고이 오올白頭山 즉 흰머리산은 불함 문화권 도처에 편재
세계화 시대에는 ‘세계화한 안목’ 가져야!
‘광역소수’의 유목생태사와 상대적 ‘협역다수’의 농경태반사,
그 목·농복합적 ‘유목제국사’를 있는 그대로 직시해야!
조선·부여·고구려 유목제국 태반사도 제대로 읽어내야!

우리가 백두대간을 이야기할 때도, 몽골어로 ‘흰머리’ 산이라는 뜻을 가진 ‘차간 톨로고이’ 산이 몽골 고원이나 시베리아 벌판 여러 곳에 산재해 있다는 점도 생각해 보아야 할 것입니다. 물론 현실적으로는 한국의 백두대간이 부동의 절대적인 구심점이 되어야겠지만 그 역사적인 해석기반은 북방민족의 유목성을 염두에 두고 유서깊고 광활한 유

라시아 대륙으로까지 한껏 넓혀 보아야 할 것입니다. 상대적 '협역다수'인 농경태반이 아니라 '광역소수'의 유목태반사에서 목농을 아우르는 가운데 우뚝 선 '대 단군조선'을 일깨워내야 하는 시대적 소명을 지니고 태어난 지금의 우리이기 때문입니다.

스키토·시베리안사가 인류사의 진공상태인가 중심축인가?
'시베리아 샤머니즘'이 인류사의 진공상태에서 빚어진 '원시신앙'이라니,
'스키토·시베리안 유목제국사'에 대한 무지의 극치를 엿본다!

그렇다면 우리의 게놈을 주로 설계한 역사 실체로서의 인풋은 무엇일까요? 물론 생태 무대로서의 스키토·시베리아의 생태환경은 만 년만 보더라도 수시로 변해 왔습니다. 그러나 식량채집단계에서 식량생산단계로 진입한 이래의 역사만 적출해 보면, 이른바 산업화에 성공한 선진국 지성인들이 '자연친화적' 시베리아라고 보듯 이 지대를 그저 역사적 진공상태였던 지역으로는 볼 수 없습니다. 인류역사의 중심축인 고대 북유라시아사를 창출해 왔기 때문입니다. 원주민의 살림살이와 그들의 역사 및 그 역사를 창출한 인식틀이라 할 신앙이나 종교는 서로 직접 관련되어 있으며 결코 별개의 것일 수 없습니다. 그들은 기원전 4~3세기경 흉노유목제국 이래 선비, 돌궐, 거란, 여진 및 몽골 세계 유목제국사나 대청 만주제국사를 창출한 역사가 너무나도 뚜렷한 민족들의 기층을 이루는 한 갈래며, 그들의 신앙이나 종교는 그러한 역사를 창출해낸 인식틀임에 틀림 없습니다. 무격巫覡(샤먼) 신앙이라고 해야 할 풍류교도 물론 이러한 구체적인 역사 전개 과정의 소산입니다. 일부 기독교계 종교학자들이 주장하듯 풍류교가 원시신앙이라는

몽골 샤먼의 전통 복장

역사적 무중력(진공) 상태의 소산일 수는 도저히 없습니다. 사실 이러한 견해는 제국주의의 식민사관에서 유래된 것으로, 무격 사제신앙을 특히 식량생산단계 이후 스키토·시베리안의 순록·양 유목사로 발전시키면서 창출해온 유목세계제국사의 전통에서 굳이 거세시키면서 빚어낸 허구일 뿐입니다. 스키토·시베리안의 유목제국사와 접맥되지 않는 무격 사제신앙의 설정은 어이없는 역사적 허구로서, 본질적인 역사 말살임에 틀림 없습니다.

'남'과 '남'이 짝지어 켜진 목숨불인 '나'인데도
'나'와 '나 아닌 것'의 투쟁생태만 보면 생명 자체가 자멸
'게놈' 짝님 서로 만나 계대 계급해방 한풀이 이루어내야……

끝으로 "사람을 널리 이롭게 한다"는 말의 뜻도, 21세기 생명과학시대의 언어개념으로 좀더 구체적으로 되짚어볼 필요가 있겠습니다. 역사를 "나와 나 아닌 이들의 투쟁"으로 보는 것은 생명이 생명을 먹어야 생기를 얻어 목숨을 부지할 수 있다는 생태본질을 절박하게 표현할 것

이라고 할 수도 있습니다. 하지만 그 '나'도 개체생명의 게놈 차원에서 보면 엄연히 '남과 남'이 만나 태어날 수 있었다는 사실에 주목할 필요가 있습니다. 혈연을 통한 계대繼代 계급해방을 이루어 순順 게놈 생명 재탄생의 역사를 창조해갈 후천개벽시대에 들었음을 자각해야 한다는 것입니다.

Only one이어서 Best one일 수밖에 없는 내 몸 주신 게놈의 역사,
'나만의 절대 신화' 자각이 우리와 내 인생의 급선무!
각고의 노력으로 '불러서 즐겁고 들어서 신나는'
'나만의 18번' 같은 천직을 찾고 찾아줘야!

모든 생명은 저마다 절대 유일의 자기만의 게놈을 타고난다고 합니다. 내 생명은 뭍에서 기어다니도록 설계되었나, 아니면 물에서 헤엄치도록 설계되었나, 아니면 하늘을 날며 살도록 설계되었나를 찾는 일이 자기의 역사적 정체성 탐구에서 가장 핵심되는 일의 하나일 것입니다. 그것을 알아야 제 생명을 나름대로 제대로 운전하고 운영하며 제대로 제 게놈 숨결로 숨쉬어낼 수 있기 때문입니다. 내 뿌리를 찾아가는 오늘 이 성스러운 가상 개천절 제천행사에 동참하면서 저마다 대를 이어 이어받은 유전형질을 내게 새롭게 재생산하여 물려준 내 개체생명사가 설계한 이 절대유일의 나의 게놈을, only one이어서 best one일 수밖에 없는 차원으로 자기 시대의 역사적 중력과 조율하여 본질적으로는 '순게놈 짝짓기'–'계대 생명해방'으로 최선의 성취를 할 수 있는 물꼬를 터주고, '불러서 즐겁고 들어서 신나는' 저만의 18번 노래와도 같은 천직을 제때 찾아내고 찾아주며 대내든 대외든 개체생명이든 집체생

명이든 분업과 협업을 이루어 서로 상생토록 북돋아 주는 차원에서 홍익인간의 뜻과 정념이 구체적으로 숨쉬는 개체생명의 현실로 소생 부활하여 구현되었으면 합니다. 그래서 이 생명 하느님 주체시대에 단군의 후손으로 사명적 천손족(알탄우룩, 황금씨족=김씨)인 나와 우리가 뭇생명을, '생명해방'의 기치를 높이들고 더불어 제대로 운전해 갈 진정 소명된 생명력으로 솟구쳐 오르게 할 수 있기를 바라마지 않습니다. 경청해 주셔서 고맙습니다.

2005년 10월 3일
바이칼 몽골학회 회장
Ariun Qori(周采赫)

주채혁, 「'조선'의 뿌리는 소얀族?」, 『문화일보』 2001년 11월 30일, 6쪽 포럼.
주채혁, 「한민족 北方起源 연구와 유라시아 고원지대 '게놈' 분석」, 『한국시베리아연구』 6, 배재대학교 한국시베리아센터, 2003, 115~132쪽(『북방민족신문』 제5호, 2005년 10월 1일 1쪽).

시베리아의 햇빛은 황금색,
알탄우룩 김씨는 스키토 · 시베리안 천손족

'조선 · 고려 순록유목 기원' 문제제기와 '아침의 나라' 조선의 종언, 그 분노!
일장기가 이 땅을 뒤덮던 시절에 일세를 풍미한 조선=해 신앙은,
일왕 치하 한국지성의 식민잔재!
"동해물과 백두산이 마르고 닳도록"의 '한반도 사관' 청산이 급선무

내가 '조선 · 고려 순록유목 기원' 문제를 제기하는 글을 쓰고 토론을 벌이면서 가장 곤혹스러워했던 점은 조선은 '아침의 나라'인데, 왜 그 거룩한 이미지를 뒤엎으려 하느냐며 아예 발표자를 적대시하는 일련의 험악한 분위기였다. 아직도 그러한 경향이 연구자들 사이에서도 상존한다. 반대하는 주장의 근거를 대라고 하면 횡설수설할 뿐 전거와 논지가 분명한 구체적인 반론을 드는 이들은 아직 만나보지 못했다.

그래서 이제는 그러한 반론들이 다분히 낯설고 기존 통념에 어그러지는 것에 대한 감정적인 거부감 이상이 아님을 확인하고 더 이상은 신경 쓰지 않기로 했다. 우리는 전통농업사회도 아니고 산업사회도 아닌 바로 디지털 사회를 살고 있다. 역사정보가 빛의 속도로 지구촌 방방곡곡을 누비고 있는 IT시대요 수천 년 전 직계조상의 진위마저 유골만 보전되어 있다면 판정이 가능해진 BT시대다. 역사학도 글로벌 경

쟁시대에 접어든 지 이미 오래다. 한국사 연구만이 동해물과 백두산이 마르고 닳도록 역사정보의 쇄국정책을 통해 아성을 영구 보전할 수 있는 그런 '한반도 사관' 시대가 이미 아니다. 한국에는 왜 국정교과서 하나만 있어서 국론통일이라는 이름 하에 역사과학을 정치에 종속시키며 질식시키는지, 언제부터 왜 이런 사실에 대한 유일 해석이 판을 치게 되었는지 그것부터 연구해야겠다는 생각까지 든다.

강단사학계나 이른바 재야사학계의 사정도 비슷하다. 도대체 자유 없는 과학이 과학일 수 있는가? 어느 편이든 눈치를 보면서 하는 역사학은 시류에 편승하는 생존전략의 소산일 수는 있어도 학문이 될 수는 없을 것이다.

차아복(순록)이라는 스키토·시베리안 토박이말을 잃어서 '조선'이,
코리(순록)란 말을 잃어서 '고려'가,
그 유목제국 태반사를 잃고 끈 떨어진 연처럼 헤매!
내가 누구인지, 한인韓人인지 한인漢人인지조차 모르기 때문이다.
'루돌프 순록'만 있는데도, '토박이 말을 잃으면 토박이 역사도 잃는 법!'
조선朝鮮을 한자로 기록한 '원전' 사료는 엄연히 한인漢人 학자의 기록일 터니, 그것을 한인漢人의 발음관행으로 읽고 해석하는 일은 지극히 합리적이다. 그런데 왜 하필이면 '히노마루 문양' 전통에 맥이 닿는 일장기가 이 땅의 하늘을 뒤덮은 일본치하에서(일본고대사 전공자 박석순 교수의 도움말) 조선朝鮮도 맥貊도 백두산白頭山도 불함不咸도, 박朴씨나 한韓씨, 심지어 발해渤海까지 태양(해)에다 마구 두들겨 맞추었던 지극히 관념적이고 독선적인 근거없는 탁상공론을 맹종해야 한단 말인가? 이런 소모적인 논쟁은, 유목이 있을 수도, 있을 필요도 없는 한

썰매를 끄는 순록

반도에 들어와 정착하면서 한민족 유목태반사 현장을 오랫동안 망각해온데다 농경사관의 정답을 요구하는 과거시험에 수백 년간 길들여진 한국지성의 전통이 빚어낸 악과일 것이다. 바로 그러한 과정에서 조선은 '차아복'이라는 순록에서 비롯된 이름이며 고려는 '코리'라는 순록을 직접 지칭하는 시베리아 원주민어라는 사실을 까마득히 잃어버리게 되었다. 차아복이나 코리라는 스키토·시베리안어 낱말을 망각하면 자신이 누구인지 몰라 한인韓人인지 한인漢人인지 헷갈려하고 사슴과 순록도 구분하지 못하며 남의 인식노예가 되어 바람부는 대로 끌려다니다 스러지게 될 것이다. 코리족 코리안 크리스천이 '루돌프 순록'도 몰라보게 된 것이다.

고원 건조지대 원주민에게 햇빛은 찬란한 황금빛, 김씨는 천손족!
스키토·시베리안에겐 김씨가 고유명사 아닌 보통명사
한민족의 해신앙은 어느 시기에서부터인가 달과 공존하며 집약된 천손족 김씨(Altan urug)의 제천祭天 금인金人(Golden Man) 신앙의 확인으로 부족함이 없을 듯하다. 스키토·시베리안에게는 김씨가 고유명사가 아니고 보통명사다. 즉 김씨는 천황의 혈손인 천손족을 의미하는 것이다. 이들에게 해신앙은 분명 있어 왔지만 김씨=천손족 신앙에서 보듯 김씨의 숫자가 많을 수는 있지만 결코 아무나 다 끌어다 붙일 수 있는 흔해빠진 신앙대상은 절대 아니었다. 그러니 한 마디로 스키토·시베리안 한민족의 해신앙을 부정하는 것이 아니라, 그 정곡을 찔러 완전케 하려 했을 뿐이다.

황금 엘 신상과 제천금인

황금 엘 신상神像은 현재 시리아의 수도 다마스커스의 다마스커스 박물관에 소장되어 있는데, 기원전 2000년경 서아시아 유프라테스 강 언저리에 살던 사람들이 숭배한 신상의 일종이다. 또한 제천금인은『사기史記』권111, 「위장군표기열전衛將軍驃騎列傳」제51 및『한서漢書』권55, 「위청곽거병전衛靑霍去病傳」제25에 의하면, 기원전 121년 봄에 한漢제국의 곽거병霍去病 장군이 하서주랑에 진을 친 흉노제국군을 쳐부수고 빼앗은 휴도왕休屠王의 옹곤神像이다. 각 시기를 전후해서 그들 지역에 널리 분포되었을 이 유물은 거리로나 시기상으로 큰 차이를 보여준다. 크기도 황금 엘 신상은 2cm 가량의 작은 마스코트 같은 형상이고(『한민족 기원 대탐사-셈족의 루트를 찾아서』, 창조사학회, 1999년 5월 4부작 보고서, 78~82쪽의 다마스커스 박물관 소장 황금 '엘' 신상 관련 기사 참조), 제천금인은 실물은 없고 기록만 남아 있어서 현재 그 크기를 알 수 없다. 황금색은 스키토·시베리안 문화권역에서처럼 하늘을 상징하기도 하지만 일반적으로 값진 보석으로 장식된 귀한 존재임을 보이는 상징적 의미도 있어서 그리스 쪽에서도 보편화되어 있다. 시기가 기원후로 내려오긴 하지만 경주 황남대총 북분에서 출토된 금관을 비롯한 신라의 금관들도 사실 이런 제천용 황금신상일 가능성이 크다. 그러나 그런 마스코트류의 불상이 중앙아시아에서 많이 출토되고 또 큰 불상이 함께 있는 것으로 미루어, 크기와는 상관없이 신상의 역할을 하였던 것으로 생각된다. 황금 엘 신상과 제천금인은 시대상으로나 거리상으로 차이가 많지만, 우선 재질이 황금이고 쓰임새가 제천용이라는 점에서 유사하다. 또, 둘 다 사막과 스텝─타이가의 연장선상에 있는 비교적 야산인 소산小山(선鮮, sopka)으로 이어지는 고원지대 즉, 몽골리안 루트─라이켄(lichen, 선蘚) 로드 상에서 발견되는 유물이라는 점에서 친연성이 높다.

시날 평야의 황금 엘 신상이 흉노의 샤먼킹 Golden Man으로 발전!

이런 엘 신상은 메소포타미아 일원만이 아니라 그리스 지역에도 기원전부터 분포되어 있었으며, 엘 신은 유태교와 기독교의 야훼는 물론 이슬람의 알+일라=알라까지 포괄하는 하느님을 일컫는 말이다(조철수, 『고대 메소포타미아에 새겨진 한국신화의 비밀』, 김영사, 2003). 그런데 그 신상이 황금으로 만들어졌다. 원래 『히브리 성서』에서는 하느님 상을 만드는 것을 엄금했는데, 가나안 사람들이 타락하여 엘 신을 황금신상으로 만들었다고 한다(이 책 28쪽의 황금 엘 신상 참조). 그런데 이 신상의 손을 보면 불상의 손모양인 시무외인施無畏印을 연상시킨다. 그렇다면 이는 불교와 유대교 혹은 예수교와의 혼융이 이루어진 이후 작품은 아닐까.

그렇게 만들어진 엘 신상이 먼 훗날 공교롭게도 이역만리 흉노땅 김

씨네의 제천금인상祭天金人像과 서로 접맥될 가능성을 보여주고 있는
사실은 자못 주목된다.

스키타이－사하塞－소욘鮮 족은,
유목민의 주식인 '젖'을 주는 암순록 sugan에서 비롯된 종족 이름!

시베리안 골드(Siberian Gold) 순록

타락한 가나안 사람들이 만든 야훼의 금신상과 흉노제국에서 만들어진 김씨네 샤먼킹의 하느님 금신상이 혹시 역사적으로 일맥상통한다면 얼마나 놀라운 일인가? 서아시아－남러시아－신라나 아메리카 인디언의 황금유물들은 스키타이 황금문화권을 비롯하여 우리에게 익히 알려져 있다. 스키타이나 사하塞와 소욘鮮을 모두 암순록을 의미하는 다구르어인 sugan에서 비롯된 말이라고 보기도 한다. '사하'가 '암순록'이라면 '사하타이' 곧 '스키타이'의 '타이'는 암순록을 '가진 자'라는 뜻이 된다. 순록유목민들 사이에 황금신상 신앙이 있다는 것은 알

88

타이산 출토의 시베리안 골드(Siberian Gold)가 상징적으로 웅변해 준
다.

버선코 같은 황금 엘 신상의 고탈(구두)은 말발걸이에서
발이 빠지지 않도록 고안한 어느 유라시아 유목민의 기마용 신발!
엘 신상의 관모·복식과 샤먼킹 제천금인의 그것과의 비교연구는 전
문가에게 다시 의뢰해야 할 문제지만, 신발 끝이 버선코처럼 뾰족한
것은 북방 유라시아민족사 연구자인 필자를 놀라게 했다. 북방민족 출
신의 유물이나 민속품에서 자주 본 너무나도 익숙한 모양새였기 때문
이다.

『한서』 권68의 김일제는 문헌에 처음 등장하는 한자성 김씨!
『한서』 권68 「곽광霍光·김일제전金日磾傳」 제38에 나오는 흉노제국 휴
도왕休屠王의 아들 김일제는 문헌기록에 김씨 성을 가진 인물로는 처음
등장한다. "김일제金日磾 이적망국夷狄亡國 …… 능공상장勒功上將 ……
본이휴도작금인위제천주本以休屠作金人爲祭天主 고인사성김씨운故因賜姓金
氏云"이라고 한 것으로 보아, 휴도왕이 금인金人(Golden Man)을 만들어
하느님에 제사지내는 신주神主인 주신상主神像으로 삼았으므로, 한漢제
국의 황제가 뒷날 자기의 공신이 된 그의 아들 '일제'에게 김씨 성을
하사한 것을 알 수 있다. 이는 곧 제천금인 신앙권에서 김씨 성이 비롯
되었음을 말해준다.

김알지의 김은 한자, 알지는 alt(황금)
박혁거세의 혁(붉)은 한자, 박은 한글 붉(弗矩)

알타이족은 '황금색 햇빛'을 품어 낳은 임금씨족 천손족 김씨
칭기스칸은 알탄우룩(황금씨족), 누루하치는 애신각라(황금겨레),
알타이족 샤먼 사제복은 온통 황금색!

신라 **금관** | 경주 황남대총 북분 출토

실은 『삼국유사』 권1, 탈해왕대 기사에 나오는 김알지金閼智의 알지는 몽골·투르크어계 alt(황금, gold)에서 비롯된 것이다. 사실 아시아 북방민족들의 경우 칭기스칸의 혈족을 일컫는 Altan(황금) Urug(씨족) 곧 황금씨족인 김金씨는 고유명사라기보다는 임금씨족 곧 천손족을 가리키는 보통명사다. 그래서 후금後金·만주제국의 황족도 애신愛新(황금) 각라覺羅(겨레)라고 하여 '황금겨레'라고 하였다. 물론 이 경우에는 만주어를 한자로 음사音寫한 것이다. 건륭乾隆 황제의 9세손인 청대사 전공자 김계종金啓孮 교수는 지금도 그의 아버지 김광평金光平(거란·여진 문자 전공)에 이어 '아이신교로'라는 만주말 성을 한문화해서 '김씨'를 성으로 삼고 있다. 그러나 그의 딸 애신각라愛新覺羅 오랍희춘烏拉熙春(여진문자 전

선비곽락대 鮮卑郭洛帶 | 중국 내몽골자치구 후흐호트 시 토합기촌 출토. 남북조시대의 북조 신수문대식 神獸紋帶飾, 내몽골 박물관 소장

공) 교수는 그대로 '애신각라'라는 만주말 성을 고집하고 있다. 결국 지금도 알타이 산맥에 살고 있는 비교적 키가 작은 황인종인 알타이족은 말 투르크계 몇몇 종족의 합칭이기는 하지만 그대로 김씨인 '천손족'이라는 의미의 종족명으로 읽을 수 있다. SBS TV「몽골리안 루트를 가다」(1995년)에서 방영된 알타이 무당 사제의 사제복은 온통 황금색이었다. 2006년 여름에는 사하족에게서도 같은 특징을 목격하였다.

고원 건조지대의 햇빛은 찬란한 황금빛!
황금 엘 신상, 제천금인, 신라금관과 황금색 불상에 형상화!
Siberian Gold(황금순록) 스키타이 황금 유물과 마야의 황금신상도
황금신상 천손족인 김씨 대열에 함께 선다!
스키토·시베리안에겐 김씨는 고유명사 아닌 보통명사

경주불국사 석굴암 불상

몽골리안 루트(라이켄 로드)를 통과하는 모든 하느님상이나 불상은 황금색일 가능성이 높다. 고원 건조지대의 햇빛은 찬란한 황금빛으로 펼쳐지기 때문이다. 인천 영종도 공항에서 비행기를 타고 서해 바다의 습기찬 부연 베이징 하늘을 지나 몽골 고원으로 비행해 들어가 보라! 어느새 금빛찬란한 햇빛이 하늘로 가없이 퍼져나간다. 그래서 스키토·시베리아 한랭고원 건조지대에서의 햇빛은 황금색이고, 황금색은 하늘의 색깔이다. 김金 씨는 그 황금색의 천손족인 칸의 핏줄이다. 김씨가 고유명사가 아닌 보통명사인 셈이다. 사실 석가모니의 사카 종족 자체가

92

이 권역을 태반으로 하고 있으므로 '불상의 몸이 금색'이라는 것은 일반화된 상식이다. 이는 여러 불경에도 명문화되어 있는데, 『대지도론大智度論』 권제4, 『대지도초품중보살석론大智度初品中菩薩釋論』 제8(『신수대장경新修大藏經』 25권, 90쪽 b26-c8)의 "十四者 金色相"이라는 대목은 그 하나의 예가 되겠다(불교미술사 전공 이경순 박사의 도움말). 결국 불상과 서로 영향을 주고받은 것으로 보이는 황금 엘 신상이 금색인 것이나 제천금인이 황금으로 만들어진 것은 모두 이 권역의 하느님 색깔이 황금빛이었기 때문이라고 보아야 한다. 마야 문명의 황금제 신상까지 갈 것도 없이 유명한 스키타이의 황금유물이나 신라의 금관 등도 매우 적절한 예가 될 것이다.

햇빛이나 성령에 감응한 잉태 탄생설화는
몽골리안 루트 상의 '천손족 김씨' 신앙의 소산!
알랑고아의 일광감생日光感生 잉태는 동명성왕(주몽)의 탄생설화에 접맥!
부여 · 고구려 · 몽골이 모두 고원의 맥족

요컨대 북방민족에게 금빛은 햇빛을 뜻하며, 햇빛은 그대로 하늘을 상징한다. 햇빛 또는 성령으로 잉태하는 탄생신화는 이런 종류의 전통신앙에서 비롯되었다. 중앙아시아를 통해 들어온 불상에 유난히 금빛 불상이 많고 몽골어로 부처나 하느님을 부르칸이라고 부른다는 사실도 이와 관련하여 시사하는 점이 있다. 셈(Sem), 소욘鮮(Soyon), 몽골(Mongol) 족 등 몽골리안 루트(라이켄 로드) 일대에 두루 분포된 천손족 김씨 신앙의 구현인 것이다. 칭기스칸 몽골의 알탄우룩(Altan Urug, 황금씨족)이나 누루하치 만주의 '애신각라'가 곧 김씨로서 '칸의 혈통'

을 가리킨다는 것도 이를 방증한다. 동명성왕이나 주몽의 탄생설화를 본뜬 것으로 보이는 『몽골비사』 1권 20절에 나오는 알랑고아 몽골 여시조의 햇빛감응 잉태설화도 유명하다.

그런데 과부인 몽골 여시조 알랑고아를 임신시킨 햇빛에 대해 『원사元史』 권1 「본기本紀」 1 태조조에서는 "……꿈에 몽골게르의 하늘로 난 창문으로 흰 빛이 들어와 황금색의 신인이 되어……"(몽백광자천창중입夢白光自天窓中入 화위금색신인化爲金色神人)라고 하여 금빛깔로 묘사하고 있다. 『한서』 권85 「곽광·김일제」 전에서 "휴도왕이 황금으로 사람을 빚어 하늘에 제사지내는 신주神主로 삼아서 김씨 성을 주었다"고 한 연유를 알 수 있다. 천손족 김씨 탄생설화다. 금(gold)은 헤브라이어로 zahev라고 하는데, '태양빛에 비추어진'이라는 뜻이다. 고대 잉카에서는 금을 '태양의 땀'이라는 존칭으로 불렀다. 태양은 신들 가운데 가장 높은 자리에 있기 때문에 금은 무엇보다도 종교적인 목적을 위해 쓰이는 경우가 많았다. 고대 이집트의 파라오는 자기를 태양신의 아들로 생각했으며 이에 따라 자기 자신과 주변의 물건들을 황금으로 장식하였다(제프리·세인트·존, 「귀금속」, 『라이프 지구 대발견』, 한국일보사, 1986, 19쪽). 스키타이, 흉노와 훈족의 아틸라, 신라임금, 금나라 왕족과 박트리아 등은 모두 유목적 태반을 가진 종족으로서 금 숭배와 관련되어 있는 것으로 보인다. 아마 이 같은 풍속은 금이 유목민이 지니고 다닐 수 있는 가장 안전하고 편리한 재화였다는 이유와도 관련이 있을 것이다.

이 모든 예들은 금빛과 햇빛이 직접 관련되어 있음을 증명하는 사례들로, 유목민족들 간에는 햇빛이 금빛으로 상징되었음을 보여준다(이경순 박사의 도움말 ; 김병모, 『금관의 비밀』, 푸른역사, 1998).

예－홍류－부르칸(모성 하느님)과
맥－백화(자작나무)－텡그리(부성 하느님)로!
정리해 보면, 일광감생 설화는 주로 맥계에 속한다.
칭기스칸 몽골의 히야드 보르지긴 알탄우룩(김씨)만도
800여 년 만에 1600만여에 달할 것으로 추산.
기원전부터 있어 온 전 세계 천손족 'Y염색체 김씨'들은 몇 억이나 될까?

예濊－홍류紅柳－부르칸不咸(모성 하느님)과 맥貊－백화白樺(자작나무)－텡그리永生蒼天(부성 하느님)로 정리해 보면 일광감생 설화는 주로 맥계에 속한다. 통계청의 조사(『한국인의 성씨 및 본관 보고서』, 1985)에 의하면 조선의 토박이 성인 김씨는 남한 전체 인구의 21.7%나 된다. 김씨 중에서는 오랜 기간에 걸쳐 남방을 경유하여 한반도에 이른 허황옥許黃玉 세력과 결합하고 초창기에 기름진 김해평야에 자리잡은 김해김씨 계열이 경주에 자리잡은 경주김씨보다 두 배 이상 많은 것으로 알려져 있다. 오랜 동안 많은 복합적인 요인들이 상호작용하여 이루어진 결과겠지만, 보리나 밀 같은 밭농사보다 6~8배나 소출이 많은 벼농사 지역인 김해에 김해김씨가 먼저 자리를 잡은 것이 주된 요인인 듯하다. Y염색체로 추적하여 내려와 보면 칭기스칸 몽골의 히야드 보르지긴 알탄우룩(김씨)도 800여 년 만에 1600만여에 달하는 것으로 추산된다고 한다. 그렇다면 기원전부터 있어 온 전 세계 천손족 'Y염색체 김씨'들은 몇 억이나 될까? 천손족·왕족들은 본래 크게 번성하게 마련이다.

금인(Golden Man)은 하늘에 제시지내는 신주!
휴도왕이 황금으로 사람을 빚어
하늘에 제사지내는 신주로 삼아서
한나라 황제는 그 아들에게 김씨 성을 주었다.

『한서』 권94상 「흉노전」 제64상의 제천금인에 붙인 맹강孟康의 주註에 따르면, '금인'은 본래 흉노의 지성소至聖所인 운양현雲陽縣 감천산甘泉山 아래에 있었다. 그런데 기원전 215년 몽념蒙恬의 30만 진군秦軍에게 이 곳을 빼앗기게 되자 서북쪽에 자리잡은 휴도왕의 오른쪽 땅으로 옮기면서 제천금인상도 그 곳에 모시게 되었다. 이 주석을 단 조위曹魏 때의 맹강과 동시대 사람인 위소韋昭가 『사기색은史記索隱』에서 "금인(Golden Man)을 만들어 하느님께 제사 지내는 주신상으로 삼았다"고 한 것이나 여정如淳이 『사기』, 「위장군표기열전」에서 "하느님께 제사지내는 주신상으로 삼았다"고 하면서 보다 구체적으로 "하느님께 제사지내는 데 금인으로 신주神主를 삼았다"祭天 以金人爲主也라고 기록한 것을 보면, 이 제천금인이 바로 샤먼의 제천신상이었음을 알 수 있다.

다시 본 줄거리로 돌아와 문헌사상 첫 김씨 김일제에 주목하자!

김일제의 아버지 휴도왕은 살해되어 무신巫神으로!
김일제는 한나라 황제의 육신과 함께 영혼을 호위하는
제천신주 금인 모시는 사제직도 겸직!

휴도왕은 흉노제국의 4대 선우單于인 이치사伊雉斜 선우(기원전 126~114년 재위) 때 무위군武威郡(현재의 감숙성 장액 서북)을 근거지로 삼은 혼사왕渾邪王과 함께 흉노제국의 서부 요충지인 하서河西지역을 관장하는 책임을 맡고 있었다. 『한서』 권94상 「흉노전」 제64상에 의하면 하서전역河西戰役에서 곽거병 군대에게 패하고 선우에게 문책을 당하게 되자, 두 왕이 한제국에 투항할 것을 모의하다가 혼사왕渾(昆)邪王이 주저하던 휴도왕을 살해했다고 한다.

여기서 주목되는 점은, 휴도왕이 사제직을 겸한 전력이 있어서인지 아니면 억울하게 죽은 원혼 때문인지는 알 수 없으나 『한서』 권28상 「지리지」 제8상 좌풍익左馮翊 운양현雲陽縣조에 보면 그를 죽이고 혼사왕을 따라 한제국에 투항한 부중部衆이 휴도왕을 무신巫神으로 신격화하여 제사를 지낸다(有休屠 金人及俓路神祠三所……)는 내용이 나온다.

그렇다면 후에 한제국이 그의 아들 김일제에게 차기장군車騎將軍을 제수하고 동시에 흉노제국의 휴도왕이 모시던 제천금인을 상기시키는 김씨 성을 내렸다는 사실은 그에게 황제의 육신만이 아니라 영혼의 호위까지 맡겼음을 말해주는 것이 아닌가 한다. 그 후 흉노제국의 샤먼 신상인 제천금인, 곧 천신지주天神之主는 불교가 왕성하게 수용된 북위北魏 때에 그대로 불상으로 간주되는 경향을 보인다. 『사기색은』에서의 최호崔浩의 주장이나 『한서』 권94상 「흉노전」 제64 상의 안사고顏師古의 주註는 이를 보여주는 사료들이다. 이러한 경향은 이후 그대로 고정 관념화되어 부르칸不咸이라는 몽골어는 '하느님'이자 동시에 '부처님'이 되었다.

부르칸不咸(Burqan) 칼둔(qaldun)은, 몽골 여시조 알랑(Alan) 고아(Go'a)의 아버지 코릴라르타이 메르겐이 바르구진 고아를 아내로 맞아들여 아릭(AriG) 우순(usun)에서 그녀를 낳은 데서 볼 수 있듯이, 몽골인들이 태어난 태반임과 동시에 돌아가 묻힐 모태회귀의 지성소至聖所

다. 그러므로 부르칸 칼둔은 당연히 하느님을 모신 제천신당이며, 붉은 버드나무紅柳 신앙 그 자체로서, 하늘과 교감하는 타이가의 여무女巫를 지칭하는 모성 하느님의 본질을 지닌 존재라 하겠다. 최남선도 지적했듯이 불함不咸(Burqan) 신앙은 유라시아 한랭고원 건조지대 특히, 툰드라─타이가 지대의 하느님 신앙을 통칭하는 말인 것이다.

한국 버선코와 닮은 황금 엘 신상의 신발,
현재 몽골유목민 특정 기마화 '고탈' 전통과 접맥!
유적 발굴장의 기마 몽골 인부는 삽질도 왼발로!
목축 기원 민족들의 거세 전통, 욕말에도.
할례는 생업사적 진공 상태의 소산이기만 할까?

추측컨대 이들이 신라·가야의 김씨들과 역사적으로 접맥되었다면 역시 엘 신상처럼 버선코 같은 신발을 신었을 것임에 틀림 없다. 이것은 기마 양유목민들이 기마사술을 자유자재로 구사하면서 말발걸이馬鐙子(stirrup)에서 발이 빠지지 않도록 하기 위해 고안된 신발 즉, 고탈인데, 오래 긴요하게 쓰이면서 자연스레 생활 속에서 관행화된 것으로 보인다. 고탈 안에 받쳐 신는 한국인의 버선도 그 모양으로 보건대 예외가 아닐 것이다. 왼발로 말발걸이를 밟고 말 왼쪽으로 올라타야 말이 발길질을 하지 않는다. 심장 보호 본능 때문일까? 몽골인들이 일을 시작할 때 왼발부터 시작하는 관행은 여기에서 생겨났다고 한다. 필자는 1990년 초 동몽골 다리강가 고올리 무덤 발굴 때 몽골인부들에게 오른발로 밟고 삽질을 하는 것을 가르쳐본 적이 있는데 결국 허사였다.

몽골 스텝에 뛰노는 말의 90% 이상이 종마를 제외하면 거세된 말이고, 이는 축산의 생업 생태에서 비롯되었을 것이다. 그래서 축산업을 태

98

반으로 해서 일어난 종족들 사이에 거세 또는 할례의 전통이 생겨났을 지도 모른다. 아무튼 몽골이나 한국에서 아이들을 혼낼 때 자주 쓰는 "말 안 들으면 불알 깐다!"는 욕말은 순록이든 양이든 이것을 유목하는 유목민족의 생업 관행에서 비롯된 것임에 틀림없다. 이처럼 심미안이든 몸짓이든 그것이 생업 생태관행에서 우러나는 것은 매우 자연스러운 일이다. 그렇다면 김씨네 하느님과 가나안 문화권의 하느님은 모두 예수 이전의 유대민족 수호신인 야훼 즉, 천주였을까? 심지어는 그래서 한국에는 김씨나 김씨네 일가들로 기독교인이 된 사람들이 동아시아의 어느 나라보다 많은 것인가 하는 억측을 하기에까지 이른다.

천손족 김씨네의 일광감생설화와 몽골리안 루트

그렇다면 한국의 교회는 신앙모태민족의 역사까지 공부하는 '역사교실'이 되어야 할지 모른다. 시온鮮 산을 내포하는 몽골리안 루트(스텝 로드)에서 '금빛'은 바로 '하느님의 빛'이 되니 김씨네 천손족의 그것이 될 수도 있겠다. 북부여의 동명왕, 고구려의 주몽, 이스라엘의 예수, 신라의 박혁거세와 김알지, 몽골의 여시조 알랑 고아와 후금의 태조 애신각라에 이르기까지 이른바 일광감생日光感生 설화가 줄을 잇는데, 이 또한 모두 몽골리안 루트와 접맥되는 지역권에서 등장한다. 일광감응日光感應 시조 탄생설화로는, 동정녀 마리아의 예수 수태설화를 몽골리안 루트상에 보이는 일련의 시조 탄생설화들과 연관시킨 연구가 주목을 끈다. 즉 몽골의 여시조 알랑 고아, 고구려 고주몽의 어머니 유화의 사례를 언급한 몽골과학 아카데미 문화부원장 D. Yondon의 「몽골과 한민족 시조신화에 나타난 빛에 의한 처녀수태 모티프—창립총회 기념강연논문(2)」(『바이칼문화』 창간호, 바이칼문화연구소, 1995. 3. 20., 13~14쪽)가 그것이다. 여기에서 든 사례들은 모두 이른바 몽골리안 루트(이끼의 길) 상의 알탄우룩(황금씨족)인 천손족 김씨네 계열의 시조탄생설화로서, 처녀수태라는 모티프를 공유하고 있다.

몽골리안 루트(이끼의 길, Lichen road)는 천로역정天路歷程

재레드 다이아몬드는 그의 저서 『총, 균, 쇠』(문학사상사, 1998)에서 "아프리카나 아메리카 대륙이 남북 축으로 되어 있는 데 비해 유라시아 대륙은 동서 축으로 퍼져 등온대를 이루기 때문에 사람과 기술의 이전이 용이했다"면서 "따라서 유라시아 대륙인이 그렇지 않은 다른 대륙을 지배하는 주체로 발전할 수 있었다"고 지적했다. 나는 여기에 덧붙여 유라시아 대륙이 역사적으로 유목민의 기동성을 낳은 중심축이 되어 왔음을 강조하려 한다. 더구나 야생 동·식물의 가축화와 작물화를 가장 먼저 가장 다양하고 풍부하게 이루어낸 곳이 메소포타미아 시날 평야다. 유라시아의 거대한 섬이라 할 중국은 히말라야 천산산맥 등과 타클라마칸 사막 등으로 서부와 북부가 가로막혀 메소포타미아 문명권에서 한동안 고립될 수밖에 없었다. 이에 대해 마치 칭기스 칸의 안방처럼 스텝과 타이가로 탁 트인 스텝로드인 천산북로는 사람과 기술의 이동이 자유로워 그 적합한 언저리들에 또 다른 선진문화권을 이룰 수 있었다. 북극해의 습기가 고산준령에 가로막혀 형성된, 사막의 오아시스들을 징검다리 삼아 이어진 천산남로는 그런 면에서 당연히 스텝로드인 천산북로에는 비교가 안 될 정도로 열세일 수밖에 없다.

맥국의 맥적 산적과 번제燔祭 제물은 구운 불고기!

다만 이런 루트를 따라 이동해온 이들은 크게 두 갈래로 갈리는 것으로 보인다. 물론 오랜 역사과정에서 그들이 상호 혼융되는 경우도 상당히 있을 수 있다. 이를테면 한 갈래는 알타이·사얀 산맥에서부터 고원지대를 따라 뻗어내려 춘천에 맥국貊國이라는 산달(너구리) 나라를 세웠고, 다른 한 갈래는 바이칼 호와 거대한 동·서 사얀 산맥을 거쳐 예니세이 강의 지류인 통구하의 저습지대를 따라 이어져 내려와 예국이라는 (숫)수달 나라를 강릉에 세웠던 것으로 보인다. 그래서 음식문화도 맥국 쪽은 맥적貊炙이고 예국 쪽은 예회濊膾다. 특히 적炙자와 함께 '굽는다'는 뜻의 번燔자는 『히브리 성서』, 「창세기」 제22장에서 아브라함이 외아들 이삭을 하느님께 번제燔祭 제물로 드리려 했다는 장면을 연상시킨다. 적쇠에 얹어 구운 산적이 우리의 젯상에 오르는 것과 연관시켜 이 번제가 몽골리안 루트로 접맥되는 오랜 제사음식 관행일 수도 있지 않을까 하는 재미있는 상상을 해보기도 한다.

시베리아 원주민 맥족의 산짐승 사냥보다
저습지대의 예족 어로민이 더 많은 식량 확보!
수달달로元와 타타르 해협이 왜 극동에 생겼으며,
축치, 코리야크와 에스키모의 바다 진출은 무엇인가.
예족의 바이킹화와 장보고·이순신은 무관한가?
역사발전단계로 보나 생업생태로 보나,
삼면이 바다인 한반도로 예족이 먼저 많이 들어오는 것이 순리!

몽골·시베리아 고원은 넓게 보면 북극해, 대서양과 태평양으로도 연결되어 있어 물과 깊은 관계를 맺고 있으며, 실제로 이 지대 주민들은 뭍에서보다 물에서 더 많은 식량자원을 얻고 있다. 축치나 코랴크족 등이 장대한 태평양 해안선 쪽으로 발전해 나오면서 연어, 물개, 고래잡이에 종사하는 현상은 이들의 바이킹화 가능성을 보여준다. 어로도 생산단계에 들어 양어를 하고 바다고래 유목을 했다고 보는 김영래 선생의 기각은 일고의 가치도 없는 것인가? 아무르강-우수리강-송화강이 모이는 언저리에 원대元代의 수달달로水達達路가 있었다거나 사할린과 하바로프스크 사이를 흐르는 물을 타타르獺獺 해협이라고 불렀던 점에 주목하면서, 아예 섬인 일본열도나 해안선이 한반도 이상으로 긴 중국에서 장보고나 이순신 같은 바다의 영웅이 나타나지 않고 유독 한국사에서만 나타나게 된 역사배경을 되새겨본다. 아울러 만주와 극동 시베리아의 논벼농사는 찬물에 들어갈 수 있도록 게놈이 형성되어 온 조선족, 까례예츠만이 지을 수 있는 점에 대해서도 예의주시할 필요가 있다.

물론 시베리아의 몽골리안 루트-스텝로드-이끼의 길은 스텝과 타이가가 섞여 있어 특히 철기시대에 들면서부터는 순록유목과 기마 양 유목이 함께 어우러지기도 하였다. 순록유목민도 기마사술을 익혀 가며 몽골 스텝이 아닌 만주의 목농제국권으로 좀더 본격적으로 진입할 수 있었다는 것이다.

실크로드는 수사적 허구, 스텝로드, 초원의 길에 주목할 때!
그래서 스기야마 마사아키 교수는 서아시아와 중앙아시아는 역사가 없는 통로에 불과하고 서구의 뿌리인 로마와 청나라의 뿌리인 진·한 제국이 직통했다는 식의 '실크로드' 산업에 대한 인식은 잘못된 것이라고 비판한다. 그는 이런 잘못된 인식은 1800년대에 전성기를 이룬 서구와 청나라의 제국주의적 역사인식에서 나온 허구에 토대한 발상에 지나지 않는다고 보았다. 그는 자신의 저서『유목민이 본 세계사』에서 기원전 8~7세기 스키타이 대 다리우스의 페르시아 제국의 남북대치 모델을 그대로 본떠 기원전 3~2세기의 흉노제국과 진·한 제국이 동북아시아에서 남북으로 대치하였다고 볼 만큼, 서아시아와 남러시아 역사를 중심으로 한 유라시아 역사를 서술하고 있다(스기야마 마사아키杉山正明 지음, 김진복 옮김,『유목민이 본 세계사』, 학민사, 2000 참조).

**북방 유목무력 기마사술, 한랭고원 건조지대의 조악한 유목적 생산환경에
한사코 도전·응전하는 대규모 양 유목과정의 부산물!**

스키타이·월지·흉노의 역사무대인 한랭고원 건조지대의 조악한 유목적 생산환경에 도전·응전하는 역사를 전개하면서 그 부산물로서 발생한 것이 기마사술 같은 뛰어난 첨단 유목무력(군사력)이다. 이는 북방민족이 중원의 안보를 담보하는 역할을 해내며 한족漢族을 위시한 여러 종족의 농업생산 환경을 보장하는 정치적 경영능력을 십분 발휘하게 한다.

**우랄·알타이 산맥지대, 종족과 기술의 '서아시아 유래설' 상식화!
바이칼 호 북극해권 '종족 태반 형성기',
훌룬부이르 호 태평양권 대만주 '창업기지 변용기'**

그렇다면 장기간에 걸친 순록유목민의 대만주권—백두산으로의 이동은 어떤 단계를 거쳐 이루어졌을까? 알타이 권역의 소욘鮮 코리高麗

집단은 어떤 변용 과정을 거쳐 여기에 이르렀을까?

우리에게 웅녀전설로 널리 알려진 고조선의 건국신화 곰신앙과 그 내용이 너무나 흡사한 전설이 우랄산맥 중의 고미공화국에 전승되어 내려오고 있다. 뿐만 아니라 시리아의 수도 다마스커스의 다마스커스 박물관에는 역시 비슷한 내용을 가진 「아기 안은 곰녀상」이 전시되어 있다. 우리 단군신화의 원형이 우랄산맥이나 더 나아가 메소포타미아와 맥이 닿을 가능성을 보여주는 예라 하겠다. 사실 단군영정은 여러 가지 본이 있는데, 한결같이 탐스러운 수염을 북아시아를 무대로 한 북방 몽골리안 지역인들의 통상적인 염소수염과 비교하면서 이 지역이 단군과 관련된 역사무대가 아닐 수도 있다는 문제제기가 몇 차례 이루어지곤 했다.

식량생산이 맨 먼저 이루어진 메소포타미아 시날 평야와 그 언저리의 아랍 사막에서 페르시아 고원과 남러시아 초원을 지나 우랄 산맥을 넘고 알타이 사얀 산맥을 거쳐 바이칼에 이르는 과정에서, 또 그 후 외흥안령인 야블로노비·스타노보이 산맥에서 아무르 강물이 태평양으로 흘러드는 오호츠크 해까지의 '대만주권'에 진입하는 과정에서 이들은 어떤 변용을 통해 서, 남, 동과 북으로 뻗어나간 것일까. 분명히 이 대만주권에는 대흥안령과 소흥안령 및 대흥안령 북서부의 훌룬·부이르호수 지역의 비옥한 대초원을 내포하고 아무르강과 눈강, 송화강 및 우수리강이 태평양 동해로, 요하가 태평양 황해로 흘러들면서 몽골·시베리아 고원 기타 지역의 강물이 북극해로 흘러드는 것과는 다르게 특별한 하나의 권역이 이루어졌을 것임에 틀림 없다.

특히 고구려는 유목제국 태반으로 기원해,
도리어 유목세력과 효율적으로 공방전을 펼치며 팽창해 나갔다

대만주라는 거대한 목농지대가 펼쳐져 있는가 하면, 고원지대의 타이가小山(鮮)와 준별되는 장백산맥大山이 남동쪽에 우뚝 솟아 바다에 둘러싸인 한반도를 배후로 천연요새를 이루고 있다. 스텝·타이가 지역의 기마사술을 주력으로 하는 유목기마군단의 내침을 막을 기지가 되었다는 것이다. 동해와 남해, 서해로 이루어진 해양환경은 중·일·동남아 및 서아시아에 이르는 해상무역을 가능하게 하여 고대제국 창업의 근거지로서 손색이 없었다.

제야(징키르) 강, 유목민과 목농민의 갈림길!

훌룬부이르 몽골스텝 지역은 스텝·타이가·툰드라와 만주의 비옥한 목농지대를 잇는 중핵 스텝·타이가 지대로, 훌룬 호수와 부이르 호수를 내포하며 아무르강 이남 비옥한 대만주권의 초입이기도 하여, 흉노·조선·부여·고구려·선비·돌궐·거란·여진·발해·몽골 등의 유목태반 출신의 고대·중세 제국들을 잉태하여 길러내는 데 직간접적으로 막중한 역할을 담당했다. 그 중에서도 소흥안령 상부 건너편 아무르 강으로 흘러 들어오는 징키르(러시아 지도의 '□□□' : 에웽키어로 '칼날'이란 뜻) 강은 북아시아의 한랭고원지대를 태반으로 태어난 여러 종족들이 고원 스텝으로 진출할지 만주의 목농지역으로 발전해 갈지를 가름하는 중요한 분기점이 되었다. 이는 현재 대·소 흥안령 북부지대에 거주하는 바르구 족, 에웽키 족이나 오룬춘 및 다구르 족의 구비전승을 통해 알 수 있다.

그러므로 황금 엘 신상과 흉노 휴도왕의 제천금인은 각각 몽골리안 루트상에서 공간적으로도 멀리 떨어져 자리잡고 생겨났을 뿐만 아니라, 시간적으로도 오랜 기간에 걸쳐 상호관계를 맺어 왔다. 즉 바이칼권 역사라는 아시아의 북방 각 종족 태반단계나 혹은 야블로노비 산맥-스타노보이 산맥-오호츠크 해에서 장백산맥에 이르는 대만주권 역사라는 동북아 북방고대제국의 창업단계를 거치면서 여러 가지 변용과정을 거쳐 서로 접맥되어 왔던 것이다.

예족 부르칸 문화와 맥족 텡그리 문화,
맥족 알탄우룩 황금씨족인 '해신앙' 주체 '김씨네' 주도로 통합
천손족 예맥-타타르, 백타타르-배달로!

요컨대 유프라테스강 유역의 황금 엘 신상과 북아시아의 맥족 흉노 샤먼킹의 제천금인이 이런 멀고도 오랜 역사적인 인연으로 연결되어 몽골리안 루트 안에서 발전하며 서로 접맥되었을 가능성을 배제할 수 없다고 하겠다. 여기에서의 건조지대란 고원지대로서 바람이 많아 습기가 적어진 스텝-타이가-툰드라나 준사막지대 및 사막지대를 주로 일컫는다. 그런 생태환경에서 빚어진 인간들의 한 부류가 북방민족이고, 그들이 천손족 알탄우룩 김씨네의 주류가 되었다. 북유럽이나 티베트 고원으로 유목해 간 부류나 남북아메리카의 고원지대로 유목해 간 부류는 잠시 접어두자. 우선 시온 산을 내포하는 몽골리안 루트(이끼의 길)라는 스텝, 타이가, 툰드라, 준사막과 사막의 연장선상에 있는 한랭 고원지대의 밋밋한 소산小山인, 선蘚이 나는 선鮮을 찾아다니며 형성된 서아시아-남러시아-시베리아-몽골-만주에 이르는 길을 따라,

습기가 더 많아 순록의 겨울먹이인 이끼蘚도 더 많은 태평양 쪽으로 오랜 세월에 걸쳐 계속 이동해 왔을 조선 겨레를 상기해볼 필요가 있다.

메소포타미아 시날 평야에서 대만주권 아성 유목초지까지,
양떼 속에 드문드믄 염소 한 마리씩을 섞어넣는 유목관행 공유.
똑같은 유목초지 보전 유목방법 전통 전승!

스텝의 목초지에서 양들을 유목할 때 양떼들 속에 드문드문 염소를 한 마리씩 섞어넣는 유목관행은, 메소포타미아 시날 평야에서 대만주의 하르빈과 아성阿城 언저리 소흥안령에 이르기까지 전 스텝로드에서 똑같이 지켜지고 있다. 목초 뿌리까지 갉아먹는 양을 성질 급한 염소가 빨리빨리 끌고 지나가게 하여 유목초지를 보호 유지하려는 유목방법이라고 한다. 아랍 사막에 있는 '이동교회'의 전통이 바이칼권의 부리아드 몽골족에게도 '샤먼의 게르'巫神堂로 남아 있는 것은 유목이라는 생업기반의 전통을 공유하기 때문이다. 이런 관행들은 대단히 많을 것이나, 이것이 제대로 총체적으로 연구된 적은 아직 없다.

숫자가 많을 수는 있어도
결코 아무것이나 견강부회할 수는 없는 스키토 · 시베리안 '해신앙'의 주체,
알탄우룩 천손족 김씨네의 역사적 족적을 제대로 드러내
'나'를 바로 읽기 위해서다!

이 같은 불모의 땅 한랭고원 건조지대의 고위도高緯度 태반 유목민인 스키토 · 시베리안들이 생명력 왕성한 온난다습한 한반도라는 중위도中緯度 목농 · 농경 생명생존권으로 오랜 세월에 걸쳐 이동해 들어와 유전자 교배를 거듭하며 유전자 처리되었다면 어떤 특유한 개성을 지닌 다양한 인력자원이 창출되었을까 하는 시각에서 현재의 우리를 읽어 내려는 사안史眼이 긴요하다 하겠다. 무엇보다도, 숫자가 많을 수는 있어도 결코 아무것이나 견강부회할 수는 없는 스키토·시베리안 '해신앙'의 주체인 알탄우룩 천손족 김씨네의 역사적 족적을 밝히 드러내 '나를 바로 읽기' 위해서다.

단군영정의 사실성을 인정한다면, 수염이 긴 기원전 3000~2000년경의 단군이 과연 염소수염으로 상징되는 북방의 몽골로이드일까 하는 의문과, 북방의 기마 양유목 몽골리안이 제국 형태로 부상하게 된 것이 기원전 4~3세기경 스키타이塞(Scythia)족과 월지月氏(Sarmatia) 유목제국의 직·간접적인 침략과 이를 극복하는 과정에서 비롯되었음을 고려하여 양자의 역사적 상호관계의 발전을 천착해 가는 시각이 필요하다. 바이칼 호 북극해권 태반의 아시아북방 유목민족의 형성 창세기와 훌룬부이르 호 대만주 태평양권을 기반으로 한 아시아고대 북방유목·목농제국 창업기의 순류와 역류들, 그 과정에서 나타난 변용들을 함께 고려하는 차원에서 이루어지는, 황금 엘 신상과 제천금인의 역사적 상호관계에 대한 장기에 걸친 구체적이고 치밀한 연구가 고대된다.

주채혁, 「스페셜 리포트 : 바이칼은 우리에게 무엇인가. 몽골·시베리아 역사 낳고 기른 '자궁' "한민족은 바이칼에서 온 순록유목민의 후손" ; 시원 알기 위해서는 고대국가의 중심부가 아닌 기원지에 주목해야! 알타이·사얀산맥에서 비롯해 순록의 먹이인 이끼 따라 한반도로 이동」, 『역사탐험』 13(『월간중앙』 2004년 6월호 별책부록), 16~20쪽.

주채혁, 「황금 '엘' 神像과 김씨네의 祭天金人」, 『강원사학』 19·20합집, 강원대학교 사학회, 2004, 257~283쪽.

칭기스칸 몽골과 홀란카툰 보카渤海의
랑데부 유적, 그 초야의 성지
헤룸투 홍류不咸 오보 첫 확인!

칭기스칸의 제4카툰 전설적인 미모의 솔롱고스 홀란 공주!
'칭기스칸 보드카'와 짝지을 '홀란카툰 와인'도 데뷔했으면!
헤룸투에서 불함제를!

물이 바이칼 호로 흘러드는 셀렝게 강 일대에 자리잡은 3 메르키드 가운데 우두이드 메르키드 톡토아 베키의 아우인 예케 칠레두가 칭기스칸의 호적상의 아버지 예수게이 바아타르에게 칭기스칸의 어머니 후엘룬을 빼앗긴 사건이 일어났다. 예케 칠레두는 물이 대흥안령 북서부 부이르 호수로 흘러드는 할하강 지역의 처가에서 데릴사위로 있다가 북방 몽골리안의 데릴사위제 관행에 따라 임신한 아내 후엘룬의 출산을 위해 자기 집으로 데리고 돌아오던 중 오논 강변에서 아내를 빼앗기는 망극한 일을 당한 것이다. 이 때문에 칭기스칸의 생부는 예수게이가 아닌 예케 칠레두로 보아야 한다는 견해가 나왔다. 그렇다면 칭기스칸은 몽골인이 아니라 메르키드의 혈통을 받은 인물이 된다. 몽골인 학자들에 따르면 메르키드는 발해의 말갈인이며, 그렇다면 그의 게놈 실체는 발해인에게 접맥된다. 그런데 몽골 고원에서는 아내를 빼앗길 경우 반드시 보복을 해야 명분이 선다고 여기는 관행이 있다. 이 때문에 칭기스칸도 20대에 예케 칠레두의 아우 칠게르 부쿠에게 아내 보르테를 빼앗기게 된다. 그 후 약체였던 칭기스칸 집단은 맹렬하고도 교묘한 외교전으로 아내 보르테를 되찾는 전쟁을 벌여 메르키드를 섬멸시켰다. 『몽골비사』 3권 104~117절에 기록된 내용이다. 보르테는 귀환 후 장자 주치를 낳았는데, '주치'는 몽골말로 '손님'이라는 뜻이니 아내 자궁의 주인이 아니라는 뜻일 수 있겠다. 그래서 그런지 주치는 다른 호적상의 형제들에게 '메르키드의 사생아'라고 불리며 따돌림을 당했다는 사실이 『몽골비사』 11권 254절에 기록되어 있다.

물론 칭기스칸도 메르키드를 섬멸하면서 그의 아내와 딸들을 차지했다. 3메르키드의 하나인 우와스 메르키드의 다이르 우순 칸도 예외일 수 없었다. 그는 몽골사상 전설적인 미인으로 알려진 자신의 딸 훌란(Хулан : 야생마라는 뜻) 공주를 헌납하였다(7권 197절). 흥미로운 점은 이 훌란 공주를 17세기 문헌인 『몽골원류』와 『로·알탄톱치』에서는 '솔롱고스의 공주'라고 표기하고 있다는 사실이다. 그렇다면 메르키드(말갈)=솔롱고스가 되고, 말갈은 발해 국민이므로 훌란 공주는 바로 발해 공주가 된다. 『로·알탄톱치』는 놀랍게도 그녀의 아버지 다이르 우순칸을 '보카차간 한'이라고 적고 있다. 보카란 몽골에서 발해를 일컫는 호칭이다. 차간은 '하얀'의 뜻으로서 젓색을 상징하는 귀족의 색이다. 정리하면 "발해渤海 백왕白王"이 되는 셈이다. 결국 훌란 공주는 발해 공주고, 따라서 솔롱고스(한국) 공주라고 적은 것이 자명하다.

홀란은 한국인 공주였던 것이다. 발해=보카는 몽골말로 '늑대'라는 뜻
이다. 늑대는 몽골 스텝을 상징하는 동물로서, 무리의 크기에 따라 이
리>늑대>승냥이로 구별해서 부른다. 발해국의 이름이 언제 어떻게
생겼는지를 따지며 이를 극구 부정할 수도 있겠지만, 충청도 진천~병
천 사이의 산지에서 자란 필자는 어려서 늑대 울음소리를 들으며 잠들
곤 했다. 그 고향의 소리를 40여 년 후인 1990년대에 몽골 고원에서
다시 들을 수 있었다. 몽골 유목민은 집요하게 고향의 종족명이나 산
천명을 가지고 지구 끝까지 이동해 가는 관행이 있음을 염두에 둘 필
요가 있다. 몽골인들에게 메르키드는 타이가에서 활을 쏘아 사냥하고
전쟁하며 사는 타이가의 백성으로 인식되고 있었다. 따라서 메르키드
는 흥안령 북부나 타이가와 스텝이 혼재된 셀렝게 강 일대에 둥지를
틀고 있었을 수 있다. 발해의 고급문명을 체득하고 철의 주산지인 셀
렝게 강 일대를 근거지로 삼아 강력한 무력을 과시하였을 것이다.

그렇지만 필자가 한 해 동안 현지에 머물며 훌룬·부이르 호수 일대
를 직접 답사하였던 1999년 10월까지도 발해 백왕 다이르 우순 칸이
그의 딸인 홀란 공주를 훌룬부이르 몽골 스텝 하일라르 강변에서 칭기
스칸에게 헌납했으리라고는 꿈에도 생각해 본 적이 없다. 셀렝게 강과
하일라르 강은 너무나 까마득히 멀게만 여겨졌기 때문이다. 농경민의
거리 관념에 익숙해져 있던 필자로서는 유목적 기동성을 전혀 고려하
지 못하였던 탓이다. 10월 11일 월요일에 만주리滿洲里로 떠나는 길에
바루쿠진 좌기 문물관리소 소코르(장님이라는 뜻을 가진 이름으로 당
시 30대 초반) 연구원에게 지나가는 말로 고올리高麗 관계 유적이 더

고려과高麗果 산딸기覆盆子 | 훌룬부이르 몽골 스텝 껀허根河에서 촬영한 것이다.

없느냐고 물었다. 그랬더니 뜻밖에도 만주리에서 하일라르로 가는 길가에 칭기스칸이 훌란 카툰과 첫날밤을 보낸 헤름투 유적이 있다는 이야기를 해주었다. 여기서부터 묻고 또 물어 헤름투 유적을 찾아가는 집요한 탐사가 시작되었다. 첫눈 흩날리는 거센 바람도 마다 않고 때로는 길도 없는 몽골 벌판을 이리저리 달리고 또 달렸다. 그리고 마침내 찾아냈다! 누런색 풀밭이 펼쳐지는 벌판, 하일라르 강변의 그림 같은 초원에 자리잡은 헤름투('성城이 있는'이라는 뜻) 유적이었다. 대략 가로 30미터, 세로 30미터 정도 되는 규모로 두 남녀가 작은 오르둥(게르 궁궐)을 꾸려 황홀한 초야를 지낸 자리란다. 이 곳에 상주하는 목민 린쥬르(당시 30대 중반)는 강 건너에 이들 연인을 상징하는 듯한 예흐(큰) 옹군(무덤)과 바가(작은) 옹군의 탈(스텝)이 있고, 하일라르 남쪽 강변에는 칭기스칸의 거세마를 매어둔 돌말뚝도 있다고 했다. 가을 강변의 헤름투는 너무도 아름다워 열심히 사진을 찍었다. 그러나 실망스럽게도 알고 보니 이 곳은 원래 모래땅이었고, 겨우 30여 년 전 저편으로 흐르던 물줄기가 이쪽으로 흐르고 있을 따름이라고 했다. 10월 18일에는 『몽골비사』 3대째 전문연구자 다구르족 집안의 아·아르다잡 선생과 함께 이 곳을 다시 들렀다. 때

마침 린쥬르 일가가 모두 모여, 집에 머물고 있던 딸 사르나(달님이라는 뜻의 이름으로 당시 18세)가 내게 몽골의 전통의상인 데르를 입힌 후 말에 태워 이리저리 말을 몰며 사진을 찍어주었다. 주소가 신新바락준 호쇼左旗 갈보르 솜(화살이라는 뜻으로 '군' 정도의 행정단위)인 이히올(큰 산이라는 뜻) 또는 우주르(뾰족한 곳이라는 뜻) 가차(면 정도 되는 행정단위)라고 했다. 한인漢人에게는 한어漢語로 "진파이호기陳巴爾虎旗 일로하一路河"라고 해야 알아들었다. 고올리칸 훈촐로石人像, 굳이 거센 바람 속의 건조지대인 고원 스텝에서 오순도투락(논벼水稻)을 지었다는 수리시설 흔적이 지금도 완연한 거대한 고올리 농장터, 고올리 골川, 고올리과 高麗果(산딸기 : 순록의 기호식품?)와 주몽과 궁예 같은 바아타르를 상징할 법한 놈릉온(의) 한(후예 왕), 1930년대 말 유명한 '놈온한' 전투가 벌어진 지명에 얽힌 전설 등 고올리 관계 구비전승이 즐비한 훌룬부이르는 그래서 북부여의 모국인 맥고리貊槁離(Mongol)국의 본고장으로서 북한 고고학자들이 1972년에 유적발굴 결과를 발표한 곳인가 보다. 2003년 7월 13일 일요일 「예濊의 길을 따라」라는 다큐멘터리의 제작을 위해 시베리아 횡단열차를 타고 바이칼 호를 돌아오는 길에 헤룸투 유적에 다시 들렀다. 몽골과 한국사를 연결할 고리가 되는 첫 유적이어서 카메라를 앞에 두고 축문을 읽고 함께 제사를 드렸다. 문헌사료와 유적이 만나는 몽·한 관계 최초의 유적이다. 어쩌면 홀란 공주만이 아니라 여기서 그녀를 넷째 카툰으로 맞은 칭기스 칸까지 그의 게놈은 메르키드蔑鞨 즉, 발해인일 가능성이 있고 보면, 실은 몽·한관계라기보다 혈통적으로는 메르키드(Boka), 곧 한·한 또는 몽·몽 관계 유적일 수 있다. 어쩌면 그녀가 모국인 고향 발해(Boka)의 여인이어서 칭기스칸에게 더 아름답고 정겨워 보였지도 모른다. 나이도 첫째~셋째 카툰(황후)들보다 어렸겠지만, 칭기스칸은 생사를 판가름하는 전쟁에까지 데리고 다닐 만큼 홀란을 몹시 총애했다.

홀란 카툰은 지금도 몽골인들에게는 전설적인 솔롱고스 미녀로 깊이 각인되어 있다. 보카(발해)나 고려가 모두 솔롱고스나 고올리로 불러서 그런 것인지, 사실상 대원제국의 말미를 장식한 토곤 투무르칸(혜종惠宗, 순제順帝)의 기후올제이툭 카툰, 즉 기황후도 솔롱고스의 미녀로 기억되고 있다. 그녀는 몽골 세계칸국의 중앙궁정에서 일세를 풍미한 고려 여성이다. 1990년 초 몽골에 살면서 필자는 몽골 아씨들을 많이 만나보았다. 나를 보며 자신이 한국 아씨를 닮았냐기에 "넌 많이 닮고 넌 조금 닮고 너는 아주 안 닮았다"라며 처음엔 대수롭지 않게 대답해 주었다. 그런데 그럴 때마다 그녀들의 표정이 제각기 달라지는 것을 한참만에야 알아챘다. 아주 많이 닮았다고 하면 그렇게 기뻐할 수가 없었다. 마유주며 양고기도 가장 좋은 것으로 아낌없이 대접해 주었다. 그 후에는 꾀가 생겨서 모두 다 닮았다고 하고 다녔다. "솔롱고스 부스귀 하이르테!"는 한국 아씨는 예쁘다는 뜻이다. '부스귀'는 '허리띠가 없다'는 뜻인데 이는 여성을 가리킨다. 미인이라는데 싫어할 여성이 어디 있겠는가. 왜 한국 아씨들은 예쁘다는 생각이 몽골 처녀들에게 그토록 깊이 각인되어 온 것일까?

바람 거세고 건조한 한랭한 고원 건조지대가 몽골 스텝이다. 혹한기에는 볼의 실핏줄이 얼어 그걸 감추려고 연지를 찍는 메이크업 관행이

부르칸 제 不咸祭 | 훌룬부이르 몽골스텝 헤름투 유적의 속초 KBS-TV 한국답사단(최낙민 작가)

생겨났다는 말에 수긍이 갈 정도다. 그런 곳에 살던 여성들이 한·몽 관문이 열리면서 한국에 와서 태평양 바람을 몇 달만 쐬고 가면 피부

동몽골 수흐바아타르 아이막 예술단들의 한국몽골학회 답사단 환영공연(1991년) | 다리강가 스텝에 차르 러시아 탐사단이 1860년대에 답사한 이래 첫 발걸음을 내딛은 한국인 학술연구회원들에 대한 이들의 환영은 감격적이었다(앞줄 중앙이 저자).

가 그렇게 고와질 수가 없단다. 성형수술을 받은 건 아니겠고 화장품 덕을 좀 보기도 했겠지만, 본질적으로 생태풍토가 몽골 처녀들을 미녀로 거듭나게 한 것이 아닐까. 그래서 고려 말에 고려왕에게 시집온 몽골 공주들은 미녀로 다시 사는 행운의 골든 키를 얻은 여성들이었을지도 모른다. 그런데 좀더 오래 몽골에 살며 보다 깊이 그들을 이해하게 되면서 비로소 필자는 그것이 냉엄한 국제생존판에서 살아남기 위해 발달한 미의식과 관련이 있음을 깨닫고 깜짝 놀랐다. 숫자도 많고 돈도 많은 한족漢族 남자들이 몽골 여성들을 독점해버리면 몽골족은 그냥 앉아서 멸망한다는 위기감이 그녀들의 의식 심층을 관류하고 있었다. 여자들은 자기편이건 적이건 간에 일단 누군가의 아이만 낳으면

붉은가지 버드나무 다발 | 헤름투 부르칸 오보 오르동(게르 궁전)터에 천신薦新을 위해 준비해 둔 것이다.

설원의 홍류 | 호눈呼嫩 평원 대흥안령 면도하반 免度河畔. 2005년 3월 성빈 촬영

모성애 때문에 독립투쟁을 벌이기 어려워진다. 실제로 1990년 중반에 재선을 위해 오치르바트 몽골 대통령이 대통령 후보로 재출마했을 때, 오치르바트 후보 아버지의 출신을 둘러싼 루머가 떠돌아 전국 민심이 크게 들끓었다. 몽골반점이 없는 한족(키타드인)이라는 것이 유일한 이유였다. 그제서야 1991년 8월, 몽골국 오치르바트 대통령이 한국을 방문하기 한 달 전 우리 한국몽골학회 회원들이 문화사절단 격으로 몽골국을 방문한 적이 있었는데 이 때 권영순 초대 주몽골대사가 배석한 가운데 양국 대표들이 마주앉아 나눈 얘기가 새삼스레 떠올랐다. 필자가 "한국보다 여덟 배나 넓은 땅을 가진 몽골국은 자원부국이다!"라고 했더니 쉐·비라 국제몽골연구협회 사무국장은 "인구 200만 남짓으로는 시장경제 경영이 불가능하다"며 한숨을 쉬었다. 그러면서 한국 인구는 얼마나 되느냐고 묻길래 7천만 정도 된다고 했더니 곧바로

헤름투의 홍류 오보와 제천단祭天壇 | 최낙민 작가

한국인들에게도 몽골반점이 있느냐고 다그쳐 물었다. 그래서 "거의 100% 다 있다. 아마 세계제국 경영으로 피가 많이 섞인 오늘날의 몽골인들보다 그 밀도는 훨씬 높을 것이다"라고 했더니 안도의 숨을 내쉬는 좌중의 분위기가 감지됐다. 참으로 인상적이었다. 솔롱고스 '부스귀'가 낳아준 자식들에게는 몽골반점이 있으니 안심하고 칸의 지위를 물려줄 수 있다 하여 한국 처녀는 카툰(황후)이 될 수 있었다. 바로 그러한 생존 보위의식이 기층에 깔려 있는데다 한반도의 생태상, 피부가 거친 몽골 여인네들보다 한국 여인들의 피부가 더 고울 수밖에 없는 현실까지 어우러져 "솔롱고스 부스귀 하이르테!"라는 몽골 부스테이 (사내 : '허리띠를 두른'의 뜻)들의 심미안이 생겨났던 것이다. 원나라 말기 실권자들이 고려 여인을 아내로 삼아야 비로소 사내 구실을 했다

118

던 궁정 풍토는 기황후의 민활한 외교술 덕분이기도 했겠지만 본질적으로는 이러한 몽골 사내들의 심미안을 기황후가 정치적으로 활용한 것이라 해야겠다.

헤름투 유적에서 우리의 이목을 끈 것은, 지금도 해마다 천신薦新을 거듭하며 붉은가지 버드나무를 올려 하늘에 제사 드리는 홍류紅柳 천제단인 홍류 오보 곧, 불함不咸(Burqan) 성황단이었다. 헤름투 유적에서 50여 미터 올라가는 느슨한 스텝의 언덕 위에 자리잡고 있다. 헤름투 유적에는 오보에 올릴 홍류 가지더미가 흩어져 있다. 모두 동행한 사진작가 최낙민 양양문화원 부원장이 카메라에 담았다. 2005년 2월 20일 일요일 오후 창조사학회와 함께한 21일에 걸친 시베리아 겨울 취재답사를 끝내고 귀환하던 길에 헤름투에 다시 들렀다. 눈덮인 빙판길을 달리다 하일라르 강 속에 수장될 뻔한 아슬아슬한 위기를 넘기면서 매서운 훌룬부이르 몽골 스텝의 한파 속에서 가까스로 설원의 헤름투 유적지를 촬영하였다. 2월 21일에는 대흥안령을 막 넘으며 복드聖라는 땅에 있는, 2000년 봄 이 곳의 조선족연구회 부이사장 성빈成斌 학형(68세)과 함께 보아둔, 붉은가지 버드나무 떼를 찍으러 떠났다. 그런데 차가 대흥안령을 넘으려는 순간 혹한으로 타이어가 수축되어 바람이 빠지는 바람에 되돌아오고 말았다. "아! 이래서 툰드라에 진입하는 탐사대원들이 탱크를 이용하는구나!" 하면서 겨울 시베리아 답사의 궁극적인 진수라 할 핵심작업을 수행하지 못한 허탈감은 이루 말할 수 없었다. 그래도 연해주부터 하르빈의 곤륜 호텔에서의 마지막 밤까지 줄곧 홍류에 미친듯 열중하였던 우리는 바이칼 호반 딸쯔(Талцы : таля вода=녹은 물) 박물관 러시아정교회 벽의 이콘(икона : 성화)을 장식한 '버들강아지'의 사진을 계속 품고 다녔다. 결국 3월에는 현지의 성빈 학형이 이 지역 면도하반免度河畔의 붉은가지 버드나무 떼를 촬영해서 우송해 주었다. 도대체 우리에게 붉은가지 버드나무=조선버드나무朝鮮柳(不咸)가 무엇이기에!

나나이赫哲 어로 푸르칸 → 부르칸은 버드나무를 가리킨다. 주몽의 어머니 유화 성모를 추모하는 만주의 '보드마마' 굿은 버드나무 가지를 꽂아놓고 하는 모태회귀신앙 굿이다. 북방 몽골리안이 거기서 태어나고 죽어 거기로 돌아가는 어미의 자궁인 지성소인데, 그래서 칭기스칸 무덤도 부르칸 산에서 찾고 있다. 백두산의 옛 이름도 불함산이었다. 『산해경』「대황북경大荒北經」 17에 "……불함不咸 유숙신지국有肅愼之國"이라고 하여 기록이 처음 나온다. 산언덕의 자작나무와 저습지대의 버드나무는 시베리아 원주민의 신앙대상이 되는 두 축이다. 여기에서의 버드나무란 붉은가지 버드나무 즉, 불함(홍류)을 말한다. 박혁거세의 붉을 '혁'자나 불구내弗矩內의 '붉음'처럼 불함不咸도 '붉음'으로서 여제사장인 무당의 색깔을 상징한다. 2002년 월드컵 한국 응원단복의 색깔도 붉은색이었다. 거기에 터키 선수들의 경우는 애초부터 '붉은 악마'가 되어 오지 않았던가? 뜨거운 모정으로 상징되는 여사제의 '붉음'으로 모두가 제사장 종족이었을 수 있다. 고대 투르크·몽골어에서 이는 하느님을 뜻하며, 부처님 역시 그냥 '부르칸'이라고 불렀다. 모성적 하느님이다. 오보도 타이가 시절에는 본래 버드나무 오보(Borgasan oboo)였다. 습기를 좇는 순록유목태반의 정체성이, 붉은가지 버드나무

떼(красно тальник верба)로 상징되는 모태회귀신앙, 만주의 보드마마 신앙 곧 버들꽃 어머니 하백녀河伯女 유화柳花 성모신앙인 부르칸이즘으로 구현된다. 겨울 설원의 홍류 띠를 영상자료로 담아오려 했던 것은, 일명 '조선버드나무'로 불리는 붉은가지 버드나무들이 자라는 예족의 물가야말로 바로 불함(Burqan) 동산이기 때문이다. 그 곳은 북방 몽골리안 하느님이 임재하는 지성소다. 부르칸이즘(Burqanism)은 극동 태평양 연안 일대를 모태로 삼는 연어들의 모천회귀 본능처럼 유목 몽골리안에게는 불멸의 자기 게놈 정체 사수신앙으로 존속해 왔다. 이것은 제 태반을 떠나 살 수밖에 없는 '떠나온 탕자'와도 같은 유목 몽골리안에게는 일종의 시온鮮(Zion)이즘과 같은 것이 아닐까. 칭기스칸의 게놈 아비도 홀란카툰의 게놈 아비도 모두 메르키드(말갈)－보카(발해)－솔롱고스인 조선버드나무朝鮮柳의 조선인 대한남아일 수 있다면, 그 천생의 '게놈 짝님' 연인들의 모태회귀처는 부르칸일 수밖에 없다. 그래서 헤름투 유적 언덕 위 부르칸紅柳 오보 앞에서 「예족의 길을 따라」 나선 당시 속초 KBS의 이양훈 부장과 나는 축문을 읽고 몽·한의 부르칸天제를 지냈다. 이는 세계적으로 유명한 몽골의 '칭기스칸 보드카'의 게놈 파트너 '홀란카툰 와인'을 빚고, 버드나무의 성지 천안삼거리에는 홍류공원(Burqan Park)를 가꾸고, 우리의 공동조상인 코리의 탄생지 바이칼 호 올콘섬 부르칸 바위에 세계 몽골리안 센터 '홍류 천안天安 제단'을 세워 몽·한 겨레가 더불어 그 축제일에 '연일 음주가무'하는 '부르칸 축제'를 벌이게 해달라는 축원이 담긴 '불함제'였다.

몽골화한 '노재지학魯齋之學', 조선성리학

몽골화한 주희지학 '노재지학'의 몽골제국 체제교학화

주자학은 1313년, 1314, 1315년 공식적으로 등장한 원조의 지배이데올로기 창출기구인 만권당을 창립한 요원들을 중심으로 해서 관학화된 이래 근 600년 동안 주자학 중심의 방대한 동아시아 문인관료체제를 양산해 왔다.

하지만 사실 주희의 학문은 그의 망명조국인 남송에서도 한때 경원慶元의 위학僞學으로서 사학시邪學視되기도 하였다. 그런 주희의 성리학이 몽골 세계제국의 중앙정권인 원조의 지배이데올로기로 채용되면서, 곧 주희지학朱熹之學도 조복지학趙復之學도 아닌 허형虛衡의 노재지학魯齋之學으로 변용되면서 일약 세계적인 성격을 띤 지배이데올로기로 변모하였다. 물론 당시 과거취사科擧取士의 비중은 그리 크지 않았다. 그러나 북적北狄이나 북이北夷로 불리던 몽골의 주권자들이, 사대부 관료 지배층의 단절기라 할 만큼 유자층이 몰락하였던 시기에 일단 과거를 부활시켰다는 것 자체는 당시에는 혁명적인 대사건이었다.

'몽골 국족國族 중심'의 화이관 노재지학, 한 · 남인을 색목인 아래 자리매김!

노재 魯齋 허형 虛衡

남송의 유자 조복이 포로로 잡혀온 1235년 이후 134년 동안 주희지학朱熹之學을 '몽골 중심'의 화이관으로 완전 재편하여 재정립한 몽골제국 나름의 주희성리학이 '노재지학'이다. 이는 1314~15년 전후에 이지르부카 심왕의 원조 만권당팀이 중심이 되어 관학화 되었다. 주희성리학을 과거 정식呈式의 핵심에 두고 대몽골제국 중앙정부 원조의 체제교학으로 삼게 되었다는 사실은 세계 이데올로기 발전사상 하나의 획을 긋는 일대 사건임에 틀림이 없다.

몽골 세계제국 이데올로기 정초 과정 134년 원대 주자학사,
그 후의 근 600년사보다 그 본질을 더욱 결정적으로 좌우!
번데기가 나비 되어 비상하는 '원대 주자학사'는 '노재지학'의 역사!
이처럼 주희지학이 노재지학 → 관학화하는 원대 주자학의 태반기 134년간의 이데올로기 정초 과정의 역사는 대단히 중요한 의미를 갖는다. 원래 태반기의 역사가 뒷날의 오랜 역사가 미치는 영향보다 훨씬 더 크기 마련인데다, 명 · 청으로 이어지는 대륙 동북아시아사든 고려 · 조선으로 이어지는 한반도 동북아시아사든 그 역사의 흐름이 본질적으

로 크게 바뀌지 않았기 때문이다.

주희지학이라는 번데기가 몽골 세계제국의 중앙정부인 원조의 체제교학으로 자리잡은 134년간이라는 원조 주자학의 태반기 역사과정이 없었더라면 정녕 주희의 성리학은 주자학이라는 나비로 그리 거창하고 화려하게 탈바꿈될 수는 없었을 것이다. 실로 노재지학으로서 원조의 체제교학이 되고 나서야 비로소 주희의 성리학은 뒷날 세계사적 차원의 지배이데올로기인 주자학朱子學으로 비약할 수 있었을 것이다.

물론 이 시기 과거취사의 비중을 보면, 다른 전통 중원왕조에 비해 보잘것 없었다. 그러나 이 때 비로소 노재지학이 과거科擧 정식呈式의 핵심 내용이 된 것은 엄연한 사실이며, 이 노재지학은 명 초에 유기劉基가 팔고문체八股文體를 제정하여 사자진신士子進身의 고문전敲門磚으로 삼은 이래, 명·청대를 거쳐 근 600년 동안 원대의 행정제도인 행성제行省制와 함께 방대한 문인관료체제 운용의 기본틀이 되었다. 따라서 그 태반기(1235~1368)라 할 당시에 만권당 팀을 중심으로 하여 초석이 놓인 이 사업의 역사적 의미는 대단히 크다고 해야 하겠다.

아울러 우리는 몽골제국이 1271년 종래 종족명이나 창업자의 조상 내지 자신의 출생지 이름을 국명으로 삼아오던 관행을 과감히 벗어던지고 동북아시아의 역대왕조들 가운데 처음으로 원元이라는 이데올로기성 이름을 쓰기 시작하여 그 전통을 명明과 청淸으로 넘겨주었다는 점을 염두에 두어야 한다. 이는 다민족으로 이루어진 몽골 세계제국을 이끌어 갈 시대적 소명을 자각한 데서 비롯된 것으로, 원元은 『역경易經』에 나오는 '대재건원大哉乾元'에서 따온 것이다. 『역경』은 유교의 토대를 이루는 경전이다.

유교경전 『주역』에서 국명을 따온 첫 세계제국 몽골의 원元,
유교사상 공자를 '대성지성문성왕大成至聖文宣王'이라는
극존칭을 써서 추숭한 것은 한漢족 아닌 몽골족 왕조!

뿐만 아니라 공자는 "의범백왕儀範百王 사표만세師表萬世"라고 하여 몽골 세계제국의 중앙정부 원조元朝에 이르러서야 비로소 '대성지성문성왕大成至聖文宣王'으로 높임을 받으며 유교권 역사상 가장 고귀한 지존의 만세사표萬世師表로서 추숭된다. 몽골 군사귀족들의 정복지 지배원리에 따라 '이한법치한지以漢法治漢地'의 이데올로기적 방편으로 채택된 유교=노재지학이기는 했지만 오랑캐 중의 오랑캐인 몽골의 쿠빌라이 대칸이 공감한 내용이라는 점에서 특기할 만하다 하겠다. 이런 유학(노재지학)의 관학화가 몽골 세계제국 중앙정부인 원조 조정에서 이루어졌다는 사실은 예의주시할 필요가 있다. 본래 순록·양 유목민족 출신인 국족國族 북방 몽골리안 중심의 사상을 중원中原에서 체계적으로 정리해 낸 공자라면, 백왕의 사표인 공자를 목농지역을 아우른 몽골 유목 세계제국 중앙정부의 한 중심에 지존의 큰 스승으로 되물려 모신 측면이 있을지도 모른다는 생각에서다.

중국사상 유교는 정복자 북방 유목제국이
'한법漢法으로 한족漢族을 다스리는' 이데올로기적 성격이 실천윤리적 주류!

종래와는 달리 '색목'과 '몽골'을 '한인'이나 '남인'과 같은 비중으로 과거에 동참케 하고, 북방의 정복왕조나 북조北朝 집권세력이 '이한법치한지以漢法治漢地'를 위한 가장 효율적인 관료체제구성의 체제교학적 방

편으로 과거제도를 채택하였다는 사실을 염두에 둘 때, 원대에 종래의
북적 몽골이 화華로서 몽골 세계제국 권력의 한 중심에 대두하면서 주
희 성리학을 몽골 나름의 '노재지학'으로 재편하여 관학화한 것은 인류
이데올로기 발전사상 한 시기를 가름할 획기적인 사건이다. 북방민족
의 침략위협에 계속 시달리던 명대의 지배 아래서, 그리고 다시 만주
제국 청의 식민통치 아래서, 아울러 옷치긴 가家(ulus) 고려계 몽골 군
벌가문 출신 이성계의 쿠데타로 창업된 한반도의 조선에서도 그 본질
이 그대로 관철되었을 가능성이 크기 때문이다.

몽골의 팍스몽골리카 체제에 접목되면서
세계적인 이데올로기로 탈바꿈한 '노재지학'이라는 주자학의 무서운 위력!
송 · 명 이학식 주자학은 역사적 무중력 상태 하의 '관념적 허구'

'몽골 – 색목 – 한인 – 남인'의 서열 중 가장 하위에 속하는 남송의 남인
南人 중심의 주희성리학이 아니라 국족國族 몽골인 중심으로 개편 활용
된 노재지학 → 주자학은, 몽골의 군벌귀족집단에 의해 그들 중심의
지배체제를 확립하기 위해 동원된 것이다. 이는 주희 성리학이 주희
자신의 의도와는 전혀 다르게 자신의 조국이 식민지로 지배 당하는 이
념적 도구로서 세계화된 이념체계인 주자학으로 돌변하는 일대의 전
기가 되었다. 몽원 제국의 발전과정에서 그 사회경제적 기반을 주로
중원의 농경지대에 두게 되면서 이한법치한지以漢法治漢地의 이데올로
기 정비사업과 그 관학화가 이루어졌다. 따라서 후세의 주자학은 역사
적 진공상태의 소산인 세칭 '송宋 · 명明 이학理學'식의 관념적 내용이
아니라, 그 생성 태반으로 보아 구체적인 역사적 생성 – 수용 과정의

소산인 원조의 관학이자 고려의 관학인 노재지학을 실체로 한다.

고려에 노재지학 도입한 안향安珦은 쿠빌라이 대칸 직속 휘하의 원조 관료!
스승 유경柳璥은 몽골군과 연계하여 왕정복고 역쿠데타 주도한
개국공신가문 문신 영수!

안향 安珦

1286년 고려에 처음으로 초시공적인 '주희지학朱熹之學'도 아니고 '조복지학趙復之學'도 아닌 구체적인 역사적 소산으로서의 노재지학魯齋之學을 수용한 이는 안향이다. 그는 다름 아닌 최씨 무인정권의 최후 주자가 된 최의崔竩를 죽이고 몽골의 정치·군사력을 빌어 문신의 역쿠데타를 감행하여 왕정복고를 이룬 문신의 영수 유경柳璥의 제자다. 물론 당시 안향이 고려에 가지고 들어온 노재지학은 몽골의 군사귀족관료가 점령지인 금나라와 남송 등을 통치하기 위해 재정비한 주희의 성리학이었다. 혹 안향이 주희지학朱熹之學의 본질적인 다른 측면을 실제로 간파하고 있었다 하더라도 수용된 고려 관학으로서의 실천적인 내용은 '노재지학'일 수밖에 없었다. 안향 자신이 원조元朝 정동행성 유학제거사의 고려유학제거로 임명받은 인물로서 사실상 원조 쿠빌라이 대

128

칸의 수하 관료였기 때문이다.

원조 만권당은 원조의 태자태부 이지르부카(충선왕)주도 하의
몽골 세계제국 중앙정부인 원조의 이데올로기 창출기관!
규장각-선문각-단본당의 전신.
이지르부카 심왕 충선은 쿠빌라이 대칸의 외손이자 부마
무종 · 인종조 칸위계승전에
'히야드 · 보르지긴' 황금씨족 혈통으로 적극 가담하여
극품 태자태부에 오르고 상상 우승상직까지 권유받은 아주 특별한 몽골황족!

그로부터 30여년 뒤 원조 만권당을 중심으로 '노재지학'의 관학화를 정식으로 주관한 이는 만권당의 창설자인 원조 태자태부 이지르부카 즉 고려의 심왕瀋王 충선忠宣이었다. 그는 쿠빌라이 대칸의 외손이자, 쿠빌라이의 정후正后인 '차비' 소생 짐킨 감말라의 공주 보타시린을 왕비로 맞아들여 원나라 대칸의 정통을 이어받은 혈통과 본격적으로 연결됨으로써 몽골 칸의 궁정에서 그 위상을 크게 높였다. 그의 외할아버지이자 장인의 아버지가 되는 쿠빌라이 대칸은 주로 한지漢地의 물력과 인력을 배경으로 삼아 몽골 본지파와 벌인 대칸위 계승전에서 쿠데타를 통해 대칸위에 오른 인물이다. 그는 남송을 정벌하여 몽골 세계칸국을 최종적으로 완성시키고 이한법치한지以漢法治漢地 정책을 본격적으로 추진하였다. 그의 황태자 짐킨은 이 정책을 밀고나가다 희생당하였고, 짐킨의 비妃이자 테무르칸成宗의 모친인 발리안 예케치는 사위에게 이지르부카(=충선왕忠宣王)라는 몽골 이름을 지어주었다.

충선왕의 본령과 관련하여 무엇보다 중요한 사실은, 히야드 보르지긴이라는 칸의 피가 수혈된 존재로서 쿠빌라이 대칸의 계획적인 배려

를 받으며 이미 유교적인 기초교양을 튼튼히 쌓아 원元 일대의 유자儒者로서 누구도 누려본 적 없는 고위직에 있었다는 점이다. 특히 그는 당시 원조의 태자태부太子太傅로서 경연經筵과 동궁의 궁학宮學을 맡아 노재지학魯齋之學의 체제교학화 사업을 주도하였다. 태자소부太子少傅로서 그의 수하가 되어 실권을 쥐고 이 사업을 추진한 이는 조복−요추−요수로 이어지는 북방관학파 노재지학의 핵심 주류인 요수姚燧며, 행정실무를 맡아본 이는 중서평장정사 이맹李孟이다. 최근 중국 원사학계에서는 중서평장정사(종1품) 이맹을 요수, 심지어는 상상上相 우승상(정1품)까지 정식으로 권유받은 이지르부카 심왕보다 우위에 올려 놓고 '노재지학'의 관학화를 주도한 인물로 부각시키려는 경향이 있으나 당시의 지위나 시대 상황으로 보아 물론 터무니 없는 허구다.

그가 창설해서 경영한 만권당萬卷堂(1314~1328?)은 뒤이어 등장한 규장각奎章閣(1329~1340) − 선문각宣文閣(1340~1368) − 단본당端本堂(1349~1368)과 함께, 원조 지배이데올로기의 창출과 정비를 주된 임무로 한 일련의 연구 내지 행정기구였다.

원·명혁명으로 몽골 → 색목 → 한인 → 남인의 종족계급이
남인 → 한인 → 색목 → 몽골로 뒤바뀌며,
남인 주도로 편찬된 『원사』에서는 이런 사실史實에 무섭게 칼질 하여 첨삭·왜곡
그런데도 여기에 눈을 돌리는 한국의 사학자는 아직 안 보인다!

당시 이러한 엄연한 사실史實은, 1200년 이전 주희가 구상했음직한 남인 → 한인 → 색목 → 몽골의 종족 서열질서가 1280년 전후 원조치하의 몽골 → 색목 → 한인 → 남인의 종족 서열로 뒤집히고 주희의 성리학은 '노재지학'으로 관학화하였으나 1368년 원·명혁명으로 남인 →

130

한인 → 색목 → 몽골의 서열질서로 개편·정립되고『원사』가 남인南人에 의해 편찬되면서 크게 왜곡되고 말살되기에 이르렀다.

노재지학은 몽골 군사귀족의 구미에 맞춘
수기修己로 수분守分하는 실천윤리적 거경居敬에 초점을 맞추고,
삼강오륜을 교조적 절대적으로 반복 강조할 뿐이었다.
'맞춤 천국시대'라 할 디지털 시대의 자율과 자유, 다양과 독창에
사문난적의 칼을 계속 들이대지나 않을는지?
몽골군벌가문 출신, 몽골장군 이성계의 인식세계 유래처 또한 같아서다.

허형은 성인지도聖人之道를 이론적 철학적 '궁리窮理'의 측면보다는 실천적 윤리적인 '거경居敬'을 통한 수기修己의 측면을 강조하였는데, 이는 수기로 수분守分하는 사회적 기능에 초점을 맞춘 것이다. 주희 성리학에서도 창업단계에 필요한 궁리나 분배, 이것이 발전한 수성단계에서의 수분이나 성장에 대해 언급하였지만, 그 후 주원장이 명조를 창업하면서 주희의 성리학을 표방하고 그 전에 몽골제국을 완성하고 수성단계에 들었던 쿠빌라이 대칸의 그것은 현대 중국의 '마오'와 '덩'의 표방처럼 핵심이 이동할 수밖에 없게 되었다. 그런데 창업단계의 궁리와 수성단계의 수분이 유연성을 갖고 역사적 시간 속에서 발전적으로 변용되는 경우와는 달리, 고려인 몽골 유학제거사를 거쳐 도입되고 이데올로기 창출의 총책임자인 이지르부카 고려왕을 통해 고려로 직수입된 '노재지학'은 군사파쇼적 이데올로기성이 뜻밖에 완강하였을 것으로 보인다.

창업단계의 궁리와 분배나 수성단계의 수분과 성장은
역사적 시간 속에서 발전적 변용의 리듬을 유연성 있게 타야……!

주희의 성리학 자체가 대내적으로는 지주·전호간의 모순이 첨예화한 주희 당시의 남송사회를 지주의 입장에서 사서士庶로 질서화하고 북방 민족의 침략에 쫓기던 '망명조국' 남송의 역사적 정통성을 강조하면서 남송 중심으로 화이華夷질서를 구축하려는 의도에서 성립된 것이다. 그런데 근 70년에 걸친 몽골의 금과 남송 등에 대한 통일전쟁 과정에서 그 모순들이 더욱 첨예화되어 통일몽골 원제국은 주희 당시에는 오히려 그의 조국 남송에서조차 한때 사학시邪學視되었던 주희의 성리학을 관학화하지 않을 수 없게 되었다. 이렇게 국족國族 몽골을 화華로 삼고 주희가 사수하려 했던 화華인 망명조국 송宋을 오히려 만이蠻夷로 간주하여 관학화된 주희의 성리학이 몽원제국 차원의 '노재지학'이다.

원대 사상계의 일반적인 경향대로 노재지학에서도 화회주륙和會朱陸 곧 주륙융합朱陸融合의 추세를 볼 수 있기는 하지만 주희의 격물궁리格物窮理를 통해서든 육구연陸九淵의 발명본심發明本心을 통해서든 노재지학이 체험하고 획득하려 한 천리天理는 역시 몽골 군사귀족과 이에 영합하는 지주사대부계급의 이익을 반영하는 삼강오륜三綱五倫이었다. 이는 몽골군사귀족의 생존 본질에 부합되는 군벌통치의 수성단계 이데올로기로서의 적합성을 보장하는 것으로, 몽골제국만이 아니라 원조가 망하고 근 백 년 이래의 몽골군벌가문으로 군사쿠데타를 통해 창업한 이성계李成桂의 조선조에도 절실한 지배이데올로기였다 하겠다. 이러한 역사적 과정을 통해 수용된 이른바 고려말~조선조의 주자학은 기실, 명나라 현지의 지성적 풍토와도 크게 차별화된, 주로 궁리窮理라는 연구와 토론의 여지를 완전히 불허하는 교조적 신앙 차원의 내용을 갖

주세붕 周世鵬

춘 특정 신앙교리서나 과거 참고서류의 성격을 띠었던 것으로 보인다.

그렇다면 퇴계의 학문은 예외가 될 수 있을까? 올 초에 작고한 서여西餘 선생님은 평소 사석에서 퇴계사상에서는 건져낼 만한 알맹이가 단 하나도 없다는 견해를 피력하기도 했다. 이런 오랜 지성 풍토 위에 수용된 근대의 서구사상 및 기독교 신앙은 '맞춤천국'시대권이라 할 디지털 시대에 들어 과연 자율과 자유, 다양성과 독창성에 얼마나 열려 있다고 할 수 있을까? 또 한국사 교과서의 서술 형태는 어떨까?

고려는 몽골침략 하에서 유일하게 국명과 국체 유지!

이것은 몽골군을 끌어들여 항몽을 주체로 한 삼별초를 섬멸하고, 고려 왕씨가 쿠빌라이 대칸의 몽골황가의 피를 계속 수혈받는 과정에서 지성층 문신이 무신정권을 무너뜨리며 '왕정복고'를 이룬 결과였다.

이러한 가운데 수용한 노재지학은『삼국사기』의 본기~열전체제를 『고려사』의 세가~열전 체제로 폄하시키고 팍스몽골리카 체제 하의 어느 지성집단보다 더 치명적으로 '이데올로기적 종속성'을 각인시키는 참담한 결과를 불러왔다.

물론 몽골군에 동조하여 항몽 주체세력인 삼별초를 자진 섬멸시키고 이루어진 고려지배층의 '왕정복고'는 하필 몽골이 정복관계를 조공관계로 전환시키는 1260년 쿠빌라이의 쿠데타기와 맞물려 이루어졌고, 이어 충렬왕대에 몽골의 부마왕 자리를 확보하면서 종래의 종번관계宗藩關係가 인척관계姻戚關係로 돌변하는 가운데 그 기반이 다져져서, 한반도와 대륙관계사상 유례 없는 깊은 관계가 설정되게 하였다. 고려왕권의 이 같은 적극적이고 능동적이며 자발적인 몽골에 대한 예속정책의 대가로서 고려는 당시의 수취권과 징병권 등의 자율성을 보장받고 팍스몽골리카 체제 하에서는 유일하게 국명을 그대로 사용할 수 있었다. 그리고 이윽고는 몽골정부가 당시 원조 내지 직할령 심왕부의 가장 적극적인 부몽파附蒙派를 앞세워 집요하게 시도한 심왕부瀋王府－고려 왕정王廷 '삼한성三韓省 입성책동立省策動' 등 원조의 중앙집권화책동을 단호히 물리치는 가운데 고려사회 나름대로 역사적 정체성을 상당히 수호해낼 수 있었다.

**1286년 안향의 '노재지학' 도입은
1542년 주세붕의 백운동서원에까지 접맥되어 크게 개화하다가
1700년대 이후부터 다소 자기반성이 일기 시작!**

안향이 도입한 노재지학은 그 후 고려조에서는 물론이고 1542년 주세붕이 백운동에 안향의 사당을 세워 조선조 서원의 초석을 놓는 데까지 주도적인 역할을 하게 된다. 주세붕·송시열(1607~1689)의 손제자인 한원진(1682~1751)에 이르러 허형許衡을 맹렬히 비난하는 내용이 그

의『문집』에 등재된 것으로 보아, 이 때에 이르러서야 비로소 '노재지학'의 틀에서 벗어나려는 노력이 이루어지고 허형의 문묘출향文廟黜享까지 언급되었을 가능성이 있다. 이런 구체적인 역사배경을 염두에 둔다면, 원조 당시의 노재지학은 물론 이를 가장 강도 높게 직수입한 고려와 조선조의 주희성리학은 사실, 그 실천적 내용을 보면 최소한 18세기 이전까지는 송명이학宋明理學식이 아니라 원조 나름의 주희성리학인 노재지학(원조의 주자학)이었다고 보아야 할 것이다.

주채혁, 「安珦의 國族 몽골중심 '魯齋之學' 도입과 元朝 萬券堂 역사 바로 읽기」, 『민족발전 연구』 제13-14호, 중앙대학교 민족발전연구원, 2006. 2., 147～162쪽.

에르데니 바타르, 『원·고려 지배세력 관계의 성격 연구』, 강원대학교 사학과 박사학위 논문, 2006.

한글의 창제와 한겨레 스키토 · 시베리안 기원사

말소리도 그 주체의 역사, 특히 생업생태사의 열매!
한어韓語와 한어漢語의 구문구조와 억양이 아주 다르다면,
각각 그 생업생태사 배경이 뚜렷이 차별화되어 왔다는 얘기!

세종대왕이 손수 쓴 『훈민정음』「예의편例義篇」 첫머리에 "나라의 말소리가 중국과 달라 우리 말소리를 한자로 제대로 쓰기 어려워……"라고 한 선언적 어록은 매우 유명하다. 우리가 관심을 갖는 것은 중국 말소리가 한국의 말소리와 서로 달라질 수밖에 없었던 넓은 의미에서의 생태사적 배경이다. 서로 다르다는 현상은 서로 각각 다른 역사적 과정상 그럴 만한 인소가 들어가 그 결과가 현실로 구현된 것이기 때문이다.

한국어는 농경지대의 한어漢語와는 달리, 속도 위주의 유목생업 태반사에서 비롯된 것으로 보이는 주어(S)+목적어(O)+동사(V)형의 구문구조를 갖고 있다. 나는(S) 너를(O) 사랑한다(V)라는 구문구조는 나我(I) (S)는 사랑한다愛(love) (V) 너를你(you) (O)이라는 주어(S)+동사(V)+목적어(O)형의 구문구조와는 확연히 차별화된다. 이렇게 차별화된 구문구조는 서로 다른 생태 · 생업 태반사가 설계해 낸 결과임에 틀

림 없다. 각각의 역사과정에서 서로 뚜렷하게 다른 인풋이 없었다면 그렇게 차별화된 구문구조라는 일련의 게놈 같은 아웃풋인 열매가 맺힐 리 없어서다. 결론부터 말한다면 주어(S)+목적어(O)+동사(V)형의 구문구조를 가진 한국어류의 언어는 '광역소수廣域少數'를 특징으로 하는 유목생업 태반사의 소산이요, 주어(S)+동사(V)+목적어(O)형의 구문구조를 가진 중국어나 영어류의 언어는 상대적 '협역다수狹域多數'를 특징으로 하는 농경생업 태반사의 소산이라 하겠다.

속도 위주의 '광역소수' 유목태반사 소산 S+O+V 구문구조 한국어,
상대적 '협역다수' 농경태반사 소산 S+V+O형 구문구조 중국어

드넓은 지역을 조직된 소수가 신속하게 움직여야 하는 한랭고원 건조지대에서는 늘 새로운 목초(꼴)를 찾아 이동하는 가축인 순록이나 양을 치는 특수 목축 유목은 속도를 요하는 생업의 특성상 "나는 너를……!" 하며 우선 상대를 붙잡아 놓고 마음먹은 의사를 전달할 수밖에 없다. 속내를 먼저 표현하고 그 다음에 '너'를 지칭하려 하면 이미 그 '너'는 멀리 떠나버린 후가 되기 때문이다. 농경은 농작물이 땅에 고착되어 있고 따라서 그것을 가꾸는 농민 역시 상대적으로 덜 움직이게 마련이다. 그래서 느긋하게 자기 속내를 먼저 표현한 뒤 '너'를 지칭하더라도 상대방과의 의사소통에는 별 지장이 없다. 한 마디로 중국어는 농경지대 황하유역의 중원이라는 생업 생태토대에서 생겨났고, 한국어는 한겨레 스키토·시베리안 기원사가 말해주듯 유목지대 북유라시아 툰드라-타이가-스텝을 기반으로 해서 태어난 말이라 하겠다.

'황토'에서 먹고 사는 한족 명明의 호적대장은 '호구황책戶口黃冊',
'물과 풀'에서 먹이를 얻는 몽골족 원의 호구대장은 '호구청책戶口靑冊'
몽골겨레의 족보는 푸른 책, 한겨레는 족보를 푸른 보자기에 썼다!

황토에 뿌리박은 농작물이 먹여살리는 중국인들은 그래서 명대의 호구대장을 '호구황책戶口黃冊'이라 불렀다. 이에 비해 물과 풀을 따라 늘 이동하며 유목을 해서 먹고 살아야 했던 순록·양 유목민 태생의 몽골 원대에는 그 빛깔을 따서 '호구청책戶口靑冊'이라고 하였다. 몽골의 족보는 '후흐뎁테르靑冊'다. 한국인도 피난을 갈 때 제일 먼저 가지고 뛰는 것이 '푸른 보자기'에 싼 족보다. 족보는 내 '게놈'의 실체고, 게놈의 실체인 족보가 어음으로 배어난 것이 한국어다. 실로 한국어는 스키토·시베리안에 기원하는 유목태반어고, 그래서 그 역사적 정체성을 상실하게 되면 역사의 정체성이 배어난 언어와 함께 한민족의 민족사적 정체성을 상실하게 될 것이다. '순록유목 초지를 찾아다닌다'는 뜻의 조선朝鮮(Chao Xian)이나 '순록' 자체를 지칭하는 고려(Qori)라는 스키토·시베리안의 유목태반 기원어를 상실했을 때 우리에게 남는 것은 '고요한 아침의 나라'나 '높고 고운 나라' 같은 망발을 서슴지 않고 한자의 글자놀음에 자족하다 소중화小中華로 몰락해 가는 비극의 한국 근현대사를 연출하는 현실뿐일 것이다. 한겨레의 '눈'이라 할 한국전통의 지성층이 농경중화사관의 정답을 강요받는 과거시험에 수백 년 동안 가문과 개인의 신명을 바쳐오면서 중화에 중독되어 스키토·시베리안 기원 유목태반사와 유목태반어의 정통성을 상실하게 된 참혹한 악과惡果다.

몽골리안 루트-라이켄 로드蘚路를 오간,
수만 년 스키토 · 시베리안사가 설계해낸 '한겨레와 한글'

유라시아 대륙과 한반도, 특히 북유라시아 한랭고원 건조지대와 한반
도는 자연생태상으로나 역사적으로나 밀접한 상호관계를 맺어온 지역
으로 결코 단절된 공간일 수 없었다. 유라시아 대륙은 동서축으로 되
어 있어 등온대를 이룰 뿐 아니라 식량생산단계 이후부터는 유목기동
력이 가세하여 사람과 기술의 이동이 상대적으로 용이했다. 중원지역
과는 달리, 식량생산혁명이 처음 이루어진 서아시아와 시베리아 · 만
주 · 한반도는 몽골리안 루트-라이켄(Lichen, 선蘚) 로드-스텝로드로
접맥되어 있다. 물론 오랜 역사과정을 거치면서 자연생태조건도 다소
간 변하게 마련이겠지만, 아시아 대륙의 1/4, 세계육지의 1/10을 점하
는 세계 최대의 스텝-타이가-툰드라 지대를 무대로 형성된 북아시
아 여러 종족이 거의 예외 없이 짐승을 자기네들의 조상으로 삼는 수
조전설獸祖傳說을 공유하게 되는 것은 이상할 것이 없다. 물론 그런 생
태무대에서 식량생산단계로 접어든 북방 몽골리안들이 특수축산인 순
록 · 양 유목민으로 발전하게 되는 것도 지극히 자연스럽다. 백두산 호
랑이가 시베리아 호랑이와 생태유전학적으로 접맥되는 것이 고원에서
고원으로 이동해 가며 사는 짐승의 생태적 특성 때문이라면, 백두산
조선족이 가까운 황토지대 중원의 한족漢族들이 아닌 더 머나먼 한랭
고원 건조지대인 우랄 · 알타이 원주민들과 인종, 언어, 문화적으로 주
로 접맥되는 것은 조금도 이상할 것이 없다.

디지털 시대 세계어문 중 '한글로 정보 만드는 속도'가 단연 뛰어나!
'빨리빨리' 움직여야 살아남는 생업생태권사 소산 표음문자 한글

한국의 어음이 스키토·시베리안 기원이라면 이와 유기적인 상호관계를 가질 수밖에 없는, 이를 적어내는 한글의 창제 역시 이와 직접 관련된다고 보아야 하지 않을까? 특히 디지털 시대에 들어 빛의 속도로 각종 정보가 오가는 이 때, 세계의 각국 어문 가운데 '한글로 정보를 만들어내는 속도'가 단연 두각을 나타내고 있어 한글은 자타가 모두 인류 사상 가장 뛰어난 문자로 지목하고 있는 터다. 세계화시대에 세계사적으로 가장 탁월한 문자라는 것이다. 그런데 이런 문자가 역사적 태반 없이 그냥 역사적 무중력 상태인 진공 하늘에서 뚝 떨어진 것이라고 할 수 있을까?

아무리 독창이라지만 독창적 인식주체의 '게놈'은
스키토·시베리안사가 설계해온 것일 바에는!

아무리 독창이라 해도 독창의 주체인 사람은 오랜 개체사가 설계해낸 '게놈' 실체가 아닌가. 한글은 바로 그 게놈 실체가 나름의 인식틀을 동원하여 독창해낸 것일 수밖에 없다. 세계사적인 의미를 갖는 한글은 그래서 그 탄생과정이 몽골 유목세계제국 창업사 태반과 직관된다. 순록유목 태반 기원인 스키토·시베리안 조선·고려가, 순록·양 유목태반사의 총체적인 결실인 몽골 유목세계제국 문화의 총화와 다시 접맥되고서야 비로소 세종대왕의 한글 창제가 가능했다는 결론이다.

　필자의 견해를 밝힌다면, 몽골이 맥+고려=맥고려貊高麗(Mongol)에서 비롯되었고, '고려'는 순록 그 자체다. 그리고 이들이 여말·선초의 그 복잡하고도 미묘한 역사 현실을 적극 수용하고 활용하면서 천여 년 만에 다시 부흥시켜 낸 조선 또한 "늘 새로운 순록유목 초지를 찾아다니는" 종족의 이름을 딴 것이라면, 이는 팍스몽골리카 체제 수백 년사가 배태한 역사 전승관계가 지극히 자연스럽게 펼쳐진 것이라 하겠다.

기자를 게세르칸으로 읽는 부리아드 몽골 학자들!

조선을 기자箕子조선이라고 보면서 굳이 명나라의 비위를 맞춘 이름이라고 지적하는 견해도 있으나, 현지의 북방민족은 여전히 기자를 게세르칸居西干으로 보면서 이를 '칸'이나 '차르'의 범칭에 불과한 것으로 보고 있다. 그렇지 않고서야 어떻게 조선 초에 단군을 사당에 모실 수 있었을 것이며, 팍스몽골리카 체제가 허물어지면서 동아시아의 유엔이라 할 한족의 명조 천하가 들어섰을 당시에 어떻게 '명과 조선의 어음이 달라' 우리 나름의 소리글자 훈민정음을 창제하게 되었다고 천하에 크게 선포할 수 있었겠는가? 오늘날과 같은 일본어 세상, 영어 세상에서는 기왕에 인류사상 가장 빼어난 우리의 한글 사용조차 조선조 주자학 천지에서처럼 상당히 위축되는 판임을 상기할 필요가 있다.

고려와 조선이 스키토 · 시베리안 어문사의 총화라 할
'몽골세계제국' 어문사와 접목되어 비로소 세계 제일의 위대한 한글 창제!

'유목민이 본 한국사'라는 관점에서 한글 창제를 들여다보면, 적어도 식량생산단계에 진입한 이후 고려가 스키토 · 시베리안 유목태반사 전개 3000여 년사의 총화라 할 몽골 유목세계제국사와 접맥되고, 그러한 토대 위에서 세계사적인 소리글자인 한글이 창제되었다. 한글의 창제

세종대왕 동상 | 덕수궁

를 주도한 핵심인물인 세종대왕의 조선왕조 기원은 어떠한가? 바로 위화도 회군이라는 쿠데타를 통해 고려 왕씨정권을 찬탈한 근 100년간의 옷치긴 가 고려계 몽골 군벌가문 출신 몽골장군 이성계가 주축을 이뤄 창업한 것이 조선이다. 고려 원종 이후의 왕씨 고려정권은 1273년 5월 탐라도 원주민이 품어들인 최후의 항몽주체인 삼별초군을, 적군인 몽골군을 끌어들여 편성한 여몽연합군으로 섬멸시키고 나서야 무인세력을 꺾고 왕정복고를 이루는 데 성공한다. 그리고 적의 수괴인 쿠빌라이 대칸의 히야드 보르지긴 알탄우룩(황금씨족)의 피를 대를 이어 계속 수혈한다는 조건 하에 왕권의 기틀을 다졌다. 정몽주가 단심가를 불러 목숨을 걸고 지키려 했던 원종 이후 고려 왕씨정권의 매국배족적인 역사적 정통성이란 것이 사실은 이러하였다. 살만큼 살고 돌아가신 부모를 따라 죽는 것이 효가 아니듯, 수명이 다한 왕씨왕조의 멸망과 함께 순장되는 것이 꼭 충

절은 아닐 것이다.

역사의 시궁창에서 피워낸 한 송이 연꽃, 인류사상 가장 위대한 한글!

그 정몽주를 암살하고 조선조를 창업한 이씨왕조는 또 어떤가? 성삼문이 푸른 소나무 같은 절개로 극형의 고문을 감내하며 목숨 바쳐 지키려 한 이씨왕조의 왕손 혈통 또한 예외가 아니다. 『태종실록』 총서의 내용을 간추려보면, 그들 또한 수십 년에 걸친 몽골군의 계속된 침입으로 조국 고려가 누란의 위기에 처해 있던 1250년대 초반, 이성계의 5대조 이안사는 휘하의 천호를 이끌고 칭기스칸의 막내동생 옷치긴의 손자 타가차르 휘하 개원로開元路의 몽골군에 투항하여 몽골군 천호 벼슬을 얻었다. 그리고 조국 고려에 대한 몽골의 침공을 도우며 몽골 군벌로 성장할 토대를 마련하고, 압록강과 원산을 오가며 침략자 몽원제국을 위해 수도 개경의 고려 왕씨정권을 감시하는 극악한 배역을 맡아오다가 원말명초의 힘의 공백기에 허점을 파고들어 왕씨왕권을 찬탈한 매국배족적인 가계사적 정통성을 갖고 있다. 그 추악한 역사의 시궁창에 뿌리를 박고, 그러고서야 비로소 당시에 해낼 수 있었던 몽골 유목세계제국의 문화자양을 전적으로 빨아들여 가장 우아한 연꽃을 피워낸 것이 바로 세종대왕의 한글이다.

외세 간섭 없이 자주적 역사를 사수해낸 베트남사의 인류사 기여도가,
고려·조선사보다 과연 더 위대한가?

외세의 간섭 없이 자주문화를 꽃피웠다는 베트남은 고엽제를 쓰고 소탕전을 벌여야 할 만큼 사철 내내 숲이 우거진 곳이다. 늘 먹을 것을

144

얻을 수 있고, 숨어서 항전을 벌일 수 있는 숲이라는 보루를 소유하고 있다. 그러나 늦가을과 겨울이 되면 생태계가 온통 황량해지는 한반도에서는 전멸을 각오하지 않는 한 총체적 결사항전은 불가하며, 전멸이란 사실 가장 철저하고 영원한 이적행위가 된다. 이 점을 감안하면, 먹이사슬체제의 생태현실에 바탕한 흥망이 유수有數한 역사의 실체 속에서 자신을 '있는 그대로' 자리매김하며 역사의 시궁창에서 피워낸 한글문화야말로 가장 놀랍고 우아한 연꽃이라 하겠다. 시대배경상 세종대왕은 이데올로기적 군주권의 강화라는 시대적 요청에 더 많은 비중을 둔, 팍스몽골리카권의 스키토·시베리안 기원사의 총화에 접목하여 순록유목 태반 기원의 고려왕통을 쇄신하면서 시류를 타고 창업한, 역시 순록유목 태반 기원의 조선왕권을 근거지로 삼고 민족정통성의 어문학적 관철을 감행하여 훈민정음의 창제라는 위업을 이루었다.

훈민정음을 한글로 고쳐 부른 어문혁명가 한흰샘 '주 보따리'
서구열강의 직·간접적인 침공이 거세지면서 전통농업사회의 산업사회화가 이루어지기 시작한 19세기 들어 자주적 근대화의 기치를 들고 민주적 민권운동 차원에서 민족독립투쟁의 일환으로 훈민정음을 한글이라 고쳐부르며 훈민정음을 시대적 요구에 맞게 과학적으로 재창조한 제2의 세종대왕은 한흰샘 주시경周時經(1876~1914) 선생이다. 제자인 김윤경과 최현배, 손제자인 허웅 선생, 다시 그 제자인 김정수를 거치며 맥맥히 그 학맥이 이어져 내려오고 있지만 정작 그 자신은 역사의 대격변기에 태어나 나이 40을 미처 채우지 못하고 일생을 마무리했다. 황해도 봉산에서 태어나 한문을 배우다 서울 배재학당에서 신학문

한힌샘 주시경

을 익혔다. 훈민정음을 한글이라고 부르며 한때는 독립신문사의 교정원으로 일하기도 했다. 평생을 한눈 파는 일 없이 오로지 한글의 과학적 연구에 바쳐 문법과 맞춤법 등을 만들고 가다듬은 강의록 보따리를 들고 강습소를 돌아다니면서 제자들을 길러내어 '주보따리'라는 별명이 붙기도 했다. 이러한 그의 노력은 1921년 한글학회의 결성으로 이어져 말과 글의 정체성 확립을 통한 한겨레의 자주적 인식틀 가다듬기에 크게 기여하였다. 전통적인 농경사회가 산업사회로 변화해 가는 초입에 민중민주주의적 민권의 강화라는 시대적 소명에 부응하여 민족의 정통성을 어문과학적으로 관철하는 큰 물꼬를 트는 위업을 이루어낸 것이다.

몽골 국족國族의 한·남인 지배이데올로기로
'몽골화한 주자학' 노재지학魯齋之學이 조선 성리학,
서원의 창시자 주세붕 가학 전통의 선물 주시경!

한힌샘의 생부는 주학원으로, 둘째 큰아버지 주학만에게 양자로 가서 그의 뒤를 이었다. 조선조 서원의 창시자 주세붕(1495~1554)의 12대손이다. 당하관으로 등용되는 관리가 사헌부와 사간원에 제출한 내외 및 처 4조의 호구단자戶口單子를 검증하여 기록한 『국조문방國朝文榜』 「서경署經」에는 그의 본관이 초계草溪로 되어 있다. 1985년경 묘역을 보수하다 경남 단성丹城(망해봉望海峯 전정箭頂 소암원嘯巖原 유좌酉坐)에서 발굴된 그의 11대조 주세후周世侯(1311~1377, 문익점의 장인)의 아들 주경周璟의 비석 비문(『신증동국여지승람』 31, 「단성」 효자 고려조에 '정문입비旌門立碑' 기록)에도 팔계八溪 곧 초계로 되어 있다. 그 후 그의 후손은 상주로 분파하여 쓰기도 했다. 그런데 이러한 한흰샘의 가계는 주학명이 발문을 쓴 『무릉속집』(갑진甲辰, 1904)에만 등재되어 있고 종래의 족보에는 보이지 않는다. 따라서 더러는 주세붕이 황해감사로 있을 때나 아니면 그 아들 단博대에 서손庶孫으로 이어진 혈손이 아닐까 하는 추정을 해보기도 한다. 한흰샘은 당시 막 기지개를 펴던, 그러나 매우 한미한 집안에서 태어났다. 여기서 굳이 종래 거의 거론한 적이 없던 가계를 문제삼은 까닭은 세종대왕의 가계가 근 백년의 몽골 군벌가문에 접맥되고 이것이 한글창제와 결코 무관할 수 없음을 직시하면서, 생명공학시대에 가학家學과 무관치 않을 한흰샘의 가계의 정통성으로서의 '게놈' 계승문제를 짚어보기 위해서다.

알려진 대로 주세붕은 1522년 몽골제국 원나라에서 노재지학魯齋之學으로 불리는 원조의 관학을 처음 고려에 받아들인 안향安珦의 사당을 백운동에 세우고 이듬해 조선조 최초의 사학인 백운동서원을 열어 조선성리학의 토대를 세운 인물이다. 원대 유학의 유종儒宗인 노재魯齋 허형許衡을 필두로 한 몽원제국의 노재지학은 이른바 '송·명 이학'과는 본질적으로 그 개념을 전혀 달리하고 있다. 분명한 것은 주희가 총체적으로 완성해낸 '주희 성리학'(뒷날의 주자학)은 그의 망명조국인 남송에서조차 한때 사학邪學시되었던 것이다. 이러한 주희의 성리학을 금과 남송을 지배하기 위해 몽골정권이 나름으로 수용하여 관학화시킨 것이 노재지학이다. 팍스몽골리카 체제의 성립을 지향하는 세계 대통일전국에 대항하는 한족의 논리체계로 완성되었으면서도 당시의 망명모국인 남송에서조차 핍박받았던 주희의 성리학은, 몽원 세계제국의 젖줄에 접맥되면서 '노재지학'이라는 이름으로 비로소 세계사적 차원에서 화려하게 소생하고, 이후 마침내 이른바 주자학의 지위에까지 오르게 되었다. 따라서 노재지학은 한 마디로 송·명 이학식으로 '한족중심의 주자학'이 결단코 아니라, 몽골족의 한족 지배를 위해 몽골정권이 수용한 몽원제국의 국족國族 '몽골족 중심의 주자학'인 셈이다. 그것을 직접 고려에 수용한 학자가 안향의 스승 유경柳璥이고, 유경은 원종을 도와 몽원제국의 몽골군을 이끌고 들어와 문신의 왕정복고 쿠데타를 영도한 문신의 영수다. 그런 사승관계를 배경으로 안향은 고려 유자로서는 맨 먼저 몽원 세계제국의 수도가 되는 연경(칸발릭大都)에 유학할 수 있었고, 이 때 몽원제국의 관학인 노재지학을 처음 배워 와서 고려에 전하였던 것이다.

그리고 몽골 중심의 주희성리학인 노재지학을 받아들인 안향을 1522년 사당에 모시고 조선조 주자학의 토대를 닦은 과거입시 학관의 효시라 할 최초의 사학私學으로 된 것이 바로 백운동서원이다. 혹시 서손 출신이었다 하더라도 한훤샘이 배제학당에 들어가 현대학문을 접하기 전에 접한 한학은 바로 다름 아닌 이 노재지학이라는 주자학이었을 것이고, 이것이 사실이라면 그의 어린시절 인식틀의 토대 형성에는 이런 가학家學적 정통성이 직간접적으로 영향을 주었을 것이다.

제주도 호적자료엔 몽골족 출신 '대원大元 주周'씨도 엄존!

한국에 족보가 출현한 것은 1500년대를 전후한 조선조 이후다. 이른바 한자의 성명화가 본격화된 것은 신라 경덕왕景德王(742~765) 이후지만 당대와 당말오대에 걸쳐 귀족가문의 가계가 박살나고 족보가 소진되면서 조상의 '중원유래설'을 편집하여 뒷날 족보에 삽입한 사례는 비일비재하다. 어쩌면 한흰샘의 '게놈' 뿌리는 『동국여지승람』 제주도 성씨조, 『제주도지』(1992), 조선시대 후기로 추정되는 『호구단자』(제주 자연사박물관 소장)와 제주 대정현 사계리 『호적중초戶籍中草』(1807) 등의 사료에 등재된 '대원大元 주周씨'로서, 원말 주왕周王(和世㻋 明宗, 1329년 돌연사)에 족계가 닿을지도 모른다. 원말명초의 팍스몽골리카 체제 하에서 칭기스칸의 후손이 가장 많이 잡혀와 뼈를 묻은 곳이 바로 남원南元(토곤 투무르칸順帝의 피난구상은 본래 '북원北元'이 아니라 '남원' 지향이었다)이라 할 제주도였기 때문이다. 생명공학의 비약적인 발달에 힘입어 DNA 비교분석으로 쉽사리 그 진위가 판명되는 지금이고 보면, 초원의 바다나 바다의 초원처럼 다양한 가능성들을 무한대로 열어젖히고 IT · BT 시대의 역사를 코페르니쿠스적 시각혁명을 감수하며 과감히 재복원해 나가야 할지도 모른다.

이처럼 세종대왕 가계의 몽골군벌 근 100년 태반사와 몽원 세계제국의 관학으로 '국족' 몽골중심의 주희성리학인 '노재지학'의 수용자 안향, 고려·조선에서 성리학(주자학)의 학조學祖로 받들고 있는 주세붕의 후손으로 제2의 세종성왕이라 할 한힌샘의 계대繼代 개체사 '게놈'의 맥을 짚어보면서, 한글창제와 과학적 재창제라는 위업이 그 부르칸(불함不咸, Burqan, 모태 하느님)이라 할 스키토·시베리안 유목제국 기원사의 토대 위에 창출되고 추동되어 왔음을 새삼 실감케 된다.

주채혁, 「한어문 공부하며 깨달은 '한글'의 고마움. '조선'이 토박이말 겨레 이름임을 찾아 낸 감격!(1)」, 『한글새소식』 2001년 5월 5일, 15~17쪽 ; (2), 2001년 10월 5일 16~19쪽 참조.

몽골의 한류열풍과 문화진단
한류, 그 역사적 정체正體를 묻는다!

몽골국은 물론 동·서·남·북의 5몽골을 총칭하는 '몽골' 개념

여기서 몽골이란 현재의 몽골국中만을 지칭하지 않는다. 그렇다고 역사상의 칭기스칸 몽골제국만을 가리키는 것도 아니다. 편의상 획일적인 특정 이데올로기가 개입된 소련과 중공이 성립하기 이전의 이른바 부리아드 몽골北과 내몽골南을 포함한 3몽골은 물론이고 오이라트 몽골西과 흑룡강성 몽골東의 5몽골을 모두 일컫는다. 적어도 여기에는 2000여 년에 걸친 동북아 유목제국사가 응집되어 본질적인 몽골리안의 문화가, 정도 차이는 있지만 아직 살아 숨쉬고 있기 때문이다. 한류라는 용어는 잘 아다시피 원래 신중화주의 사회주의 중국 중앙정부에서 퇴폐적인 남한의 문화유입을 경계하는 의미로 만들어낸, 이를테면 정치적 선전구호류의 용어다. 그렇지만 지금 동아시아에서 실제로 통용되고 있는 이 용어의 내용은 그 본질을 되살려냈다고 할 만큼 전혀 다르게 쓰이고 있다. 왜 그럴까. 한류의 역사적 본질은 어떤 것이고 이런 현상이 갖는 의미는 무엇일까?

8년 만에 다시 들른 몽골국

필자는 2003년 여름 서울의대 유전자이식연구소팀과 함께 하는 몽골 스텝 답사길에 8년 만에 다시 몽골 울란바아타르를 들렀다. 그런데 그곳은 1990년 북방 개방 직후 들렀던 울란바아타르가 이미 아니었다. 한 해 동안 눌러앉아 살기도 했고 매년 답사를 하며 수시로 머물렀던 시내는 예전에 살던 집을 찾을 수 없을 만큼 변했다. 한글간판이 너무 많아서 한국의 어느 도시에 와 있는 느낌까지 들었다. 한국의 손전화가 유행처럼 퍼지고, 한국주재 몽골유학생도 잘 모르는 「모래시계」나 「해신」 같은 드라마가 널리 시청되고 있다는 소식이다.

몇 년 새에 훌룬부이르 시 격변, 뽕밭이 푸른 바다로!

그런가 하면 몽골족의 기원지인 흥안령 북부 훌룬부이르 몽골 스텝은 현재 내몽골로서 중국에 속해 있는데, 1999년 필자가 이 곳에 한 해 동안 살며 답사를 했을 때는 주한중국대사관이 발행한 비자도 인정하지 않고 한국인은 처음 본다면서 송금해온 돈을 내주지 않기도 했다. 그러던 곳이 놀라우리만큼 판이하게 달라져 있었다. 2005년 2월 시베리아 겨울답사를 마치고 만주리를 통해 들어온 훌룬부이르 시의 호텔에서 엘리베이터걸이 내게 무슨 족이냐고 묻기에 "너는 무슨 족이냐?"고 되물었다. 한족漢族이라고 하길래 "그런데 왜 한족韓族 처녀 같이 생겼느냐?"고 하니 금세 반색을 하면서 눈을 빛내며 기뻐하는 안색이 역력했다. 어안이 벙벙해진 쪽은 나였다. 그 후 시내에 나와 사람들을 만나보면서 이 궁벽한 땅까지 한류가 구석구석까지 퍼져 있음을 알게 되었다. 중국의 유명 음료수 병에는 한국 여가수의 얼굴이 찍혀 유통되고 한국드라마 얘기들이 대화에서 빠질 수 없는 주제가 되어 있다는 것을 직접 확인하였다.

**슬라브인 주도 하의 바이칼 호 부리아드 북몽골 동네와는 판이한,
중몽골과 남몽골의 한류 열풍!**

울란바아타르와 훌룬부이르 몽골스텝의 한류정서 풍토는 이제까지 거쳐온 시베리아, 특히 TSR-BAM 노선 열차 및 그 언저리의 분위기와는 너무도 달랐다. 백인 슬라브인들이 주도하는 시베리아에는 북방 유목 몽골리안의 태반이 시베리아의 바이칼권임에도 불구하고 한류는 아주 잠잠했다. 한글이 그대로 적힌 자동차가 깊은 오지 시골까지 운행되고 값비싸게 팔리는 컵라면이 유통되는 정도였다. 한류에 대한 이러한 세 몽골의 차별화된 현상에는 분명히 그 역사적 배경과 나름의 이유가 있을 터인데, 과문한 탓인지 필자의 눈에는 그것이 선뜻 읽히지 않는다.

**천손天孫맞이 영고와 무천의 큰 생일 페스티벌이 한류의 역사 모태!
제천 축제 때엔 밤낮 없이 술 마시고 춤추고 노래하며
부르칸 생태로 한껏 모태회귀!**

필자는 삼국지三國志『위서魏書』동이열전東夷列傳30 부여夫餘조에 "나라에는 왕이 있고 6가축으로 관부官府를 이름지었으며(축산위주 산업) ……정월에 하늘에 제사지내는 영고迎鼓(맞두드리) 때는 나라에서 큰 잔치를 벌이고 날마다 마시고 먹으며 노래하고 춤추었다"라고 한 기록이, 한류를 꿰뚫는 역사적 본질을 고스란히 담고 있다고 본다. 부여에서 고구려와 백제가 나왔고, 조선이나 가야와 신라도 핵심 세력이 북

아시아 한랭고원 건조지대인 북아시아 툰드라-타이가-스텝이라는
광활한 '순록·양 유목권'에서 각각 서로 다르거나 또는 비슷한 시기
에, 같거나 이웃한 너른 땅에서 기원起源한 것으로 보기 때문이다. 이
런 영고 같은 추수감사제로서 고구려에는 동맹東盟이 있었고 예濊에는
무천舞天이 있었는데, 무천(춤하늘)이 있는 10월에는 항상 밤낮으로 술
을 마시고 춤을 추었다고 기록되어 있다. 모두 다 넓은 의미에서 같은
생태권, 같은 생업권에서 태어나 발전하고 창업한 나라들의 축제의 비
슷한 모습이라 하겠다.

IT·BT시대 한국사가는 아직도 '한반도의 한반도사'로만
한민족 태반사를 족쇄 채울 것인가?
본래 유목이 없는 한반도에서 '유목 개념'이 부재한 것이
치명적인 민족시원사 왜곡 불러!
'유목제국' 태산사가 거세된 한국 고대제국사 복원은 허구!

역사정보가 수시로 지구마을 곳곳을 빛의 속도로 오가는 시대에 유목
태반 민족인 한국인의 한류는 실로 차원 높은 유장悠長한 시각에서, IT
산업이나 BT(생명공학)산업을 비롯한 각종 첨단과학산업에 힘입어 이
에 상응하는 예리한 투시력으로 읽어내야 할 대상으로 떠오르고 있다.
말이 '음식가무'지 그 안에는 사실 음주문화, 젖과 육고기나 생선 및 곡
식으로 만든 온갖 음식문화, 노랫말에 담긴 역사와 철학 및 문학, 만담,
춤에 담긴 택견이나 곡예까지 내포된 종합예술이었다고 보아야 한다.
원곡元曲이나 탈춤에서 보듯이 공연자와 관중이 더불어 노는 북아시아
나름의 놀이문화가 주류를 이루었을 것이고 술을 권하고 술잔을 돌려
가며 마시는 북방 몽골리안 유목민 특유의 음주법이 술판을 주도했을

터다. 공연자와 관객이 함께 마시고 먹고 노래하며 춤추는 이런 특유
한 굿판은 유라시아 북방 유목민 나름의 생태사가 빚어낸 축제문화다.
한류는 본질적으로 이런 생태사의 결실체로서 산업화와 탈산업화·정
보화 시대를 경험하면서, 스텝 제국이 바다로 나아가 해양제국시대를
살아가고 우주제국시대로 나아가는 시대적 생태권에 자신의 유장한
생태리듬을 조율하여 치열하게 화음和音으로 화생和生하는 것을 지향
하는 가운데 치솟아오른 활화산의 용암이라 하겠다.

밤하늘에 별이 안 보이는 도시는 역사도 안 읽혀

필자는 1990년 북방이 개방된 이래 올해로 17년째 시간속 몽골 들여다
보기 기행을 해오고 있다. 밤하늘의 별이 안 보이는 도시는 역사도 안
읽혀서 주로 시골과 민가로 휘돌아왔다. 몽골의 시골사람들은 대개 필
자를 외국인으로 보지 않고 어디 먼 데서 오랜만에 돌아온 친척으로
만나주었다. 거기서 필자는 중국인은 물론 일본인과도 달랐다. 왜일
까? 어떤 역사의 열매(genome)들이 서로 만나서 그럴까? 먼 눈길이라
도 주어 들여다보자.

식량생산 혁명기지 서아시아와 몽골리안 루트 — 라이켄 로드로 접맥!
등온대 북유라시아, 유목적 기동력 가세로 사람과 기술 이동 가속화

유라시아 대륙과 한반도, 특히 북유라시아 한랭고원 건조지대와 한반
도는 자연생태상으로나 역사적으로나 밀접한 상호관계를 맺어온 지역
으로 결코 단절된 공간일 수 없었다. 유라시아 대륙은 동서축으로 되
어 있어 등온대를 이룰 뿐만 아니라 식량생산단계 이후부터는 유목기

동력이 가세하여 사람과 기술의 이동이 상대적으로 용이했다. 중원지역과는 달리, 식량생산혁명이 처음 이루어진 서아시아와 시베리아·만주·한반도는 몽골리안 루트-라이켄鮮 로드-스텝로드로 접맥되어 있다. 물론 오랜 역사과정을 거치면서 자연생태조건도 다소 변하기 마련이지만, 아시아 대륙의 1/4, 세계육지의 1/10을 차지하는 세계 최대의 스텝-타이가-툰드라 지대를 무대로 형성된 북아시아 여러 종족이 거의 예외 없이 짐승을 자기네들의 조상으로 삼는 수조전설을 공유하고 있는 것은 이상할 것이 없다.

생태상 고원에서 고원으로 오가는 짐승들,
시베리아 호랑이와 백두대간 호랑이, 그리고 조선 겨레!
백두산 호랑이가 시베리아 호랑이와 생태유전학적으로 접맥되는 것이 고원에서 고원으로 이동해 가며 사는 짐승의 생태적 특성 때문이라면, 백두산 조선족이 가까운 중원의 한족漢族들이 아닌 더 머나먼 한랭고원 건조지대인 우랄·알타이 원주민들과 인종이나 문화적으로 주로 접맥되는 이유도 알 수 있다.

"빨리 빨리" 움직여야 살아남는 생업생태언어,
주어(S)+목적어(O)+동사(V)형의 구문구조
물론 농경지대의 한어漢語와는 달리, 속도위주의 유목생업 태반사에서 비롯된 것으로 보이는 주어(S)+목적어(O)+동사(V)형의 구문구조를 가진 한국어도 이를 입증하는 하나의 증거가 된다. 또한 생업의 특성상 순록유목민 내지 기마 양¥ 유목민이 이 지대의 군사적·정치적 주도권을 장악하여 농경정착지대를 정복하는 과정에서 고대유목제국을 창업해 온 사실도 당연한 결과라 하겠다.

인류사상 세계제국의 창업무대는 그 생태조건과 무엇을 먹고 살았는가 하는 생업사적 배경으로 보건대, 스텝과 해양으로 정리될 수 있다.

'말과 활', '함선과 함포' 초원제국과 해양제국
달리고 달려봐야 거기가 거기인 듯한 가없는 개방공간의 경쟁력!
조선·부여·고구려는 상고대 유목제국 발전 소산

물론 15세기 이후 '함선과 함포'가 등장하면서 출현한 해양 세계제국은 이미 기원전 8세기경부터 철기의 수용과 함께 '말과 활'의 기마사술騎馬射術로 태동한 스텝 세계제국이 그 역사적인 토대를 이루었다. 그렇다면 이런 여러 가지 사실들로 미루어 조선·부여·고구려는 의심의 여지 없이 스텝의 유목제국 발전과정의 소산임을 알 수 있다.

바이킹의 후예 앵글로색슨의 미국이,
그들의 상고사를 현재의 아메리카대륙에서 찾는다면!

유목적 기동성과 조직성에 초점을 맞추고, 현재 아메리카대륙 앵글로색슨의 역사적 태반을 15세기 이전의 서구에서 찾듯이, 과감히 장백산 북서편에 있는 유목초지의 한민족 태반역사를 발굴해 간다면, 오늘날의 과학발전단계에서는 한국사와 한류의 '유목사적 정체성'을 쉽게 찾을 수도 있다. 영국의 산업혁명문화가 장거리 이동시의 경과지經過地와는 상관없이 더 먼 적지適地인 아메리카 대륙으로 직송되어 본토보다 더 발전하여 역류해 들어간 역사과정도 참고해야 할 것이다. 문제는, 여러 가지 이해관계로 얽힌 잘못된 오랜 인식관행을 과감히 떨쳐버리고 자유분방하고 다양한 시각과 깊고 예리한 통찰력으로 한국인이 자기 자신의 역사를 들여다볼 수 있겠느냐 하는 점이다.

유목지대의 유물은 유목사적 시각에서 해석해야!

조선이나 고려 또는 솔롱고스의 어의語義를, 농경사회 사대부의 지성전통을 답습한 연구자들이 아무런 역사적 전거도 없이 탁상에서 자의적으로 해석해 왔듯이 시베리아·몽골 일대의 석기나 토기, 청동기나 철기 유물들을 같은 방식으로 해석한다면 고고학적 발굴은 한국사의 유목사적 정통성 복원에 절대로 기여할 수 없다. 유목지대와 농경지대의 발굴 결과물들을 치밀하게 차별화해서 해석하지 않고 일괄하여 농경사관으로 해석하는 오류는 이제 과감히 탈피해야 한다. 유목과 목농 또는 농경이 상호작용하면서 형성되었을 가능성이 아주 높은 한국 고대제국의 유물을 해석할 때에는 이것에 더욱 유념해야 한다. 그리고 나름의 '게놈'대로 숨쉬고 제 게놈의 장단으로 춤출 수 있도록, 주로 고대유목제국이 형성된 이후 농경정착화 과정에서 관행화된 것으로 보이는 역逆 게놈적 인식 사슬을 단호히 끊어내는 용단이 필요하다.

**시베리아 유목종족의 태반, 바이칼·몽골 툰드라·타이가와
동북아 유목제국의 자궁, '훌룬부이르 몽골스텝'**

시베리아는 물이 북류北流하여 북극해로 드는 '바이칼 호 북극해권'과 물이 동남류東南流하여 태평양으로 흘러드는 '훌룬·부이르 호 태평양권'으로 나누어진다. 바이칼호 북극해권은 오비 강, 예니세이 강과 레나 강이 북류하면서 습기가 많을수록 좋은 순록의 주식인 선蘚(지의류

地衣類, lichens, 다구르어 : niokq)을 더 많이 키워내는 북극해 연안의 광범위한 순록유목생산 기지를 갖는다. 그러나 거북이가 살 수 없을 정도로 물이 너무 차서 고대국가의 형성에는 이르지 못한다. 한편 헤를렝 강, 에르구네 하, 아무르 강, 제야 하, 불레야 하와 눈 강, 송화강, 우수리 강 등을 내포하며 물이 태평양 오호츠크 해로 흘러드는 훌룬·부이르 호 태평양권은 거북이가 살 수 있을 만큼 수온이 차지 않아 고대제국의 형성이 가능했다. 1962~1970년경 북한학계에서 주장했듯이 훌룬부이르 몽골 스텝과 눈 강 사이의 호눈 평야는 조선, 맥고리貊槁離와 부여의 태반일 뿐 아니라 흉노, 선비, 돌궐, 거란, 여진과 몽골 등 동북아 북방유목제국을 잉태해서 낳은 자궁이라 하겠다.

드넓고 비옥한 호눈 평원과 송눈 평원이 결합하여
목농의 북아시아 유목제국 창출
대만주권 유목중심의 끝자락인 소흥안령 남단 아성阿城이
조선·부여·금 제국 태반 창업기지!

바이칼 호권과 훌룬·부이르 호권을 가르는 산맥은 바이칼 호와 훌룬·부이로 호 사이에 남북으로 뻗은 야블로노비 산맥이고 바이칼 호를 북쪽에서 감싸며 태평양 오호츠크 해까지 동서로 뻗은 장대한 스타노보이 산맥으로, 한인漢人들은 이를 총칭하여 외흥안령外興安嶺이라고 부른다. 2005년 겨울 시베리아 현지답사에서 스타노보이의 엄청난 수량이 북류하여 레나 강으로, 남동류하여 아무르 강으로 흘러들어 각각 북극해권 시베리아와 태평양권 시베리아를 이루고 있음을 확인하였다. 물과 직접 관련되어 있는 북극해권 레나 강 하류 툰드라에서 대규모

맥목으로 불리는 자작나무 숲

순록유목이 행해지면서 그 주류는 북극해권을 따라 계속 동쪽으로 이동하여 오늘날의 축치와 코리야크 자치지대를 시베리아 동단東端 북극해권에 이루었고, 그 중 상당 부분은 수맥水脈을 따라 남쪽으로 이동하여 제야 강 등을 타고 오늘의 아무르 강쪽으로 이동하다가 마침내 아무르 강을 건너 눈 강을 따라 소흥안령 남단 아성阿城 지역까지 남하해 왔다. 그러니까 대흥안령 서부는 스텝이고 소흥안령 동부는 태평양의 온난다습한 기후대여서 순록의 주식인 이끼蘚가 자라지 않으므로 이 길을 따라 내려왔을 것으로 생각된다. 이 곳 호눈 평원은 몽골 스텝으로 전개되는 초입初入이어서 기마 양유목을 발전시키는 한편, 눈 강을 따라 내려가 장백산맥에서 서류西流해 오는 송화 강과 합류하여 북류하며 비옥한 만주의 송눈 평원지대로 진출해서 목농업을 크게 발전시

160

컸다. 이로부터 비로소 사회분화가 일어나 고대유목제국이 형성되기 시작했으니 흉노 이래 역사상의 동북방 유목제국들이 모두 다 이 곳을 태반으로 삼아 창업되었음은 물론이다.

홍류 신단수의 부르칸과 자작나무 신단수의 텡그리의 만남,
예와 맥의 타타르 탄생
'붉은 악마'는 레드컴플렉스가 아닌 '무당 사제의 상징색' 형상화,
'붉음'의 음사音寫 박朴 씨는 제사장 종족!

유목사안遊牧史眼으로 한국 상고사를 읽어가노라면, 점차 자연스럽게 모태로 회귀하려는 나름의 정서가 본능 차원에서 강렬하게 솟구쳐 오를 것이다. 북방 유라시아 대륙 순록유목민 출신 한국인의 게놈 속에 지층처럼 켜켜로 잠재하여 유기적으로 상호 작용해 오고 있는 순록유목 태반 정체성이 붉은가지 버드나무紅柳(красно тальник '버드나무숲' верба)로 상징되는 모태회귀신앙, 만주의 보드마마신앙 곧 버들꽃 어머니 유화柳花 성모신앙인 그들 자신의 부르칸不咸이즘에 불을 붙이며 되살아나게 된다는 것이다. 몽골인이 태어나는 곳이자 죽어 돌아가는 지성소가 부르칸이다. 그래서 칭기스칸 무덤도 부르칸 산에서 찾고 있다. 부르칸은 모태회귀신앙이다. 박혁거세朴赫居世의 박朴도 밝음이 아니라 '붉음'이다. 즉 '밝을 혁赫'자가 아니라 '붉을 혁'자다. 이두로도 '불구내弗矩內'라 하지 않았던가. 무당의 색깔이고, 2002년 월드컵 한국 응원단복의 색깔이다. 그래서 터키 선수들은 애초부터 '붉은 악마'가 되어 오지 않았던가? 뜨거운 모정으로 상징되는 여사제의 '붉음'으로 모두 제사장 종족이었을 수 있다. 상대적으로 '협역다수狹域多數'의 농경민인 인도인이나 중국인들과는 다르게 돌아갈 본향이 너무나도 뚜렷한 광활한 툰드라-스텝-타이가의 시베리아에서 기원한 '광역소수廣域少數'의 순록·양 유목민 출신 몽골인이요 한국인이기 때문이다.

그 태반사에서 늘 떠나 살 수밖에 없는 유목이라는 생업상의 특성상, 그들에게는 모태로 회귀하려는 하늘에 사무치는 치열한 원망願望이 설계되어 잠재해 있게 마련이다. 바로 그것이 그들의 역사를 움직이는 원동력이요 그들 특유의 예술의 원천이다. 한 마디로 필자는 한류의 역사적 정체를 이 북유라시아인들의 모태회귀신앙인 부르칸(Burqan, 불함) 신앙에서 찾는다. 한겨레의 숨결 속에 살아 숨쉬는 몇 가지 실례를 들어보자.

몽골리안 루트의 전문 이야기꾼 전통, 한류로 접맥!

그 동안 몽골·시베리아 고원을 답사하면서 무당도 그렇지만 이들에게는 전문 이야기꾼이 이야기들을 전승해주는 오랜 관행이 있음을 실감하였다. 더 거슬러 올라가면 아리비아 사막과 페르시아 고원의 고원 건조지대에서 유행한 아라비안나이트류의 전통과도 맥이 닿겠지만 광역소수의 유목생업집단이 사람이 드문 넓고 넓은 벌판에서, 그것도 긴긴 겨울밤을 모닥불 옆에서 함께 보내며 사람이 그리운 터에 이야기들을 전승하고 창작해 낸 것으로 보인다. 듣건대 '한류'라는 한국드라마 선풍의 핵심 요인은 이런 '이야기 전승, 창작 능력'이 바탕을 이루고 있다고 한다. 스키토·시베리아 기원설이라는 '한민족 북방유목 기원론'으로 귀결되는, 이러한 심오한 한민족사 인식이 배어난 드라마 평론이 한류의 본류로 이 시대에 거듭날 수 있기를 고대해 본다. 역사상 심지 않은 열매는 열릴 수 없음이다.

왜 하필 「겨울연가」고 『설국』인가?

부리아드 사람들은 땅 색깔이 희다고 한다. 툰드라는 물론 기나긴 겨울 시베리아의 겨울을 살아보면 이를 실감할 수 있다. 우주공간으로 멀리 갈수록, 역사시간으로도 깊이 파내려갈수록 생명의 율동이 조율되는 시대권에 이미 깊숙이 들어와 있는 지금이다. 그래서 동북아 기원의 게놈 실체인 동북아인들이 동토의 설원을 상기시키는 소설『설국 雪國』이나 드라마「겨울연가」에 그토록 열광하는 것이 아닐까.

지금 살아숨쉬는 백의민족 메카의 무슬림,
유목민의 주식은 육고기보다 유제품 "젖과 꿀이 흐르는 땅 가나안 복지……"
붉은 젖색은 없고 흰빛은 눈빛 아닌 젖빛! 천손족의 햇빛은 황금빛,
알타이족(알탄우룩, 황금씨족) 김씨는 보통명사!

시베리아 원주지의 순록유목민들은 그들의 주식이 순록의 흰젖인 까닭에 흰색을 숭앙한다고 한다. 순록의 겨울주식인 이끼도 흰색이다. 물론 양, 말과 소의 젖도 희다. '차간이데'(흰 먹을거리)라는 관용어는 여기서 비롯되었다. 목숨에게 게놈 짝님 말고는 목숨을 잇게 하는 먹이보다 더 소중한 게 있을 수 없다. 『히브리 성서』「출애굽기」 3장 8절에 나오는, "젖과 꿀이 흐르는 땅 곧 가나안족……의 지방" 그 곳으로 겨레를 이끄는 여호와의 계시를 받은 모세를 바라보며 고난과 절망의 출애급 노정을 살아나온 셈족은 그래서 유목민이라 하겠다. 이런 흰색 신앙은 몽골이든 에웽키든 부리아드든 유제품을 주식으로 하는 유목민들에게는 보편화되어 있다. 그들의 주식은 육고기보다는 당연히 젖이다. 현재도 백의白衣민족이 엄존하는 경우로는 아무래도 이슬람 성지 메카의 무슬림 순례객 성도들을 들지 않을 수 없다. 그러고 보면 백색 숭상의 본류는 순백의 툰드라 만년설에 있다기보다는 역시 어린애와 유목민의 주식인 흰 젖에 있음을 직관케 된다. '해' 곧 하늘빛이 황금색 으로 이들에게 인식된다는 것은 또한 상식이다.

고원 건조지대엔 생존에 필수적인 당분은 '꿀'뿐!
한국제 초코파이 확보도로 몽골인들의 가품家品 결정
농경 한반도엔 '백의白衣'도 '꿀 하늘'도 절대가 아니다!

꿀이 이처럼 강조되는 것은 유목민의 식문화와 직결된다는 점에서 주 목된다. 인간의 생존에는 당분이 필수다. 그런데 농경지대에서는 이 당분이 농산물에 풍부히 들어 있기 때문에 꿀이 그렇게 절실할 이유가 없다는 것이 의학자 김형래 교수의 견해다(2003년 여름 동북아민족 게 놈 분석을 위한 서울의대 유전자이식 연구소팀과의 몽골 답사중에 나 눈 대화). 1992년 가을 몽골국 울란바아타르에서 필자에게 한국말을 배우던 학생들을 필자의 자취방으로 초대하여 만찬을 베푼 적이 있다. 당시 학생들이 애써 만든 반찬은 거들떠보지도 않고 쌀밥에 설탕가루 와 건포도를 퍼넣고 비벼먹는 바람에 당혹스러워한 기억이 있다. 실로 오랜만에 김형래 교수 덕분에 한랭한 고원 건조지대에 사는 유목민의 식습관을 진심으로 이해하게 된 터다. 그래서 그런지 식문화에서 몽골 의 한류는 한국제 초코파이의 놀라운 보급으로부터 시작되었다. 1990 년대 초 몽골 시골에 답사하러 가보면 초코파이가 몇 상자 쌓여 있느 냐가 사회경제적 위상을 드러낼 만큼 그들은 한국제 초코파이 매니아가 되어 있었다.

온난다습한 태평양의 한반도에서도 한국인은 왜 뜨거운 해장국을 찾는가?
양식에는 뜨거운 해장국물이 없다. 시베리아 슬라브족 음식 역시 대동
소이하다. 그래서 여기서 술을 많이 마시는 사람들과 어울릴 때는 지
독히 고통스러웠다. 시베리아 원주민들의 갈래에 몽골, 투르크, 에웽키,
다구르, 오룬춘, 축치, 코리야크, 고미족과 한민족이 다 내포되어 있는
데 그들은 예외 없이 뜨거운 국물을 마셔야 해장이 된다. 우리에게 유
전형질을 전승시켜 준 선조들의 오랜 역사가 설계한, 내 게놈의 숨결
로 숨쉬고 있는 게 지금의 나 아닌가? 바람 센 고원 건조지대는 습기
가 적어 수분의 섭취가 필수적이고 한랭한 고원 건조지대에서 설계된
내 목숨이니 뜨거운 국물이라야 해장이 될 것임에 틀림 없다. 지금 나
는 한랭한 건조지대 몽골고원이 아닌 온난다습한 태평양 바다 가운데
살고 있으면서도 술 한 잔 마시고 난 다음 날 아침에는 항상 뜨거운
해장국물이 그립다. 속이 시원하게 풀리기 때문이다. 뜨거운 물에 몸
을 담그고 "아, 시원하다!"라고 하는 어처구니 없는 감탄사를 연발하는
것도 같은 경우다. 그러나 실은 시원하게 풀리는 것이 아니라 뜨겁게
풀리는 것이고, 언 실핏줄이 녹아가면서 피가 시원하게 소통되어 시원
하게 여겨진다는 것이 의학전공자들의 설명이다. 오죽하면 '국물도 없
다!'는 말이 다 생겨났겠는가?

'국물도 없다!'며 겁도 주지만 사람을 흐느껴 울게 해
한국인 생래의 안구건조증을 치유하는 '샤먼클리닉'

한국인 드라마작가는 '울리는 천재', 무당의 새끼들!
핵무기보다 무서운 감성시대 코리안의 뜨거운 눈물,
'참 눈물'이야말로 영원히 마르지 않는 한류의 원천!

2003년 8월 김형래 교수는 다음과 같은 지적을 했다. 한국인들 중에는 안구건조증과 구강건조증이 서양인에 비해 많고, 그래서 인공눈물과 인공타액이 상품화되어 있단다. 또한 국물을 많이 먹는 식습관 때문에 위액 속의 소화효소들이 상대적으로 희석되어 서양인들은 거의 사용하지 않는 베스타제나 베아제 같은 '아제(효소)' 계통의 효소성 소화제가 아주 많이 사용된단다. 그리고 보니 밥집에 들어가면 식전에 물부터 나오는 한국인의 음식습관이 예사로워 보이지 않는다. 어쨌든 이 때문에 2004년의 몽골 현지 동북아 기능성 게놈프로젝트 수행 시에는 조사항목 가운데 안구건조증을 스크리닝하려 한다고 했다. 어떤 한의학韓醫學 교수는 그러한 생래적인 안구건조증을 치유하기 위해 한국인들은 눈물을 많이 흘려야 한다고도 했다. 그것도 추운 지대에서 형성된 유전체라서 뜨거운 눈물을 펑펑 쏟아내야 하는데, 그러자면 자연히 치열한 심장의 박동이 있어야 한다. 사람을 흐느껴 울게 만들어야 하는데 그 전문가가 한국의 사제인 무당이라는 것이 필자의 생각이다. 무당에서는 '샤먼 클리닉'이라는 개념의 용어를 떠올려보았다. 무당의 이러한 치유 기능을 고려해서인지 의醫의 고자古字에는 유酉자 대신 무巫자가 들어가기도 했다. 쇠방울을 든 무당, 드라마 작가와 같은 펜을 든 무당, 통곡기도의 물꼬를 터내는 경서를 든 무당에 심지어는 무기를 든 무당까지 성업중인 것이 한국 근래의 현실이 아닌가. 이들이 모두 한랭고원 건조지대 유목 한민족 태반사가 낳은, 감성의 새 시대에

온 세상을 감격시킬 천재들이다.

라마불교 신도 몽골인들의 '통회자복' 유대인들의 통곡의 벽!

1990년 수교 직후 대부분 라마불교 신도들이어서 비교적 담담하기만 했던 몽골인 중 일부가 2000년 이후 어느 날, 기독교 신도가 되어 눈물을 펑펑 쏟으며 통곡기도 하는 모습을 우연히 보고는 크게 놀랐다. 행여 몽골리안 루트—선로鮮路상으로 접맥되는 지대의, 의학적 및 생리학적 당위성에서 생겨난 눈물 흘리는 유구한 관행과 맥락이 닿아서가 아닐까? '통회자복'이라는 통곡기도의 관행이 백인 기독교도에게 있다는 이야기는 여태껏 도무지 들어본 적이 없다. 일본 아줌마들이 드라마「겨울연가」 무대인 강원도에 '영상유적답사'를 와서 도대체 무엇을 하려는 걸까? 적어도 그들 세대까지는 엔카의 기층정서가 맥맥히 이어져 내려와, 그것이 인간들의 무한경쟁을 강요하는 무자비한 시장경제의 생존판과 극단적으로 대비되어 맞부딪히면서 꿈속의 짝님을 사이버 공간에서나마 만나 맺힌 속맘을 열고 한껏 눈물보를 터트리게 만든 것은 아닐까. 안구건조증을 치유하기 위해 '한류의 메카'라 할 수 있는 '춘천 샤먼클리닉'을 찾아온 신도들일 수 있다는 것이다. 좀 어려워도 지겹게 얄팍한 셈본교과서 따위는 잠시 접어두자. 그걸 체득해야 한류가 진실로 영원히 산다.

칭기스칸은 서구에 '저승'을 선물한 신앙의 메시아!

동북아 전통소설의 약 2/3가 이승에서 못 이룬 사랑을 저승에서 이룬다는 모티프를 갖고 있는 데 반해, 서구에는 기껏해야 단테의 『신곡』

과 괴테의 『파우스트』 정도가 전부임을 되새겨볼 필요가 있다. 그나마
단테의 『신곡』도 팍스몽골리카가 동서의 큰 물꼬를 터준 13~14세기
이후 르네상스기에 와서야 비로소 출현한 사실에 주목할 필요가 있다.
물론 그러한 현상을 빚은 각각의 역사적 배경이 있을 것이다. 같은 사
회주의권이라도 러시아는 물론 중국에조차 없는 영도자를 맞아 흐느
껴 우는 통곡의 눈물바다판을 우리는 북한의 김일성 주석 사열사례에
서 보았다. 남녀관계도 진정으로 흐느껴 울며 만나는 만남이 있은 후
에야 만남의 차원이 전혀 달라질 수 있는 것이 대개 우리의 남녀교제
관행이다.

뜨겁게 흐느끼며 만난 '게놈 짝님' 사랑의 영생성!

이승과 저승의 비교, 상대가 끊어진 절대의 자리에서, 정유진이 이제는
보고파도 볼 수 없는 눈뜬 강준상이 아닌 눈먼 장님 김준상을 동해안
한 별장에서 만나는 드라마 「겨울연가」의 마지막 장면은 이런 깊고도
오랜 전통정서의 기층을 현대적으로 연출한 것이라고 하겠다. 그 결과
의 의미 여하를 떠나서 그 같은 현상이 실존하는 것은 틀림 없다. 기층
태반역사를 북아시아 유목생활로 영위했다면, 경쟁의 핵심인 속도경쟁
에서 사람생명과 순록이나 말의 생명이 호흡을 맞춰내는 속도와 산업
화 이후 사람생명과 기계라는 무생물이 호흡을 맞춰내는 속도가, 생명
소외도 면에서 강원도 한류 영상유적 순례자들에게 본질적인 차이를
체험케 한다는 점도 응당 고려해야 할 것으로 본다. 필자는 올 2월 시
베리아 겨울기행 21일을 마치고 이런 글을 썼다.

**'만남과 발병'의 한반도 코리안,
'만남과 치유'의 맥고려인의 본향 몽골리안!**

"한국 내에서 수십 년간의 사제나 선후배 동료와의 만남에서는 체험할 수 없었던 감격과 감동을 후미진 시베리아 원주민들과의 만남, 하루 또는 몇 시간 사이에 흠뻑 느낄 수 있음은 어인 일인가. 사람은 생업상 만나는 대상과 더불어 거듭나게 마련이라는데, 오늘날 한국인이 주로 만나며 숨쉬는 TV, 자동차, 컴퓨터 등은 체온과 체취가 있는 숨 쉬는 생명체가 아니다. 스스로 생명을 소외시킨, 그래서 궁극적으로는 자신의 본질인 생명성을 소외시킨 자기소외의 극치에서 기계처럼 숨쉬던 현대적 한국인의 모델인 '나'의 실체, 그 내가 지금 시베리아에 와서 짐승들이나 수목들과 호흡 맞추며 살아가는 원주민들을 만남으로써 더불어 숨쉬며 제 생명의 본질적 숨결을 소생시키고 있는 것이다. 한국에서는 '만남과 발병' 쪽이 보다 많았고 시베리아에서는 '만남과 치유'가 월등 많았다면 어느 쪽이 내 생명의 진정한 에코파라다이스란 말인가. 어디가 내 삶의 부르칸不咸 동산이란 말인가."

**사람과 기계 아닌, 사람과 사람,
생명과 생명이 호흡을 맞추는 춤판 한류를!**

내가 몸소 「겨울연가」의 영상유적지를 답사하며 절감하였던 것은 일방적인 구경만 있고 사람과 사람의 만남은 없다는 사실이었다. 한국인과 외국인이든 외국인과 외국인이든, 아니면 한국인과 한국인이든 서로 함께 어우러져 '음식가무'하는 것을 거의 못 봤다. 새로운 차원의 만남들을 그리워하며 이 영상 성지를 어렵사리 벼르고 별러 찾아든 순례

길일 수도 있는데 말이다. 드라마 영상유적이어서일까? 1980년대만 해도 무슨 굿판이나 잔치판이 벌어지면 구면이든 초면이든, 또는 외국인이든 내국인이든 남녀노소 함께 농악장단에 맞춰 춤도 추고 노래도 부르고, 술도 마시고 음식도 나누어 먹으며 담소하곤 했다. 관중과 연기자가 함께 판을 연출하는 것이 탈춤이든 원곡元曲이든 북방 유목민족 예술의 특성인데 그게 사라진 것이다. 손님을 반겨 맞는 북방유목민 특유의 잠재된 정서는 예맥 옛 땅 강원도에서조차 자취를 감추어버린 것일까. 일본어나 중국어, 몽골어나 베트남어과 학생이 드라마 주인공들로 분장하고 각각 각 나라의 순례객들과 함께 실감나게 현장을 연출해보는 전문적 관광기획이 있어서 그 판이 원형대로 되살아날 수 있다면 훨씬 더 살판나는 영상유적답사 잔치가 이루어질 듯하다.

'뒤로 돌아 앞으로!' 유턴하는 개벽도

더러는 2005년도 창립 한류포럼 국제학술대회에서도 뻔한 말잔치만 벌어질 것이라고 추측한다. 그러나 뻔한 강원도 춘천이 한류의 메카로 떠올라 동아시아를 온통 들썩이게 하고 있는 시대에 우리는 지금 살고 있다. 필자는 근래 서울대 인의대人醫大 연구팀들과도 몽골·시베리아 답사를 해보았고 서울대 수의대獸醫大 연구팀과도 동물자원관계 학술대회에 동참해 보았다. 평소 사람들이 주목해온 곳은 당연히 '인의대' 쪽인데, 엉뚱하게도 한때 노벨상 후보로까지 언급되었던 이는 소외양간이나 돼지우리를 수시로 드나들며 별 볼 일 없어 보이던 수의학과, 그것도 국고가 아닌 대학내 비축기금으로 채용한 서울대 수의학과 '석좌교수' 속에서 나왔다. '인의학'과는 달리 '수의학'은 실험대상을 자유롭게 골라 쓸 수 있는 것이 그것을 가능케 한 가장 중요한 요인이라고들 하기도 했다(2006년 3월 현재, 이는 장삿속과 정치성이 개입된 한국 과학계 희대의 연구부정사건으로 판명되었지만, 과학자의 양심이 최우선되는 진지한 연구가 이루어진다면 그 가능성마저 전적으로 부정될 이유는 없다고 본다). 강원도가 규모가 큰 다른 도들에 비해 낙후된 점도 있지만 상황이란 시간 속에서 변하게 마련이므로 그런 점이 도리어 강점으로 작용하여 "뒤로 돌아 앞으로!"라는 흐름 가운데서는 남다른 발전의 계기를 맞을 수도 있다. 강원도가 '한류의 진원지'로 떠오르고 있는 요즘 현상 역시 이러한 예에 상당한다고 생각한다. 문제는 대상이 인가냐 돼지우리냐가 아니라, 차라리 그것을 얼마나 진지하고 집요하고 치열하게 탐구, 천착해 가느냐에 달려 있을 것이다. 그래서 나는 이 학술대회에도 나름으로는 적지 않은 기대를 가지고 동참하고 있다.

수달·해달 사냥꾼은 강과 바다를 따라 강릉에 예국을,
건달·산달 사냥꾼은 고원과 산지를 따라 춘천에 맥국을 세웠다.
'산짐승의 왕국 춘천'은 이젠 내 속에서 살아숨쉬고……!

알타이·사얀 산맥에서 백두대간의 척추 강원도에 이르는 일련의 흐름이 역사적으로 오래 소통되어 오고 있다는 전제 하에, 나는 몽골을 맥고려에서 유래한 종족 이름으로 보고 있다. 고구려의 주도종족은 예맥인데, 강원도 관동 명주, 강릉에 예국濊國의 터가 있고 관서 춘주, 춘천에 맥국貊國의 옛터가 있다고 사서에 기록되어 있다. 나는 감히 예 '맥'의 맥貊과 '맥'고려貊高麗, Mongol)의 맥을 접맥시켜 보고자 한다. 강

몽골 초원의 건달(=타르박)

원도는 백두대간의 척추고 따라서 그대로 시베리아·몽골 고원지대와 습도나 먹이사슬체제 등의 동물생태상으로 접맥되어 있다. 강원도는 산업화 이전의 전통 농경사회시대까지 특히 '산짐승 왕국'이었다. 그래서 한국 수조전설의 모태인 '반달곰'을 상징으로 삼고 있는 것이다. 그런데 강원도 수조전설의 태반은 단연 지구상 최대인 시베리아라는 숲의 바다에 있다. 시베리아를 태반으로 하는 종족은 모두 다 수조전설을 갖고 있다. 예도 맥도 수조전설의 시각에서 바라보아야 역사적 실체가 파악된다. 한 마디로 예는 수달水獺이고 맥은 산달山獺인 너구리다. 예는 수달 가운데도 모피가 더 좋은 숫수달 즉, Buir를 가리킨다. 수달은 저습지대에 살아 물가인 강릉으로 왔고, 건달乾獺(타르박)과 산달(너구리)은 고원·산지에 살아 산중인 춘천으로 찾아왔다.

붉은가지 버드나무 부르칸권의 예회濊膾와
자작나무 텡그리권의 맥적이 만나 인구人口에 회자하며
고대 동북아 맛시장을 주름잡은 회膾와 자 또는 적炙을 빚다!

맥의 '텡그리' 하나님 경배는 알타이 → 사얀 → 흥안령 → 장백 산맥으로 이어지는 산달 맥−스텝의 건달 타르박과 자작나무樺 신앙이요, 예의 '부르칸' 하나님 숭배는 오비 → 예니세이 → 아무르 강과 연해주로 이어지는 수달－해달과 붉은가지 버드나무紅柳, 不咸) 신앙이다. 맥궁貊弓을 만들어 너구리貊를 사냥해 온 맥족은 드라마 「대장금」으로 널리 알려진 맥적貊炙이라는 불고기(사얀 산 너구리 수프 맛?)로도 유명했는데, 여러 가지 생태 여건으로 미루어 예족은 예회濊膾라는 요리로 널리 알려진 듯하다. 예회와 맥적을 합하여 "인구에 회자된다"膾炙人口(『선화서보宣和書譜』)고 할 때의 '회자(적)'가 되었다고 본다. 고대에 동북아 맛시장을 사로잡은 음식문화의 전통이 백두대간의 척추로서 예맥 옛터의 유적을 굳이 간수해 온 강원도에 고이 보전되어 오고 있는 것이다. 실제로 여러 가지 불리한 경쟁여건에도 불구하고 강릉과 춘천으로 대표되는 예맥의 옛터 식당들의 음식맛은 수준급이다. 뿐만 아니라 한국 라면이 현지에서 아주 비싼 값으로, 베이징－울란바아타르－모스크바－시베리아를 주름잡고 있는 엄연한 현실로 미루어 세계 맛시장 공략도 운영 여하에 따라서는 매우 낙관적이라고 하겠다.

"역사가 역사를 만든다!"
역사의 열매가 역사창조의 게놈 주체여서다.
무덤 속의 '역사유산' 아닌 살아숨쉬는 '역사자원'으로 부활해야!

강원도는 백두대간의 척추 격이어서 좋든 싫든 스키토·시베리아 기원의 북방적 요소의 세례를 가장 집중적으로 받았고, 후진지역이어서 산업화에 뒤처져 그러한 핵심적인 역사자원, 특히 주민들의 품성으로 내재한 역사자원이 아직도 풍부히 보존되고 있다. 백두산의 옛 이름이 불함산不咸山이고 그 백두산이 뻗어내린 척추가 강원도다. 그러니 한류의 중핵인 부르칸不咸(Burqan)이즘(붉은 버들꽃紅柳花) 성모 모태회귀

신앙이 여기에 집중적으로 응축되어 있는 것은 지극히 당연하다. 강원도가 한류의 진원지가 된 것이 우연은 아닌 것이다. 그 문화전통의 주체들이 지금 이를 자각하느냐의 여부는 실로 한류의 물꼬를 제대로 터서 흐르게 할 수 있느냐와 직접 관련되는 첨예한 문제다.

메이리美麗는 순록·양 유목민의 심미안!
주한미군 수만이 수천만 코리안의 심미안을
온통 구미화시킨 엄연한 지금 우리 현실을 직시해야!

필자는 한류가 일시적으로 생겨난 것도 아닐 뿐더러, 일회성으로 물거품처럼 사라질 수도 없고 사라져서도 안 될 역사적 현상이라고 본다. 메이리美麗는 중국어로 아름답다는 뜻이다. 척박한 한랭고원 건조지대 시베리아·몽골 벌판에서는 살찐 큰 양이 아름답고, 젖과 고기의 양과 질을 가름하는 순록의 큰 한 쌍 뿔이 아름다워 보일 수밖에 없다. 그래서 양羊 + 대大 = 메이美요 리麗가 된다. 안보와 정권 때로는 심지어 재정권까지 틀어쥔 북방유목 지배민족의 심미안이 동북아사에 배어난 용어가 메이리다. 유라시아 대륙 유목의 두 주축인 '순록'과 '양'에 대한 인식을 핵심 주류로 해서 우러난 것이 바로 메이리라는 심미안인 것은 그 주도 문화가 주로 서아시아에서 몽골리안 루트를 따라 오갔기 때문일 것이다. 수의 대소가 문제가 아니다. 미군 몇 만이 주둔한 곳에서 서양인의 미의식이 온통 세상을 휩쓰는 듯한 작금의 현실을 예로 들 것까지도 없다.

경극혁명으로 20세기 전반에
천재 무용가 최승희가 중국 땅에 깔아놓은 한류 인프라!

문화적 팍스코리아나 창출 시발!

이렇게 기층에 깔려 있는 역사자원 말고도, 근래 중국에서의 한류의 인프라는 이미 일제 하에서 천재 무용가 최승희가 상당히 깔아 놓았다고 본다. 현대무용이론과 한국춤 동작, 예컨대 어깨(날갯죽지)짓 같은 춤틀을 심어주면서 중국 경극을 혁신시켜 되살려낸 중국 경극계의 우상이 최승희이기 때문이다. 그 핵심은 북방유목민의 부르칸이즘에 있다. 이것이 1990년대 북방개방 이후 남한의 자유민주주의 물결과 만나 되살아나 그 이름만 한류라고 바꾸었음에 틀림이 없겠다. 그러므로 한류는 유장한 역사의 토대 위에서 한국인의 게놈이 상존하는 한 그 흐름을 함께할 것이며, 팍스몽골리카가 서구에 저승 개념을 전파했던 것처럼 한류는 동아시아에서와는 사뭇 다른 차원에서 서구에 충격을 주어 문화적 '팍스코리아나'를 이룩해 가리라고 나는 전망한다.

**1990년 북방 개방후 먼저 불어닥친 한국의 몽류蒙流 폭풍과
뒤이어 불어오는 몽골의 한류韓流 광풍,
'이산 순록유목종족' 국가 몽골·한국의 맥고구려의 역사 정체성
르네상스 큰 물꼬 터!**

몽골에서의 한류열풍은 몽골인들이 의식하든 않든 본질적으로 1990년 전후 소비에트 러시아의 붕괴와 함께 700여 년 만에 다시 만나 접맥되는 가운데 일기 시작한 일련의 몽골민족의 역사적 정체성 르네상스, 자기회복운동의 큰 물줄기라 하겠다. 몽골과 한국이 고대제국 형성의 자궁으로서 훌룬부이르 몽골 스텝과 눈 강 평원을 공유할 뿐만 아니라, 생업태반 또한 모두 순록·양 유목에 둔 맥고구려貊高句麗(Mongol)의 후신이어서 오랜 '이산 순록유목종족' 문화의 재회 시너지 효과가 한국

의 '몽류蒙流 폭풍'과 몽골의 '한류韓流 광풍'으로 집약된 것이라 하겠다.

주채혁, 「몽골의 한류열풍과 문화 진단―그 역사적 정체(正體)를 묻는다!」, 『한류포럼
2005 국제학술대회 논문집―한류의 지속성과 강원도의 역할―』, 강원도 춘천
시 한류포럼 위원회, 2005년 6월 10일(춘천 두산리조트 개회), 103~118쪽/수정
하여 『바이칼에서 찾는 우리민족의 기원』, 정신세계사, 2005년 12월 349~371
쪽에 재수록.

수운 최제우

내 목숨의 본질에서 빗나간 헛것에 사로잡힌 인식의 우매를 구제한다!

최제우崔濟愚(1824~1864)의 968년 전 직계선조가 되는 최치원(857~?)의 『난랑비서문鸞郎碑序文』에는 "우리나라에 현묘한 도玄妙之道가 있다. 이를 풍류風流라 하는데. 실로 (유·불·선) 3교를 아우른 것으로 이로써 민중을 깨우치게 했다"라고 적혀 있다. 최제우 천주도天主道의 내용은 "내 부모가 나를 위해 '올인'하신 대로 내가 나를 지성으로 사랑해 내 '게놈'을 그 때 그 상황에서 늘 최선 성취하도록 하늘로 섬기는 것이지 별다른 게 아니다"라며, 이것 외의 "헛것에 사로잡히는 인식의 어리석음愚을 구제濟하는 큰 스승 메시아로 내가 왔다"는 진솔한 설파 그 자체다. 따라서 이는 이내 직계조상인 최고운의 풍류교에 가서 닿는다는 것을 그 자신이 심고心告하고, 풍류교가 다른 종교를 제 개체사가 설계해 온 제 게놈 나름의 인식틀로 수용해 냈듯이 근 천 년 후의 동학 또한 그렇다고 했다. '고운'의 혈액 속에 '수운'이 숨쉬고 있다는 최수운의 자기자각 고백이다.

속임수가 끼어들 수 없는 살아숨쉬는 구체적인 '개체생명시대'의 개벽

그래서 동학교 천주도의 주체인 천주는 필연적으로 내 조상의 조상, 그 궁극의 실체일 수밖에 없다. 내 핏줄의 역사와 무관한 모호한 존재로서 중보자를 끼워넣고서야 만나는 촌수가 막연한 천주인 하느님이 결단코 아니다. 현묘한 도인 '풍류교'는 모호해 보이지만 IT·BT가 판세를 가르는 이 시대권에서는 정반대일 수 있다. 역사가 얘깃거리가 되고 전설이 됐다가 마침내는 신화가 되어 왔지만, 그런 첨단과학들이 바로 신화를 역사로 되돌아오게 하는 마술 아닌 마술을 행하는 시대에 우리가 살고 있기 때문이다. 속임수가 끼어들 여지가 있는 막연한 '인민'이나 '민중'이 아니라 살아숨쉬는 구체적인 한 생명과 직관된 개체생명사의 시대가 활짝 열렸다. 내가 기왕에 천문학적인 숫자의 세포로 구성된 생명체인 터에, 다시 각 세포마다 천 쪽짜리 천 권 분량에 해당되는 유전정보 사료가 있어 밤하늘의 별처럼 쏟아져 내리는 이 후천개벽시대다. 인공조명등 때문에 그것을 보는 사람의 눈이 잠시 멀어 있을 뿐이다. 이 천지 운세의 용암이 분출하는 것 같은 거대한 소용돌이 속에서 허구적인 얄팍한 문헌사학의 아성이 폭파되어 버리는 것은 이제 시간문제다.

'제 개체생명사 읽기'가 심령 생명의 중핵,
'본질 노예'는 바로 '제 역사인식 노예!'

무릇 인식틀의 본질은 '제 개체생명사 읽기'에서 비롯되게 마련이다. 그리고 '본질 노예'는 당연히 그 '제 역사인식 노예'다. 그 '인식의 노예'란 종래 특정한 시공간에서 특정인 나름의 양심이나 욕심이 빚은 특정

수운 최제우

한 자기 역사 해석 색깔로, 정치·경제라는 조직폭력과 집체경제력을 토대 삼아, 대를 이어 뭇 사람들의 이목을 오랫동안 길들여 온 산물이다. 이러한 사업에 허구적인 문헌사학이 대거 동원되어 온 것은 인류 사학사상 엄연한 사실이다!

최 수운水雲의 뿌리는 최 고운孤雲이고 경주최씨 최치원의 뿌리는 한민족 스키토·시베리아 기원설이 보여주듯 북유라시아 몽골리안 루트로 소급된다. 북유라시아, 특히 시베리아 태반사라는 '인풋'이 없었다면 고운의 '풍류교'도 천년 혈손 수운의 천주도 '동학교'라는 '아웃풋'도 당연히 있을 수 없다.

시베리아 샤머니즘이 '역사적 무중력 상태'의 소산인 원시신앙?!
인류사의 중심축 순록·양 유목민 '스키토·시베리안의 자아 인식틀'로,
흉노·조선·돌궐·거란·여진·몽골과 만주 유목제국을 창업!
바로 이 '시베리아 샤머니즘 자궁'에서 풍류교가 태어나고 동학교로 성숙됐다.

그렇다면 그 게놈을 설계한 역사 실체로서의 인풋이란 무엇인가? 물

론 생태 무대로서의 스키토·시베리아는 만 년만 두고 보더라도 수시로 변해 왔다. 그러나 식량채집단계에서 식량생산단계로 진입한 이래의 역사만 적출해 보면 이른바 산업화에 성공한 선진국 지성인들이 '자연친화적' 시베리아라고 보듯 이 지대는 역사적 진공 상태로 남아온 지역일 수가 없다. 인류역사의 중심축을 이루어 왔기 때문이다. 원주민의 살림살이와 그들의 역사 및 역사를 창출한 인식틀이라 할 신앙이나 종교는 상호 직관된 것들이지 결코 별개의 것들일 수 없다. 그들은 기원전 4~3세기경에 기원한 흉노 유목제국 이래 선비, 돌궐, 거란, 여진 및 몽골 세계 유목제국사와 대청 만주제국사를 창출한 너무도 뚜렷한 역사를 가진 민족의 기층을 이루는 한 갈래로서, 그들의 신앙과 종교는 그러한 역사를 창출해낸 인식틀 차원의 그것임에 틀림 없다. 무격巫覡(샤먼) 신앙이라 할 풍류교도 물론 이러한 구체적인 역사전개 과정의 소산이다. 일부 기독교계 종교학자들이 주장하듯이 풍류교는 도저히 원시신앙이라는 역사적 무중력(진공) 상태의 소산일 수 없는 것이다.

스키타이는 젖을 주는 암순록치기,
오랑캐와 오룬춘은 오룬복을 치는 순록치기,
축치는 차아복을 치는 차아탕, 코랴야크는 코리치,
조선도 고려도 모두 순록유목민 지칭!
유구하고 장대한 라이켄 로드의 모태여!

여기에서는 이러한 비역사과학적 주장들은 잠시 접어두고, 그 역사의 구체적인 내용을 들여다보자. 식량생산단계 이후 이 지역의 역사를 주도한 주된 산업은 당연히 순록·양 유목이다. 광역소수廣域少數의 유목민이 주도한 툰드라-타이가-스텝이 한랭고원 건조지대 생태권의 역사다. 고려高麗(Qori)는 북유라시아 한랭고원 건조지대의 목초지 소산小山(сопка) 선鮮(Soyon)에서 이끼蘚(lichen)를 뜯어먹고 사는 차아복(chaa bog=orun bog) 즉 순록이다. 그러니까 조선은 목초지 문제요 고려는 순록 그 자체다. 아시아 대륙의 1/4, 세계 육지의 1/10을 차지하는 세계 최대의 타이가-스텝-툰드라 지대에서 식량채집단계에서 식량생산단계로 나아가는 생산혁명 과정을 거치며 지배종족 내지 고대 정복제국으로 발전해 갈 생업으로는 툰드라·타이가의 순록유목과 개활지 스텝의 양유목 외엔 더 있을 수 없었다.

실크로드는 장삿속 명칭,
스키토·시베리안의 역사태반인
스텝로드-라이켄 로드-몽골리안 루트에 주목해야!

유라시아 대륙과 한반도, 특히 북유라시아 한랭고원 건조지대와 한반도는 자연생태상으로나 역사적으로나 밀접한 관계를 맺어온 지역으로 결코 단절된 공간일 수 없다. 유라시아 대륙은 동·서축으로 되어 있어 등온대를 이룰 뿐만 아니라 식량생산단계 이후부터는 유목 기동력이 여기에 가세하여 사람과 기술의 이동이 상대적으로 용이했다. 중원지역과는 달리, 식량생산혁명이 처음 이루어진 서아시아와 시베리아-만주-한반도는 몽골리안 루트-라이켄蘚 로드-스텝 로드로 접맥되어 있다. 이 세계 최대의 스텝-타이가-툰드라 지대를 무대로 해서 형성된 북아시아 여러 종족이 거의 예외 없이 짐승을 자신의 조상으로 삼는 '수조전설'을 공유하게 되는 것은 조금도 이상할 것이 없다.

거북이가 살 수 없는 찬 물 바이칼 호 북극해권
거북이가 살 수 있는 훌룬부이르 호 태평양권
조선·고려족의 신주神主 현무는 훌룬부이르 호 태평양권인 대만주권의 소산!

시베리아는 물이 북류北流하여 북극해로 드는 '바이칼 호 북극해 권'과 물이 동東·남류南流하여 태평양으로 드는 '훌룬·부이르 호 태평양 권'으로 준별된다. 바이칼 호 북극해 권은 물이 너무 차서 거북이가 살 수 없으며 동북아 종족의 고대국가 형성이 어려웠다. 이에 비해 훌룬부이르 호 태평양권은 수온이 차지 않아 거북이가 살 수 있으며 고대 제국의 형성이 가능했다. 1962~1970년경 북한학계에서 주장했듯이 훌룬부이르 몽골 스텝과 눈 강 사이의 호눈 평야는 유목제국 조선, 맥고리貊槀離와 부여의 모태 태반이다. 순록·양 유목민인 맥고려인貊高麗人이 태어난 자궁이다. 이 곳 호눈 평원은 몽골 스텝으로 전개되는 초입이어서 유목 무력의 생업적 토대인 기마 양羊유목을 발전시키는 한편, 눈 강을 따라 내려가 그것이 장백산맥에서 서류西流해 오는 송화강松花江과 합류하여 북류하면서 빚어낸 비옥한 송눈 평원을 토대로 목농업을 크게 발전시켰다. 이로부터 비로소 사회분화가 일어나 동북아의 역대 고대 유목제국이 형성되기 시작했다.

선사시대 식량생산 문명의 거세찬 동류 물결은,
훌룬부이르 호 태평양권의 '대만주권 방파제'를 배경으로 거대한 역류를 시작!
서류의 피크는 칭기스칸 몽골의 '팍스몽골리카 체제' 구축!
서북부가 험준한 산맥과 사막으로 막힌 황하유역은 유라시아 대륙의 커다란 고도孤島
16세기 이래 러시아의 동류는 서구 해양문명을 배경으로
선사시대 이후로 처음 개시되었다.
북유라시아는 이렇게 주고받는 역사의 물결 속에서

황·백인종이 어우러지는 '지구촌'을 이미 수천년간 경험하였다!

기원 전후로 유라시아 대륙엔 선진 메소포타미아의 식량생산문명을 배경으로 한 스키토·시베리아 문명의 동류라는 거대한 물줄기가 있었다. 그래서 한민족기원설의 주류도 스키토·시베리아 기원설로 집약된다. 그러나 흉노제국 이후 칭기스칸 몽골제국에 이르는 기간에는 그 물줄기가, 거대하고 비옥한 훌룬부이르 몽골 스텝을 역사적 근거지로 삼아 북방 몽골리안 세력이 요원의 불길처럼 일어나면서 더 크게 역류하여 마침내 유목 스텝의 몽골 세계제국을 창업하여 팍스몽골리카 체제를 구축했다.

스텝세계제국에서 해양세계제국으로 발전,
다시 두 세계제국권이 계대繼代 접목돼
생명과학시대 우주제국에 드는 문전에서
수운이 후천개벽시대 인류사의 물꼬를 트다!

그리고 15~16세기 이래, 이 역사의 거대한 물줄기는 서구 해양제국의 문명을 배경으로 다시 역류하여 역사적으로 사회주의적 서구화의 상징이라 할 러시아를 북한에 접맥시켰다. 한편 자본주의적 서구화의 상징이라 할 미국의 해양문명을 배경으로 태평양에 있는 한국이 유라시아의 중심이라 할 시베리아의 바이칼 호에서 그간의 유라시아 벌판사를 들여다보고 있다. 백인종 슬라브인과 황인종 북방 몽골리안이 주거니 받거니 하면서 수천 년간 서로 뒤엉켜 유라시아 벌판사를 창출해 낸 '허브'인 바이칼 호반에서 우리가 다시 만나 우리를 조망하고 있는 것이다. 인류 최초의 식량생산문화와 스텝제국과 해양제국을 역사적으로 공동으로 체험하며 이 자리에 이른 우리다. 스텝제국과 해양제국을 사회주의나 자본주의 차원에서도 공동체험한 유라시아사의 주체인 우리가 함께 이 시대 세계 우주제국사의 창출을 주도해 내는 데서 이 역사적인 만남들이 무엇인가? 무엇이어야 하는가? 무엇일 수 있는가? 라는 일련의 문제들을 고민하며 만나는 시대권에 들어와 있는 지금의 우리다.

동학교는 일만년 스키토 · 시베리안 역사의 총화!
저승 모티프 소설이 동북아시아 전통소설의 2/3,
'이승에서 못 이룬 사랑 죽어 저승에서 이루는' 이야기 줄거리!
서구에서는 팍스몽골리카 체제 이후의
단테의『신곡』과 괴테의『파우스트』에 불과
스키토 · 시베리안 황금씨족, 천손족 역사의 열매로
'내가 바로 하느님'인 '사람마다 하늘', '천손신앙' 나오는 역사의 필연!

이러한 역사의 노정에서 일대 분수령을 이루며 그 역사 주류의 물꼬를 제대로 터준 이가 풍류도의 열매인 천주도 신앙 동학교를 일으킨 바로 수운 최제우다. 스키토 · 시베리아 북방기원 민족 일만 년 맥고려인狢高麗人 역사가 응축된 총화가 최제우의 천주도 동학신앙이다. 그렇다면 그것은 이 단계에서 과연 인류사의 어떤 문제를 구체적으로 어떻게 물꼬를 터냈을까? 최수운이 물꼬를 튼 사류史流 수로水路, 그 물길의 실천 실체는 무엇인가?

　한국 풍류교인 불함不咸(Burqan, 紅柳) 신앙이라는 모태회귀적 하느님 길 신앙의 원천 우주는 실로 시베리아의 알타이 산金山과 사얀 산을 태반으로 해서 태어났다. 동북아시아 전통소설의 2/3가 이승에서 못 이룬 사랑을 저승에서 이룬다는 모티프를 갖고 있는 터에 유럽에서는

184

기껏해야 단테의 『신곡』과 괴테의 『파우스트』 정도만이 그 언저리를 맴돌았을 따름이다. 단테의 착상조차 칭기스칸이 팍스몽골리카를 정착시킨 14세기 이후 르네상스기에나 나올 수 있었을 뿐이다. 그러므로 유럽 백인들 속에서는 예수가 못 다한 일을 완성시킬 사명자인 자칭 재림주가 못 나온 것은 물론이고, 중국도 예수의 동생을 자칭하는 태평천국교의 교주 홍수전을 배출하는 정도로 그쳤다. 그러나 황금씨족(Altan Urug, 김씨) 천손임을 자임하는 한韓(khan)민족의 역사에는 시대나 사회에 따라 이름만 달리할 뿐, 예수 탄생 이전에도 줄곧 있어 왔고 근래에도 최제우를 위시하여 강증산과 그 후속 신흥종교 교주들이 재림주나 심지어는 하느님으로 스스로를 자칭하며 줄줄이 등장하였다. 실은 천손신앙은 셈족(Sem)을 포함하는 몽골리안 루트-라이켄 로드(Lichen Road, 선蘚의 선鮮, Zion)로 접맥되는 여러 민족사 상에 보편적으로 존재해 온 현상일 뿐이다.

라이켄 로드의 스키토 · 시베리안사의 열매일 수밖에 없는 인내천 천손신앙!
'마르크스를 해방하고 예수를 구원한다'는 천손신앙 설파!

거대한 공을 반으로 잘라 광활한 평지를 덮어놓은 듯한, 하늘과 맞닿은 시베리아의 샤먼사제 우주 속의 절대 자아와 그 알타이 · 사얀의 부르칸이즘이라는 하늘 모태 회귀신앙을 상기시키지 않고 과연 이러한 문제의 실마리를 잡을 수 있을까? 실로 후천개벽시대권에 제대로 들면 진리와 진실 앞에 어떤 전제도 허용치 않는 우주 시공간으로 트인 시베리아 샤먼 큰 사제 '최제우 인식안認識眼'의 분신들은 '마르크스를 해방하고 예수를 구원한다'는 토론 주제도 거침없이 감히 선택하게 될 것이다.

사람마다 하늘인 인내천, '맞춤천국 시대'의 도래 예비!
꿈하늘 부르칸 모태회귀 신앙,
'역사가 역사를 만드는' 독창 우주 자각을!

이제 획일적인 산업화시대가 가고 다양한 정보화시대가 오면서, 사람의 인식시각이 무한대로 열린 시대가 가없이 전개되고 있다. 이러한 때에 "100명의 사람에게 100개의 우주가 존재한다"는 우주물리학자 아인쉬타인의 말처럼 "만인萬人에게 만신萬神이 존재할 수밖에 없는" '맞춤 신神' 시대, 샤먼사제의 만신시대가 도래하고 있다. 어미품안의 자식처럼 누구나 only one인 제 게놈의 주체로 깨어 있기만 하면 best one의 천손으로 완성될 수밖에 없는, '사람마다 모두 제가 제게 하늘이어야만 하는' 인내천人乃天 '맞춤천국' 시대가 이미 이 땅에 임재하고 있음을 직감케 된다.

천민자본주의 창세기 다시쓰기

불과 29~30세 철부지들의 외침에 불과하였던 엥겔스와 마르크스의 마르크시즘이 식량생산을 위시한 객체생산의 문제 해결로 이런 맞춤천국시대를 열려 했던 것은, 한 시대의 내로라하는 천재 지성들이 거의 모두 경도되어 맹신했다 하더라도 이는 그야말로 넌센스 중의 넌센스다. 주체생산의 문제인 인간 생명의 자기 주도적 계대繼代 하늘 품속 재탄생을 도외시했기 때문이다. 게놈 짝님들의 이승·저승의 생사와 모든 의미조차 초월한 뜨거운 절대 짝짓기 사랑으로 소생·부활하는 인간생명 주체의 재생산, 하늘 품속 다시남의 과정이 없고서는 시쳇말

186

로 모두 도로아미타불이다. 금세기 사회주의의 참패라는 엄청난 잔혹
사가 우리에게 던져주는 메시지는 무엇일까? 사회주의적 시장경제화
에 놀라운 성공을 거두고 있다는 중국대륙은, 공유재산의 사유화 과정
에서 도리어 권력의 주체인 당 간부가 어처구니없이 희대의 자본주로
둔갑하는 사상 유례 없는 추잡한 정경유착적 천민자본주의사의 창세
기를 쓰고 있지 않은가?

역사의 시궁창에서 피워내는 연꽃이어서
더욱 더 우아한 '사람마다 하늘' 천손신앙!
나라사랑도 사랑, 마음이 내켜야
'사랑의 의무'는 거짓만 확대 재생산!

학벌, 지연, 혈연주의와 유기적 상호관계를 갖기도 하는 일련의 계층
내지 계급의 타파로 2002 월드컵축구 히딩크 사단과 같은 정의롭고 효
율적인 상생공동체를 창출해내는 것은 시대나 지역, 이념이나 체제를
뛰어넘어 언제 어디서나 누구나 한결같이 추구해야 할 인류 공존공영
의 절대 목표다. 무릇 사람의 생명은 역사의 시궁창에서 피워낸 연꽃
처럼 이 원초적 본심, 양심의 토대 위에 구축된 의미우주에 숨통을 열
고 숨쉴 때 비로소 제대로 살 수 있게 마련이다. 축구경기에서만이 아
니라 물질의 생산과정에서도 그러하지만, 아주 본질적으로 인간 생명
주체의 생산 · 재생산 곧 계대 하늘 품속 다시남의 과정에서는 더구나
반드시 끝내 이루어야 할 절대 목표다. 마음이 내키는 짝짓기 짝님 사
랑으로만 이룰 수 있는 삶의 궁극이기 때문이다.

짝짓기로 내 목숨불이 켜졌으니
거북이·현무는 조상 젯상의 신주님,
주체생명 창조주가 임재하는 짝짓기
생명 창조관계의 지성소至聖所!
그래서 '현무'는 생기, 살맛의 뿌리다.
하느님은 생명 창조와 무관한 독신을 찾아오지 않는다.
마누라 뺏긴 왕빠단·현무·처용의 삼자회동.
"거북아 거북아 머리를……!"
뱀이냐 용이냐, 욕정이냐 애정이냐를 보아
현무에 찾아드는 하느님이어서
마누라 되찾기 회개기도치성 축제판 열어,
태극, '극락 웰빙' 처용 성탄 축제로!

토박이 고구려인임을 자처하는 흥안령의 다구르 족은 사신도四神圖를
조상제사의 신주神主로 모신다. 사신도의 중핵은 현무玄武고, 그래서 동
지부동자動之不動者로서 폴라리스 즉, 북극성 자리를 차지하고 있다. 더
러는 북극의 툰드라가 생태적 고향이라서 그랬을 수도 있다. 역사의
주체인 사람생명의 창조 과정을 담아내기 때문이다. 현무라는 부모의
짝짓기 만남이 내 생명의 불을 켰고 그래서 생기, 살맛의 본질은 짝짓
기 만남인 현무 그 자체다. 그런데 그 짝짓기 만남의 본질이 뱀蛇 상태
냐 용龍 상태냐, 욕정이냐 애정이냐를 가늠해 보는 그림이 현무도다.
애정이면 '현무'에 주체생명의 창조주 하느님이 임재하신다. 그래서 신
주다. 하느님은 생명의 창조와 무관한 독신을 찾아오지 않는다. 한자
의 자원字源을 다룬 『설문해자說文解字』(후한인後漢人 허신虛愼 지음)에
는 "거북이·자라류는 타고난 성별에 수컷이 없어서 뱀으로 수컷을 삼
는다"(구별지류龜鱉之類 천성무웅天性無雄 이사위웅以蛇爲雄)라며 현무의

현무도 | 고구려 강서무덤 고분벽화

실체를 축약하여 설명하고 있다. 서구의 성화聖畵에서 뱀이 여자를 감고 있는 모습은 대만주권에서 현무로써 시적으로 형상화된다. 그리고 그것이 무덤 밖으로 나와 구현되면 비석의 귀부龜趺와 이수螭首가 된다. 큰 스님의 귀부는 뱀머리蛇頭가 용머리龍頭로 곤두서 여의주를 문다. 애정으로 완성된 짝짓기 사랑을 구상화한 예술작품 신주神主다. 실은 현무─왕빠단王八蛋─처용處容이 다 주동자 박수 샤먼의 짝짓기사랑 그림기도나 노래기도의 주인공이다. 그 자리에서 내 생명역사의 주체인 목숨이 태어났으니 현무는 당연히 내 몸주인 조상신주가 된다. 게놈짝 짝짓기 사랑陰陽의 어울림和同의 극치가 '태극太極'이고 태극 속에 '극락 웰빙'이 있다. 이는 '여의주를 문 용', 처용赤龍으로 상징된다. 독사일 때는 극고極苦의 족쇄일 수 있다. 수운 큰 스승은 이 시대 사류史流의 물꼬를 제대로 트는 문제의식을 이 조상신주인 '현무신앙'이라는 오랜 전통종교에서 이끌어냈다.

거북이의 '현무신앙' 태반 대만주권
귀갑 갑골문과 현무도 고구려 고분벽화는 세계인류의 위대한 문화유산!
구지가·해가사·처용가로 천손족의 역사에 각인,
'혈연을 통한 계대 계급해방' 말씀으로 경주 용담정에서 열매맺어!

순록의 주식인 이끼蘚는 물을 좋아하고 순록의 뿔茸 또한 그러하다. 산달 맥(너구리)에 상대되는 스키토·시베리안의 숫수달 즉 예족 계열에서 기원한 것이 현무신앙이다. 물이 너무 차서 거북이가 살지 못하는 바이칼 호 북극해권이 아니라 거북이가 사는 훌룬부이르 호 태평양권, 대만주권이 현무신앙의 고향이다. 만주와 내몽골 발해 연안지역은 그 핵심자장권이다. 거북으로 점을 치던 유물인 은허복사의 갑골문甲骨文은 거북·현무 신앙의 원형을 이루겠지만, 13세기 당시 최첨단 정예인 몽골군의 작전을 좌우한 것이 거북점이더라는 어느 서구 보고자의 기록은 놀랍다. 몽골인들은 거북이를 '야스트 멜히' 즉 '뼈 있는 개구리'라고 부른다. 그들은 자신들의 조상이 거북이는 못 살고 개구리만 사는 바이칼 호 북극해권에서 살다가 거북이가 살 수 있는 훌룬부이르 호 태평양권 대만주에 이르러서야 처음으로 거북이를 만나 거북신앙(현무신앙)을 꽃피웠다. 현무신앙이 만개한 근거지는 물론 대만주에 태반을 갖는 고구려다. 찬란한 세계인류의 문화유산 고구려 고분벽화가 이를 말해준다. 그리고 흥안령의 눈강물과 백두산의 송화강물을 아우르는 흑룡강이 태평양으로 흘러드는 오호츠크 해와 연해주 연안 한반도 동남해안으로 이어지는 문화지대에 응축되어 예족문화권대에 각

거북 | 뼈있는 개구리로 불리며 신앙의 대상이 되어 왔다.

인된 구지가龜旨歌 · 해가사海歌詞 · 처용가處容歌로 이 짝짓기 사랑의 찬송가는 압권을 이룬다. "거북아 거북아 머리를 내어 놓아라 남의 부인 빼앗아 간 죄……"

로부터 욕정 뱀에게 마누라를 뺏긴 거북王八蛋이 애정의 용이 되어 여의주를 무는, 빼앗긴 마누라를 되찾는 현무와 왕빠단王八蛋과 처용의 삼자회동 회개기도치성 축제마당이 펼쳐진다. 바로 그 마당 한복판이 경주 가정리 용담정龍潭亭이고, 여기에서 수운 큰 스승의 '혈연을 통한 계대繼代 계급해방'이라는 이 시대 사류史流의 큰 물꼬가 트인다. 동학 천주도다.

'게놈 파트너' 짝짓기 어울림 도우미, 대권 장악자 임금의 천명!

대권을 틀어쥔 임금의 궁극적이고 본질적인 소명은 '짝짓기 어울림(음양조화) 도우미'다. 그런데 지금까지는 주로 홍수와 가뭄이나 가진 자와 못 가진 자의 조율, 조화에 대해서만 담론을 했을 뿐, 정작 인간 생명 주체 계대 하늘 품속 다시남을 겨냥하는 핵심인 남녀의 '게놈 짝님' 짝짓기 도우미로서의 권력주체의 대권 장악자인 임금의 천명天命에 대해서는 별로 언급하지 않았다.

‘혈연을 통한’ 하늘 품속 ‘계대 계급해방’
이 시대 사류의 물꼬 튼 최수운 큰 스승!

그러나 천주도를 설파한 수운 큰 스승은 이를 본질 주체 가치 창출로 크게 깨우쳐 말하고 몸소 이를 직접 실천에 옮겼다. 노비와 맏아들 세정이 게놈 짝님들임을 직감하자 서슴없이 짝지어줘 ‘혈연을 통한’ 하늘 품속 ‘계대 계급해방’을 이루어냈다. 혈연을 통해 서로의 게놈을 재조율하여 하나의 새 생명으로 하늘 품속에서 대를 이어 다시 태어나게 하는 계급해방이니, 물질생산의 조건이나 시류가 바뀐다 해도 한 생명 주체가 늘 한결같이 그렇게 숨쉬고 있는 한 그것은 영원한 절대 해방일 수밖에 없다. 타율이 아닌 자율로, ‘게놈 파트너’들이 함께하는 진심으로 속마음心에서 우러나오는生 참 짝짓기사랑性 역사로서의 계대 계급해방임에랴! 얼마나 많은 머슴과 주인아씨가, 계집종과 주인 도련님이 눈이 맞아 도망쳐 동학 천주도 전도 대열에 리더로 합류했던가! 왜 이 엄존했던 본질적인 천손족 역사의 엄청난 물꼬 트임을 보고도 못 본체하며 외면한 채로 생명 주체의 본질적 자기소외라는 인식감옥 속에서 여전히 숨을 몰아쉬며 헛것에 사로잡혀 정신없이 쫓기기만 하는가.

IT · BT 시대는 초원도 바다도 아닌 ‘우주 차원’ 시대
시대 사류史流 바로 읽고 ‘제 숨결’로 숨쉬어야!

저마다의 유전자 족보를 만들기 시작하고 초대형 인간 유전자정보 은행이 생겨나며 이메일이 지구마을 방방곡곡을 속속들이 빛의 속도로 누비고 있는 지금이 우리 우주다. IT · BT의 시대권에 들어 이제 우리

는 그 '게놈 짝님 짝짓기'를 통한 '주체생명 하늘 품속 재탄생'의 물꼬를, 삽이나 곡괭이가 아닌 포클레인이나 핵폭탄으로 트는 후천개벽시대에 이미 진입해 있다. 수운 최제우의 게놈 짝님 짝짓기를 통한 주체생명 하늘 품속 다시남의 소생·부활 길, 부르칸이즘不咸信仰(Burqanism), 천주도 신앙길을 열 '골든 키'를 우리 동덕 제위는 이미 저마다 손에 틀어쥐고 있다. 지금이 우리의 황금열쇠를 들어 오랫동안 잠겨온 그 문을 활짝 열어젖힐 바로 그 때다!

주채혁 「朝鮮의 순록유목 起源史 연구 試論」 『한국시베리아학보』 4, 2002, 57~73쪽.
주채혁, 「수운 최제우」, 『해동문학』 2005년 겨울 /통권 52호, 해동문학사, 48~54쪽.
주채혁, 「사학자가 본 수운 최제우」, 『북방민족신문』 제4호, 2005년 8월 15일, 4쪽.

시베리아 겨울기행 21일

"땅 빛깔은 본래 희다!"는 코리족 할아버지
불함(Burqan, 홍류) 동산은
북방 몽골리안이 '태어난 자리이자 돌아갈 모태' 하느님 품!

흙색 땅을 떠나 다시 흙색 땅을 밟기까지 우리는 21일 내내 시베리아·몽골 벌판의 흰색 땅에서 숨쉬고 먹고 자야 했다. 부리아드 코리족 노인이 땅 빛깔은 본래 희다고 했던 말을 실감했다. 필자, 김영우, 윤종현 3명이 탐사대원의 전부였다. 예순 중반을 넘어서 이런 수월치 않은 나그넷길을 구태여 감행한 것은, 한 살이라도 덜 먹어서 15개 성상에 걸친 그간의 현장답사를 재검토하여 현장감을 되살려 채록하자는 생각에서였다. 부연하자면 나름대로 어렵사리 따라나선 노정에서 겨울 설원의 홍류紅柳 띠를 영상자료로 담아올 욕심이었는데, 일명 '조선류'로 불리는 붉은가지 버드나무들이 자라는 물가야말로 바로 불함 동산이었기 때문이다. 그 곳은 북방 몽골리안이 태어나는 자리자 그들이 죽어서 돌아갈 땅으로서, 고주몽의 어머니 버들꽃 엄마柳花와 직결되는 만주의 '보드마마' 굿의 본체다. 말하자면 '모태회귀 신앙'의 신주인 북방 몽골리안의 하느님이다. 부르칸이즘(Burqanism)은 극동 태평양 연안 일대를 모태로 삼는 연어들의 모천회귀母川回歸 본능처럼 유목 몽골리안에게는 불멸의 신앙으로 존속해 왔다. 이것은 제 태반을 떠나 살 수밖에 없는 유목민족에게는 일종의 시온鮮이즘과 같은 것이 아니었을까. 칭기스칸 무덤을 바로 이 부르칸 산에서 찾고 있는 까닭도 여기에 있다.

1992년 몽골 장기답사를 떠날 때는 가친을, 이 답사 때는 스승 서여西餘 선생을 불함 동산으로 회귀시켜 드려야 했다. 조사弔辭를 후배 교수에게 당부하고 떠나면서 바쁜 일정을 재촉했다. 그토록 긴박했던 동계 시베리아 탐색 노정에 즈음하여 두 어른의 영전에 시 한 수를 읊어 올린다.

알 랑 제祭
몽골 여시조 알랑·고아를 그리며

춘삼월
꽃 피고 새 울면
한 아름 진달래 꺾어

아씨 알랑
민무덤 곁에
목놓아
맺힌 세월

핏빛 망울로

토하고 토해
아리수 푸른 자락
불사르리

    인천 영종도 공항을 떠나서 2월 4일 저녁에 처음 도착한 흰 땅은 연
해주의 블라디보스톡이었다. 여행사의 착오로 여권비자에 기재된 날
짜보다 하루 빨리 도착한 터라 불법입국자로 공항에 갇힌 몸이 됐다.
그런데 두어 시간 오락가락하더니 어찌된 셈인지 입국이 허락되어 허
벅지까지 빠지는 눈구덩이 연해주의 흰 땅을 밟았다. 바닷가라 눈이
많이 내리나 싶었다.

불함산 첫 기록, 『산해경』「대황북경」 숙신국조에
믿음의 가족들이 모여 사는 전명수 목사댁은 외진 눈밭에 호젓이 자리
잡고 있었다. 만주에서 성장하여 평생 설원雪原을 잊지 못하고 사노라
던 시인 신동춘 교수가 떠올랐다. 그래서 그녀는 모천회귀에 충실한
연어처럼 북쪽에 마음을 묻는 시인이 되어 망향의 정을 달래고 있는지
도 모르겠다. 그러고 보니 베링 해와 오호츠크 해, 그리고 연해주와 한
반도의 동해안 일원은 연어들이 떼지어 서식한다. 이런 저런 맥락에서
사추기思秋期에 접어들어서야 터득하게 된 깨달음일까. 나는 여기 눈
가운데서 『산해경山海經』「대황북경大荒北經」의 기록으로 처음 등장한
숙진국肅愼國 불함산不咸山에 새삼 몰입하였다. 그런데 막상 찾아나선
설원의 홍류군紅柳群이 좀처럼 눈에 띄지 않았다.
    1937년 까레예츠들이 일본 첩자가 공작한 스탈린의 밀령으로 중앙

아시아를 향해 '죽음의 여로'를 떠났다는 나즈돌로예프 기차역을 거쳐서 그 근방의 김정일 국방위원장의 생가인 병영건물을 목도했는데, 정작 보고 싶었던 순록은 못 보고, 매서운 눈바람 속에서 만난 것은 사철 털색을 바꾼다는 꽃사슴이었다.

순록(Qori)의 주식 이끼(niokq, 선蘚)가 나는 선鮮(sopka)의 조선!

저녁에는 믿음의 가족들에게 필자의 '조선·고려 순록유목민 기원설'에 관한 현지강론을 폈다. 요약하자면 조선은 '아침의 나라'가 아니고 한 번 뜯어먹으면 3년에서 5년이 걸려야 재생하는 순록의 주식인 이끼蘚가 나는 '선鮮'-유라시아대륙 고원 건조지대 몽골리안 루트상의 '작은 산'小山을 따라(=chao : 朝朝) 떠도는 '순록유목민'을 가리키는 유목종족의 이름이며, 고려는 순록 자체를 가리키는 고대 트루크·몽골어 또는 '코리야크'와 '오룬춘' 등 시베리아 원주민어로 유목민족을 가리키는 족명이라는 사실을 밝혔다. 조선·고려의 체취가 짙게 묻어나는 연해주 땅이건만 그간 이 역사를 탐색 복원하려는 노력은 전무하였다. 하긴 1970년대 중반까지만 해도 고구려사 전문가가 단 한 명도 없었던 것이 한국 역사연구의 척박한 현실이 아니었던가.

13억 중국인의 '밥' 문제를 해결할 주인공은
마오의 홍군 혁명전쟁 힘이 아닌,
논벼농사 짓는 만주 흑룡강성의 조선족 농민들의 식량생산력!

우즈베키스탄에서 연해주로 돌아온 교포 가족들로부터 까례예츠의 중앙아시아지역 논벼농사 개척사에 관해 들은 적이 있다. 조선족들이 만주에서 논벼농사를 개척하여 십수억 중국인들의 식량문제를 해결하고

1970년 대흥안령 북부 훌룬부이르 시에서의 손자녀 결혼식 기념사진 | 백재갑白在甲(당시 69세) 씨 집은 1936년 경남 고성군에서 흑룡강성 치치하르로 이주하여 해방 후 귀국을 시도하였으나 전란으로 여의치 않아 이 곳에 눌러앉아 살며 대만주권의 수전농업 개척을 선도한 전형적인 조선족 농가 중 하나다. 그는 1998년 89세로 타계했다.

도 남을 쌀을 생산해 내는 데에 크게 기여한 이야기는 이미 널리 알려진 대로다. 그러니까 반세기가 넘는 사회주의혁명으로도 끝내 해결하지 못했던 중국의 식량문제를 조선족의 논벼농사 개척으로 해결한 셈이다. 심각한 식량난을 겪고 있던 당시의 러시아 당국도 이러한 성과를 내심 크게 기대했던 것은 아닐지. 밭농사에 비해 단위면적당 소출량이 6~8배를 웃도는 것이 논벼농사다. 중국인이나 러시아인이 수많은 아사자를 내고 농민봉기의 쓰라린 체험을 수없이 거듭하면서도 논벼농사를 선뜻 시도하지 못했던 것은 북방족들의 찬물 공포 때문이라고 한다. 지지난해 여름 서울의대 '유전자이식연구소' 팀과 더불어 몽골 셀렝게 강 유역을 답사하면서 그 이유를 비로소 알아차렸다. 한국

찬물 논농사용 옷장비 | 한족 漢族 농민이 바지 같은 고무장화와 긴팔 고무장갑을 착용한 채 모내기를 하고 있다. 알단 강 지류의 에벤 족은 수림 툰드라 찬물을 건너는 데 이것을 착용한다. 성빈 제공

인은 주로 한랭고원 건조지대 시베리아·몽골 벌판을 모태로 게놈이 형성되었으나 한반도로 이주하여 살게 되면서 남방의 논벼농사를 습득한 후 다시 북상하였기 때문에 찬물 공포에 대해 면역을 갖게 되었던 것이다. 답사를 거의 마칠 무렵 귀로에서 대흥안령 북부 훌룬룬부이르 시市의 조선족 성빈成斌 학형으로부터 들은 이야기다. "지금은 조선족이 보다 나은 일자리를 찾아 농촌을 많이 떠나버려서 궁여지책으로 중국인들이 바지처럼 생긴 고무장화를 입고 긴 고무장갑을 낀 채 논벼농사를 대신 짓고 있다."

습기 적은 건조지대 시베리아 겨울 차창은 성에 없이 맑기만……
설산의 달빛 속에 떠오른 소복 입고 피 흘리는 한국의 처녀귀신!
종래 땅에 발을 못 붙인 채로 떠도는 그 섬뜩한 모습

왜 하필 '처녀가 소복을 입고 피를' 흘리나?

새벽 설원의 야전화장실은 정신이 번쩍 들게 했다. 영하 20도가 넘는 이 땅에서나 그 후 영하 30~40도를 오르내리는 바이칼 호 북동쪽 스타노보이 산맥에서나 사정은 한결같았다. 이렇게 2박 3일을 지내고 새벽 3시 45분경 그 악명 높은 나즈돌로예프 기차역에서 플랫폼 반대쪽에서나 탈 수 있는 열차를 007영화 속의 첩보원들처럼 아슬아슬하게 집어타고 긴긴 시베리아 북로北路 기차여행을 떠났다. 뜻밖에도 기차 안은 따뜻했다. 성에가 끼어 밖을 못 보리라던 걱정은 한랭고원 건조지대인 이 곳에서는 기우에 지나지 않았다. 맑디맑은 시베리아 밤하늘의 별들을 헤면서 설원 시베리아의 정취를 만끽했으니 말이다. 시베리아 횡단철로 극북로선에 몸을 싣고 설야雪夜를 뚫고 설야雪野를 달리면서도 난 역시 토박이 한국 사람인가 보다. 창밖의 설산雪山 위에 솟은 달을 보고 우리 처녀귀신을 떠올렸으니 말이다. 소복 입고 피 흘리는 조선 처녀귀신. 종래 땅에 발을 못 붙인 채 떠도는 그 섬뜩한 모습을 보고 있었다. 왜 하필 처녀가 소복을 입고 피를 흘리나? 행여 부모끼리 약조한 혼약으로 예비신부가 되었던 처녀가 혼전에 죽은 예비신랑의 무덤 곁에서 애달프게 통곡하다가 정려문이 필요한 집안 어르신네의 화살을 맞고 죽어 원혼이 된 것은, 이 땅에 끝내 정든 발을 못 붙이고 떠도는 비정한 우리 공동체의 어느 시기 자화상의 투영은 아닐까? 밤새 몸을 뒤척이며 흰 허공을 응시하곤 하다가 새벽을 맞았다. 그런대로 일어나 "끼비똑 다잇쩨"라는 말 한 마디로 뜨거운 물에 컵라면도 익혀 먹고 커피도 마실 수 있었다. 차와 사람이 다닐 수 있도록 길 위의 눈이 말끔히 치워져 있는 것을 보고 감탄사를 연발했다. 제설 장비며 교통질서의식이 중국 만주지역과는 너무나 큰 차이가 있었다. 집안 단장만 해도 다 같은 혹한 상태지만 슬라브인들의 세련된 심미안은 중국인에 비해 그렇게 돋보일 수가 없었다. 역사 배경이라는 것이 집단이든 개체든 삶의 현장을 놀라울 정도로 휘감고 있다는 사실을 새삼 실감했다.

칼날이란 뜻의 '제야' 강은 몽골 겨레와 한민족의 분기점!
슬라브의 현지 점령사와 볼셰비키 혁명사 일변도의 박물관 전시실,
원주민 스키토·시베리안의 숨결은 스러져!

하바로브스크 역을 지나 달려오다가 대흥안령 북부처럼 중국 냄새가 풍기는 벨라고르스크 역에서 꺾어 들어가, 제야 강과 아무르 강이 만나는 블라고베르센스크에서 내려 정완교 목사댁에 짐을 풀었다. 뒷날 안 일이지만 제야 강을 따라 내려오는 길은 눈 강을 타고 치치하르와 하르빈에 이르는 주요 무역로였다. 하르빈의 가장 유서 깊은 쥴친秋林 백화점은 바로 제야 강 상류에서 금광으로 크게 성공한 쥴친이 세운 백화점이었다. 수맥水脈으로 보아 이끼蘚라는 주식을 따라 유목하는 순록유목민족의 이동로 또한 주로 이 길을 따라 개척되었을 것 같다. 2월 7일 밤을 여기서 보내고 8일에는 박물관에 들렀으나 사회주의국가들이 으레 그렇듯 러시아의 점령과 그 후의 개발, 볼셰비키 혁명과 그 업적을 위주로 한 유물이 전시되었을 뿐 '에웽키,' '오룬춘' 또는 '다구르' 등의 원주민사 분야는 허술했다. 제야 강의 '제야'가 에웽키어로 '칼날'이라는 뜻임을 안 것이 큰 성과라 하겠다. 여기서 계속 동진하느냐, 아

니면 남하해서 눈 강으로 내려가거나 훌룬부이르 몽골 스텝으로 나아
가느냐에 따라 집단 미래의 운명은 크게 갈린다. 여기가 바로 그 분기
점이었다는 구비전승을 그간 원주민들에게서 십수 년간 귀가 닳도록
들어왔다.

스키토·시베리안 예족의 물결 타고 들어온 견우와 직녀 전설인가?
바이칼 호에서는 '앙가라'라는 처녀와 '예니세이'라는 총각이 갈린 슬픈
전설을 들었는데 제야 강이나 아무르 강에서도 강 이름과 관련되는 에
윙키류의 전설이 전해지고 있다. 견우와 직녀 이야기와도 맥이 닿을지
모른다는 생각이 들었다. 원래 에르구네 강을 이어 대흥안령 북단에서
제야 강 어구까지만이 아무르 강이었는데, 1651년 네르친스크 조약으
로 러·청 국경이 정해지면서 아무르 강 이름이 태평양 오호츠크 해까
지 연결되었다. 애당초에는 지금의 제야 강 이동以東에서 태평양까지
의 강 이름이 제야 강이었다고 한다.

칭기스칸이 마시고 자란 흑룡강 원류 헤를렌 강물에 종이배 접어 띄우면,
흑룡강 타고 한국 동남해안에!
동부 시베리아를 남북으로 가르는
장대한 외흥안령 '야블로노비·스타노보이' 산맥의 3만 7천여 지류,
대·소 흥안령의 눈 강과 백두산의 송화강이 흘러드는 흑룡강물이
오호츠크해 → 연해주 → 강릉 → 삼척으로!
바이칼 호수 서북부에서 태평양 오호츠크 해에 이르는 장대한 스타노
보이 산맥과 바이칼 호수와 대흥안령을 가르며 남북으로 뻗은 야블로
노비 산맥 이동의 물만이 제야 강을 통해 시베리아에서 태평양으로 흘

러들 따름이고, 나머지는 북극해로 흘러간다. 이 지대는 거북이가 살수 없을 정도로 물이 차다. 양도 이 추위를 견디지 못할 뿐만 아니라시베리아 호랑이도 추워서 살지 못한다. 스타노보이 산맥에서 무려 3만 7천여 개의 지류가 제야 강, 아무르黑龍 강으로 흘러들고 눈 강과송화강 물도 북류하여 이와 합류하여 동해바다에 이른다. 칭기스칸이마시고 자란 헤를렌 강물도 물론 여기에 동참하여 흐른다. 그러니까거기서 종이배를 만들어 띄우면 동해안 속초와 강릉이나 삼척에 도달할 수 있다는 말이 된다. 여기서는 거북이가 살 수 있다. 호랑이도 그러하다. 이 지대는 비옥한 만주나 드넓은 몽골 스텝과 연결되는 훌룬부이르 호수권을 중심으로 흉노, 부여와 조선 이래의 모든 동북아 고대 유목제국의 자궁이 될 만큼 유라시아 유목제국사의 핵심인 요지다.

**물이 동해로 흘러드는 흑룡강권 '훌룬부이르 몽골 스텝'은
흉노, 부여, 고구려, 조선, 투르크, 몽골과 만주 등
모든 북방 유목제국 창출의 자궁!
물이 황해로 흘러드는 요하권과는 차별화해서 보아야**

대흥안령 남부에서 황해로 흘러드는 요하권遼河圈은 물론 이와 크게 다르다. 이런 역사창조의 생태무대를 읽지 못하고 서술된 이 지역의 역사는 당연히 공허할 수밖에 없다. 물론 허구도 많게 마련이다. '복음전파'라는 뜻을 갖는 블라가베르센스크에서 들은 얘기인데, 권영순 교수가 김대중 전 대통령과 함께 풍부한 수량을 지닌 제야 강 댐발전소의 전기를 북한으로 끌어들여 부족한 전력문제를 해결해 주려고 시도했단다. 이쯤에서 러시아·북한·남한을 엮는 외교적 발상이 주목할

만하다. 초대 주몽골 한국대사 시절에 몽골의 상용문자를 한글로 바꾸려는 '한글의 몽골국자화' 운동을 맹렬히 벌였던 권 교수의 모습이 새삼 떠오른다.

2월 7일에는 제야 강을 따라 북상하여 '봄나크' '에윙키' 부락으로 들어갔다. 뒤에 내가 '작은 칭기스칸'이라는 별명을 붙여준 박슬라바(박영광, 1955년생, 우즈베키스탄에서 귀환)라는 고려인 교포가 통역으로 따라나섰다. 그는 의외로 매우 학구적이었다. 기차에서 음력 설날 전야를 지새웠는데 봄나크는 영하 38도라고 해서 바싹 긴장을 했다. 영하 36도에서까지는 살아보았지만 그 위로 북상해서 영하 40도에 도전하는 것은 처음이었기 때문이다. 내 나이 60 중반인데 살아 돌아갈 수 있을까 하는 생각이 스칠 정도로 바싹 긴장하였다. 급격한 노령화시대의 도래와 국내의 무차별 노령연구인력의 소외 풍토에 도전하여 떠나온 겨울 시베리아 답사기는 하지만 말이다. 치매에 걸리지 않으려고 고스톱을 치는 노년기를 누릴 만큼 한가로운 시간을 지낼 수는 결코 없을 터, 하여 나름대로 필자는 자신의 연구분야에 치열하게 덤벼들었다. 386세대의 운동권 지도교수로 낙인 찍혀 그동안 감내해야 했던 해직생활의 쓰라림도 아랑곳 없이 오로지 내 전공분야에만 깊숙이 몰입하여 이젠 그 열매가 나름대로 익어 가고 있다는 확신이 서서히 굳혀지고 있다.

여러 민족들의 키와 나란히 전시된,
가죽끈으로 기워쓴 사금砂金 이는 '제야 박물관'의 한국 키가
눈물겹도록 다정하게 우릴 마중하고…!

이 낙후된 시베리아 오지에서 한국지명이 찍힌 한글간판을 단 러시아인의 버스를 탄다. 동토의 매서운 추위 속에서 얼마나 포근하게 느껴지던지……. 제야 시에서 하차했는데, 추위는 견딜 만했다. 하루 밤낮을 시골 호텔방에 투숙하고 제야 박물관을 관람하였다. 금광으로 거부가 된 츄린을 기념하는 박물관 같은 인상을 받았다. 사금을 이는 밋밋한 'ㄱ'자 모양의 여러 종족들의 키가 나란히 진열되어 있었다. 가죽끈으로 기운 자국이 남아 있는 고려인 금광노동자의 키가 아주 다정스럽게 우리를 맞아주었다. 삼국시대의 여러 동종銅鐘의 비천문飛天紋을 탁본하여 한·중·일의 그것과 대비해서 보여주시던 홍이섭 은사님의 연구실이 떠올랐다. 뚜렷한 차이를 보이며 각각의 개성을 선명하게 드러낸 선인들의 기량과 1970년대 한국 브랜드의 그것이 왜 그리 달라야 하는지의 물음을 눈빛으로 들려주셨던 것 같다. 그 무렵 고려인은 과연 여기까지 진출했단 말인가. 사실 이 지역 산야는 한국의 그것을 무던히도 닮았다.

광활한 제야 댐 빙원에서 '한국판 칭기스칸 영화' 한 편 찍어보자!

2월 10일 제야 댐의 빙판을 4시간 반쯤 달렸을까. 눈덮인 아늑한 봄나크 에윙키 부락에 당도했다. 제야 강의 파도가 극심했음인지 물이 치솟은 채 얼어붙어서 차로 달리면서 아찔한 순간을 여러 번 경험하였다. "시야가 광활하게 트인 이 빙원에서 언젠가는 그의 종족의 기원까지 추적해 내는 한국판 칭기스칸 영화를 한 편 찍어보자"고 '작은 칭기스칸' 박슬라바에게 속삭였다. 봄나크 에윙키 마을에서는 처녀 같아 보이는 26세의 애엄마 '와라와라'가 우리를 안내했다. 할머니가 '희순이'

라는 고려여인이라고 했다. 에웽키 남편과 사는 60대 고려 여인도 만났다.

투바의 오랑캐족 목민 할아버지가 날 보고 동포라며
산 양을 한 마리 선물로 주고 양고기와 술을 극진히 대접하더니,
에웽키인들은 "지금 한국에도 에웽키족이 살고 있다!"고 강변한다.
시베리아 원주민, 아메리카 인디오와 조선겨레는
유목민의 이목移牧을 닮은 이농移農 화전농법으로도 농사짓는다.

이들은 하나같이 한국에도 에웽키인들이 살고 있다고 말한다. 2003년 여름 셀렝게 강 유역을 답사할 때 '투바' 출신 '오량하이' 양치기 할아버지가 자기네들 동포라고 하면서 나에게 술과 음식을 극진히 권하고 양까지 한 마리 산 채로 선물해준 기억이 새롭다. 혈연관계야 DNA 비교분석을 해봐야 알겠지만 이들이 모두 적어도 '순록 유목초지에 사는 사람'이거나 '순록유목민'이라는 뜻에서는 생업태반상의 동포임에 틀림없다. 여기서 더 멀리 북극해 쪽으로 올라가서도 에웽키 순록유목민이 살고 있다. 그런데 그들이 이따금 모피류를 가지고 밀가루나 생활필수품과 교환하러 이 곳에 들른다고 했다. 한때는 낙타를 탄 대상이 육로를 통해 치타 쪽으로 오가기도 했다고 한다. 이 동네 에웽키들 가운데는 러시아 보드카를 마시고 폐인처럼 사는 자도 있다. 슬라브인들의 식민지 경영사가 낳은 비극적인 결과일까. 꼭 앵글로색슨 치하의 에스키모 동포들을 만나는 느낌이다. 유목민이 이목移牧을 하듯이 아메리카 인디오나 시베리아 원주민들도 조선겨레처럼 이농移農이라 할 화전농법을 생업으로 삼기도 한다.

소산 sopka와 대산 gora가 공존하는 스키토 · 시베리안 역사무대 시베리아 벌판!
2월 11일 북 바이칼 · 아무르 일대를 달리는 BAM 노선 열차에 몸을 실
었다. 띈다 역에서 차를 갈아타는데 요 며칠간 이 곳 기온이 영하 40도
를 오르내렸다고 한다. 이 노선과 TSR(시베리아 횡단철도)이 만나는
타이세트 역을 향해 달린다. 설원의 홍류군을 스치며 달린다. 러시아
인들은 장백산맥 같은 험한 산을 큰 산大山(□□□□)이라 부르고 한랭고원
건조지대의 밋밋한 산을 작은 산小山(сопка, 선鮮)이라고 부른다는 말
을 듣고 놀랐다. '작은 산=선鮮'에서는 순록의 주식인 선鮮이 자란다.
러시아인들 또한 이 아담한 순록을 시베리아 원주민어를 차용하여 '셰
베르니 알리엔'(북쪽 순록)이라고 부르고 있다는 사실이 떠올랐기 때
문이다. 북위 56도다. 까막까치조차 살기 어려운 광활한 한랭고원 건
조지대. 며칠을 달려도 달러를 환전할 환전소가 없다. 당혹감마저
든다.

값비싼 한국라면이 휩쓰는 베이징, 울란바아타르, 모스크바와 시베리아 맛시장!
타이셋트 시장에 이르러서야 겨우 조선족 교포상인의 도움을 빌어 시
장에서 환전을 할 수 있었다. 그제서야 열차를 갈아타고 이르쿠츠크로
향했다. 베이징과 울란바아타르, 그리고 모스크바의 맛시장을 사로잡
고 있는 값비싼 한국라면을 우리는 대수롭지 않게 끓여먹고 다녔다.
지난해까지만 해도 도시락라면이 시베리아 시골과 도시를 사로잡더니
이제는 다시 농심라면이 앞지르고 있다. 가스가 든 병의 물이 건강에
는 좋다는데 갈증이 가시지 않는다. 보통 물을 사마시거나 끓는 물을
식혀 마셨더니 그런 대로 버틸 만했다.

경쟁력의 핵심은 속도!
'생명과 생명'이 호흡을 맞추며 내는 목업牧業사회 유목민의 속도와
'생명과 기계'가 호흡을 맞추며 내는 산업사회 도시인의 속도는,
속도속 인간의 만남관계 감격도가 아주 크게 차별화된다.
본질적인 '생명소외' 문제를 깨달아보는 '슬기눈'을 뜨게 한다!

2월 13일 타이셋트 역에 도착하기 직전 오른쪽 윗입술이 부르텄다. 열흘간 혹한 속에서 강행군을 한 탓인 듯하다. 면도도 못하여 수염을 기른 채 정 목사가 선물한 앞차양 달린 가죽모자를 쓰고 바이칼 호 권역의 이르쿠츠크에 입성하였다. 고국을 떠나서야 고국이 보인다더니 고국에서의 나 자신이 잘 읽힌다. 시베리아 설원에서 '나'를 바라볼 때 맑고 고요한 물에 비친 내 모습을 보듯 보다 차분하게 나 자신을 관조하게 된다. 새 생태이자 게놈 태반 생태에 들면서 몸 안의 미생물체계가 대폭 격변을 일으키고 이에 상응하여 호르몬 분비도 급변했을 터고 보면, 다른 시각과 시력으로 달라진 내가 들여다보는 나는 다를 수밖에 없다. 국내에서 수십 년간 사제師弟나 선후배 동료들과의 만남에서는 체험할 수 없었던 감격과 감동을 후진 시베리아 원주민들과의 만남, 하루 또는 몇 시간 사이에 흠뻑 느낄 수 있었던 것은 어인 일인가. 사람은 생업상 만나는 대상과 더불어 거듭나게 마련이라는데, 오늘날 한국인이 주로 만나며 숨쉬는 TV, 자동차, 컴퓨터 등은 체온과 체취를 가진 살아 숨쉬는 생명체가 아니다. 스스로 생명을 소외시킨, 그래서 궁극적으로는 자신의 본질인 생명성을 소외시킨 자기소외의 극치에서 기계처럼 숨쉬던 현대적 한국인의 모델인 '나'의 실체. 그 내가 지금 시베리아에 와서 짐승들이나 수목들과 호흡을 맞추며 살아가는 원주민

들을 만남으로써 더불어 숨쉬며 제 생명의 본질적 숨결을 소생시키고 있는 것이다.

**'만남과 발병', '만남과 치유'가 극적으로 대비되는 두 차원의 사회
어느 쪽이 본질적인 에코파라다이스 부르칸 동산인가?**

한국에서는 '만남과 발병' 쪽이 보다 많았고 시베리아에서는 '만남과 치유' 쪽이 월등 많았다면, 과연 어느 쪽이 내 생명의 진정한 에코파라다이스일 것인가. 어디가 내 삶의 부르칸不咸 동산이란 말인가. 가소로운 지성적 오만과 독선에 젖어 있던 내가 이제는 한없이 부끄러워진다. 시베리아 사제인 샤먼처럼 저마다 제 '맞춤천국'의 하늘 외동딸과 외아들로 거듭날 기도굿판을 벌이고 있을지 모를 이들은, 백인들의 화장술을 배우는 데 안간힘 쓰는 일 없이 '생긴(genome) 그대로' 자랑스럽게 활기차게 살아간다. 칭기스칸 몽골이 슬라브를 수백 년 지배해 온 역사의 맥박이 그들 속에서 뛰고 있어서인지도 모른다.

울란우데 광장에 「단장군檀將軍 남하비」라니!

이르쿠츠크에서는 고려인 유용창 학형네 여관에 유숙했다. 2001년에 지금은 고인이 된 현지의 한국인 전태송 노인이 「단 장군 남하비」가 울란우데 광장에 있다고 하여 정대원 의사와 우중의 울란우데를 언어 소통도 잘 안되는 어려움을 무릅쓰고 무던히도 헤매던 추억이 서린 집이다. 뻔한 거짓말인 줄 짐작하면서 허우적거릴 만큼 우리는 뭔가에 몹시 목말라하고 있었던 것이다. 모진 심신의 고난과 영혼의 허기짐 때문에 빚어질 수 있는 헛것을 볼 위험성을 우리 스스로 경계해야 했다.

부르칸 중의 부르칸이 임재하시는 '코리족 시조' 탄생지,
올콘섬 '부르칸 바위' 지성소!

2월 15일엔 왕복 12시간까지 합쳐 무려 15시간 동안 올콘 섬 부르칸 바위를 답사했다. 얼어붙은 호수 위를 달려 겨울 부르칸 바위를 보며 사방에서 마음껏 셔터를 눌러댔다. 바다 같은 바이칼 호수 가운데 떠 있는 가장 큰 섬인데도 시베리아 벌판의 건조한 바람 때문에 대부분이 스텝일 수밖에 없는 올콘 섬의 명칭은 '작은 타이가'라는 뜻을 담고 있다. 부르칸 바위에 천제天祭를 지내던 동굴이 있었다는 것은 전설일 뿐이고 더는 찾을 수 없는데 이 신령스러운 코리족의 조상 제사터 바위를 지키는 새 이름이 '올랴(оля)'라는 사실을 알게 된 것은 이번 답사의 수확 중 하나였다. 부리아드의 '부리'를 '산'이라고 주장한 말띠 동갑내기 올콘 섬 부르칸 박물관 여자관장의 견해도 흥미롭다. 동쪽 건너편에는 코리족의 처족妻族인 바루구진족이 사는 바르구진 섬이 있다. 전선 가설공사가 한창이었다. 낙후한 이 올콘 섬에 전기가 들어오게 된 모양이었다. 세계 몽골리안 센터 '부르칸 파크' 홍류공원도 어서 들어서면 좋으련만……. 지난 해 2월 초 성무용 천안시장님께 그 조성을 이메일로 건의한 바 있던 한반도 천안삼거리의 '홍류공원'과 짝을 이루는 세계 '몽골리안 천안天安 제단'이 이 땅에 어서 이룩되었으면 한다.

치타의 꾸란족은 키타이, 치단은 '거란', 모돈은 묵특,
순록유목민 축치는 자오지, 치우로 읽는 스키토·시베리안 코리안이,
왜 몽골만은 주원장 식으로 몽고라고 읽나?
조선조 몽골어사전 『몽어류해』에는 몽고를 몽골 현지에서 '몽골'로 읽는다고
한글 토를 분명히 단 사실은 한글학자들은 아는지!

한겨울의 바이칼 호 올콘 섬 부르칸 不咸 바위 │ 코리족 시조의 전설지로 호수 빙판 쪽에서 촬영

감호 鑑湖 │ 강원도 고성군 금강산 진입로(민통선 내)에 위치한다. 최낙민 작가 제공

2월 18일 그간 시베리아 기차여행에서 내내 묻어났던 개털을 털며 치타 역에 도착했다. 그 동안 느껴보지 못한 매서운 추위를 도리어 바이칼 남쪽에 와서 체험했다. 오랜 군사도시인 치타의 박물관도 원주민사가 증발한 전시장이다. 계단契丹을 '거란'이라고 발음하는 우리만의 명칭 사용 관행이 이 곳 원주민인 꾸란(Kypaн)에서 유래했으리라는 가설을 세워본 것이 유일한 소득이었다. 우리는 치타의 '꾸란'족을 키타이나 계단·치단契丹이 아닌 거란이라고 읽고 모돈冒頓을 묵특이라 읽으며 순록유목민인 축치를 자오지, 치우蚩尤라고 읽는 스키토·시베리안 코리안이다, 그런데 왜 몽골만은 주원장 식으로 '몽고'로 읽는 것인가? 조선조 몽골어사전『몽어류해』에도 '蒙古'에 대해 몽골 현지에서는 '몽골'이라고 읽는다고 한글토를 분명히 달아두었다는 사실을 한글학자들은 아는지 모르겠다고 중얼대며 혹한 속 치타 시내의 빙판길을 걸었다(『몽어류해』하 28「국호國號」'몽골'). 치타에서 만주리에 이르는 러시아열차는 최고급에 속했다. 중국에 대한 러시아의 자기과시인 듯하다. 만주리의 두 나라 관문을 살을 에는 듯한 추위 속에서 무려 8시간에 걸쳐 통관수속을 밟고 통과했다. 그 사이 그 비능률과 담당 관리들의 횡포를 모두 감내해야 했다. 또 한 가지, 필자를 당혹스럽게 만든 것은 여기를 빠져나오면서 단원 일행들이 아예 필자가 으레 모든 것을 다 해결해주리라 기대한다는 점이었다. 사실 매번 그랬다.

훌룬부이르 몽골 스텝, 순록유목민 기원 조선·고구려를 처음 소개!
아마도 필자가 훌룬부이르 순록유목민을 처음으로 조선·고(구)려와 역사적으로 접목시켜 소개한 탓이 아닌가 싶었다. 그들은 그 속에 36

개 원주민과 한족漢族이 동거하고 있다는 사실, 그 넓은 지역에 흩어져 사는 그들은 설사 동족이라 해도 서로 다른 사투리를 쓴다는 사실을 전혀 이해하지 못하였다. 대다수를 점하는 한족도 말이 현지 한족이지 거의 다 최근 산동성에서 이주해온 산동사투리를 쓰는 중국인이라는 사실을 거기에서 살아보지 않은 이들이 알 턱이 없다. 물론 현지답사 과정에서 이런 오해는 차츰 해소되기는 하였다.

**새 세대 한류스타 덕분에 훌룬부이르 몽골 스텝 후진 본향에서까지
덩달아 우쭐해진 '나'!**

만주리 호텔에서 하루를 묵었다. 불과 5~6년 전인 1999년도만 해도 여권을 제시하고 집에서 송금해온 돈을 찾으려 하면 한국인은 처음 본다면서 거절하는 웃지 못할 경우를 종종 당하곤 했다. 그런데 요즘은 엘리베이터 걸에게 "꼭 한국 처녀처럼 생겼다"고 하면 그렇게 좋아할 수가 없다. 시내를 걸으며 사람들을 만나보고서야 그것이 그간 한류열풍이 만들어낸 기적임을 실감하였다. 이 후진 땅 끝까지 한국 드라마 열풍이 몰아치고, 한국 여가수가 유명 음료수병 광고 모델로 등장하고 있다. 이 무서운 한국 '소프트'의 파급을 중국 인민해방군이 얼마나 더 막아낼 수 있을까! 칭기스칸의 넷째 칸비인 훌란 공주는 전설적인 미모의 솔롱고스 여인이다. 그녀와 칭기스칸이 첫날밤을 보낸 '헤름투' 유적이 만주리에서 하일라르로 가는 길목에 자리잡고 있어서 둘러보았다. 눈덮인 빙판길을 달리다가 하일라르 강 속에 수장될 뻔한 아슬아슬한 위기를 넘기며 매서운 훌룬부이르 몽골 스텝의 한파 속에서 가까스로 성터와 홍류 '오보' 등을 촬영하였다.

화산석을 바쉬 만든 벽돌로 지은 고구려식 '벽온돌집'에서
영하 36도의 강추위를 이기며 따뜻하게 숙면한,
훌룬부이르 본향 밤의 훈훈하고 정겨운 추억

이 날 밤은 그간 시베리아의 강추위에 떨었던 몸을 모처럼 고향집 아랫목 같은 훈훈하고 따끈한 방에 누이고 깊은 잠을 이룰 수 있었다. 고구려식이라는 벽온돌집 덕분이었다. 벽에까지 온돌이 들어가 있었다. 그러니까 맨 위층을 뺀 사면의 벽은 물론이고 천정과 바닥까지 온돌을 놓은 셈이다. 영하 36도까지 내려가는 강추위 속에서도 방안에서는 속옷 바람으로 지낼 수 있었던 1999년 겨울 훌룬부이르 몽골 스텝 하일라르 시의 겨우살이 경험은 새롭기만 하다. 몽골국 수도 울란바아타르와 중국 내몽골자치구 훌룬부이르는 같은 북위 45~50도 사이에 자리하고 있지만 후자가 전자보다 조금 더 높고 그만큼 더 춥다. 그런데도 내가 보낸 1992년 울란바아타르의 겨우살이는 무척이나 추웠다. 이 때는 치안과 전기 때문에 미국 대사관직원들이 사는 최고급 아파트에 세들어 살고 있었는데도 강추위가 몰아닥칠 때는 방안에서 모든 옷들을 다 껴입고도 벌벌 떨며 지냈다. 고구려식 벽온돌이 없어서였다. 대흥안령 지대는 온통 화산지대라 화산석을 바쉬 만든 값싼 벽돌로 집을 짓고 거기에 '벽온돌'을 놓으면 통풍과 보온이 다 잘돼 금상첨화란다. 건설업에는 완전 문외한한 필자가 언젠가 시베리아·몽골 지역에 이 고구려식 벽온돌집을 짓는 일에 손을 대보려 한다면 무모한 도전이겠지만, 그래도 분명 야심찬 계획이리라는 생각은 든다. 시베리아·몽골 여행의 하일라이트는 사실 두려우리만큼 장엄한 설원雪原이 펼쳐지는 겨울답사인데, 매서운 강추위를 이기기 힘들기 때문이다.

서북단 비파형 동검의 분포권 훌룬부이르 몽골 스텝!
그런데 왜 하필 굳이 동검을 비파형이라고만 했나?
수달임금 단군의 조선이라면 당연히 '수달형 동검'이라고 해야!

2월 21일에는 자고 일어나자마자 성빈 학형과 함께 일찍 훌룬부이르
시 민족박물관 조월趙越 관장을 찾았다. 이 곳 '이민' 하반河畔이 비파형
동검 분포지의 서북단이어서다. 그러나 민족박물관이 어마어마하게
큰 맹청盟廳 건물을 인수받고 그 언저리의 인민공원을 '칭기스칸 공원'
으로 최근 개조하여 개장하면서, 2008년 베이징 올림픽에서 베이징의
세계중심제국 수도 브랜드를 부각시키려는 대대적인 프로젝트 덕분에
현지 유물을 직접 촬영하려던 우리의 시도는 수포로 돌아가고 말았다.
결국 컬러 사진을 떼어낸 사진첩의 빈 공간과 논문집의 흑백사진을 확
인하는 것으로 만족해야 했다. 그런데 비파형 동검이라는 이름은 언제
누가 왜 지어준 것일까? 필자가 보기에는 설사 비파 모양으로 생겨서
그런 이름을 붙이게 되었다고 하더라도 그런 이름짓기는 고대 조선동
검의 본질을 흐리는 역사왜곡이 될 수 있다. 뿔잔角杯을 아무 역사적
근거도 없이 끈 떨어진 연처럼 돌연 '팽이형 잔'이라고 한 것처럼 말이
다. 조선이 순록유목에서 기원한 겨레 이름이라면 이 동검은 저습지
숫수달인 예(Buir)를 기념해서 만든 의식용 검이었음에 틀림 없다. 그
렇다면 차라리 '수달형 동검'이라고 불러야 하지 않을까. 무릇 남방형
은 윗눈꺼풀이 쌍꺼풀인 데 비해, 북방형은 홑꺼풀이라고 속단을 내린
것은 조사필드가 아직 페르시아 고원에 미치지 못했을 적의 연구보고
였다. 이제 수달과 수달사냥꾼의 역사를 조선 태반사에서 분명히 확인
한 이상, '비파형 동검'은 조선사라는 역사적 배경이 담긴 '수달형 동검'

으로 바로잡아야 할 것이다. 실은 수달형 동검의 희미한 흔적들은 훌룬부이르 민족박물관에서뿐만 아니라 고르노알타이 박물관에서도 찾아볼 수 있었다. 수달이 서식하고 수달사냥꾼인 조선족·소욘족鮮族이 살았던 땅에서는 어디서나 확인의 가능성이 열려 있다고 할 것이다.

고인돌은 비가 많이 내리는 저습지대에,
뚜껑돌이 없는 석판묘는 한랭고원 건조지대에,
그리고 돌문화는 스텝이든 바다든 바람센 개활지에!

차를 나누며 우리들의 이야기는 끝없이 이어졌다. 조선과 관계되는 고인돌 유적만 해도 그렇다. 고원 건조지대에서는 석판石板은 사방에 세워도 뚜껑돌은 얹지 않는다. 비가 많이 오지 않기 때문에 우산이 별로 필요가 없어서인가? 그리고 석인상을 비롯한 각종 돌문화는 바람이 센 개활지에, 그것이 스텝이든 바다든 어디서나 발달할 수 있는 것이 아닐까? 꼭 현지답사를 하고 유적발굴을 하나하나 해서 분포도를 그리며 온 곳을 헤매고 다녀야 직성이 풀리는 연구분야일 필요는 없을 것이다. 드넓게 두루 살피고 비교·분석하다 보면 저절로 풀릴 문제일 수 있고, 그 유무로 국경이나 영향권을 설정하며 역사적 상호 단절 같은 것을 강변하는 일 또한 부질없는 짓일 수 있다.

개장국 문화는 수렵·유목에서 농경화하며 변화된 식생활 관행!
생업반려로서의 필요성 줄고 유목태반 민족이어서 육식관행이 상존한 터에,
번식력 강한 개의 고기가 농경지대 고기의 한 주요 공급원이 되어주다

점심은 개장국으로 했다. 중국의 핵우산 아래여서인지 만주·내몽골 지역은 '조선개장국에 연변냉면'이 판을 치는 '개장국 보신탕 천국'임에

바이칼 호반 똔따 마을 조상들의 공동묘지. **부르칸不咸 동산** | 뒤로 붉은가지 버드나무 떼가 보인다.

도 끄떡이 없다. 조선족 요리사를 고용한 중국인 개장국집도 아주 많다. 서울에 양식당이 많은 걸 생각해 본다면 당연한 일이다. 최근 들어 구미문화권에서 문제로 삼고 있는 한국인의 개고기를 먹는 식습관도, 실은 수렵·유목생업권에서 농업생업권으로 들어오며 생겨난 변화된 식생활 관행의 하나일 뿐이라 할 수 있다. 수렵·유목생업권에서는 개가 침입자를 막아주고 수렵과 유목생산을 돕는 긴요한 생존의 반려지만, 그 수렵·유목민이 농경화하게 되면 그러한 생존과 생업상의 중요한 비중은 줄어들게 마련이다. 그러나 수렵·유목생업권에서 길든 육식 관행 때문에 그들은 농경화한 후에도 고기가 필요했는데, 그 공급원은 번식력 강한 개들에게 구하게 되었을 것이다. 예컨대, 『구당서舊

218

唐書』권199하, 열전 제149하 북적北狄조에 "실위자室韋者 …… 축의견시畜宜犬豕 …… 환양이담지豢養而啖之"라고 기록되어 있어, 몽골의 선조 유목민인 실위족도 농경화된 남실위인은 개고기를 먹었음을 알 수 있다. 우리는 식사를 하면서 1999년 8월 중순 대흥안령 답사 때 내몽골 대학 몽골사학과 장구화張久和 교수와 나눈 이런 이야기를 새삼 되새겨보았다.

예수성화를 장식한 버들강아지, 부르칸 스키토·시베리안 전통신앙!

2월 21일 오후, 대흥안령을 막 넘으며 '복드'라는 땅에 있는 붉은 버드나무 떼 촬영에 나섰다. 이 나무 떼는 2000년 봄 이 곳의 조선족 성빈 학형(68세)과 함께 보아둔 것이었다. 그런데 차가 혹한 속의 대흥안령을 넘으려는 순간 타이어에 바람이 빠지는 바람에 중도에 되돌아오고 말았다. "이래서 이끼밭에 당라숭(풀뿌리 흙뭉치)이 있는 툰드라에 진입하는 탐사대원들은 장갑차인 탱크를 사용하는구나!"라고 실감하게 되었지만, 어쨌든 이 겨울 시베리아 답사의 궁극적인 진수라 할 핵심 작업을 수행하지 못해 그 허탈감은 이루 말할 수가 없었다. 우리는 그래도 연해주에서 하르빈 곤륜호텔 마지막 밤까지 줄곧 이 홍류에 미쳐 있었다. 우리는 바이칼 호반 딸쯔(Талцы : таля вода=녹은 물) 박물관 러시아정교회 벽의 이콘(성화)을 장식한 버들강아지 사진을 끝내 품에 품고 다녔다. 붉은버들 토박이 하나님과 하나님의 독생자 예수의 역사적 결합을 상징하는 마스코트여서다. 그래서 결국 3월에는 현지의 성빈 학형이 이 지역 면도하반免度河畔의 홍류군을 촬영해서 우송해 주었다. 도대체 우리에게 '붉은가지 버드나무' 즉 부르칸不咸이 무엇이기에!

만주의 보드마마 굿, 붉은가지 버들 어머니 모태회귀 신앙!

버들강아지 단장 이콘聖畵 | 바이칼 호반 딸찌 야외 박물관 전시실. 사진자료가 부실하여 후에 강정주 화가의 포토샵 합성으로 대신한다.

주몽의 어머니 유화 성모를 추모하는 '붉은가지 버들' 어머니 모태회귀신앙인 만주의 '보드마마柳花聖母' 굿은 이제 툰드라-타이가-스텝- 삼면이 바다인 한반도와 제주섬을 두루 오가며, 샤먼을 교류 호환하면서 그 맥락을 밝혀내야 할 것 같다.

1500년 전 앵글로색슨의 조상굿을 아메리카 대륙에서만 행한 것이 허구였듯이, 유목태반 기원을 갖는 우리가 조상굿을 유목지역이 아닌 한반도에서만 행한다는 것은 사실 넌센스다. 우리의 조상굿은 스텝제국이나 해양제국의 개방공간과 무한 경쟁, 조직된 소수의 무서운 기동력을 소외시키고는 도저히 파악해 낼 수 없는 역사적 실체이기 때문이다. 우주공간으로 멀리 갈수록 역사시간으로 깊이 파내려갈수록 생명의 율동이 조율되는 시대권에 우리는 이미 깊숙이 들어와 있질 않는가. 그래서 툰드라 순록유목민 기원의 동북아 여러 민족들이 동토의 설원을 상기시키는 소설 『설국』이나 드라마 「겨울연가」에 그토록 열광하는 것이 아니었던가. 유목몽골리안의 게놈에는 우리가 원하든 원하지 않든 세계화시대의 세계제국을 내다보는 설계가 이미 내재되어 있음을 하루라도 빨리 자각해야만 이 지구마을시대에 제대로 숨을 쉴 수 있게 된다. 제 장단에 제 숨결로 춤추며, 제 나름대로 모두와 화동하며 살아낼 수 있다.

220

현지에서 조선겨레인 내가 된장국물을 갈급하게 빨듯이,
우리 안의 순록은 '선鮮의 선蘚'을 미친 듯이 맛있게 골라 먹다!

그런데 2월 24일 하르빈 공항을 통해 귀국하기 이틀 전인 22일 화요일 오후 1시, 손님이 없어서 문을 닫은 훌룬부이르 시의 서산공원 동물원에서 21일에 걸친 겨울 시베리아 답사의 대미大尾가 연출되었다. 이번 기록영상의 정상 앵글이 잡혔으니, 월담을 하던 우리 일행이 구름다리를 넘다가 빙판에서 엉덩방아를 찧었는데 이번 답사기간 중 내가 처음 넘어진 것이다. 이 모든 소동은 우리 안에서 사육 시험중이던 한 쌍의 순록을 만나기 위해 벌어진 일이었다. 어쨌든 이렇게 해서 드디어 순록 한 쌍을 만나긴 했는데 목초더미에서 건초 한 줌을 뽑아들고 불렀더니 살금살금 다가오다가 웬걸, 우리가 내민 마른 잎은 콧등인지 입가인지에 대보는 둥 마는 둥하더니 얼굴을 돌려버렸다. "그렇지! 순록의 주식은 이끼니까!" 창조사학회 김영우 사무국장이 이끼蘚를 골라주니 그렇게 맛나게 먹을 수가 없었다. 여기서부터 한민족사에 길이 남게 될 김 국장의 연출과 윤종현 간사의 걸작품 촬영이 시작됐다. 가히 이번 다큐멘터리 취재 답사의 압권이라 할 장면들이었다. 이로써 조선·고려 순록유목민 기원설과 이끼의 길蘚路(라이켄 로드)에 대한 믿음, 말하자면 유목태반 한민족 이동로에 관한 나의 견해를 재확인하고 그 믿음을 다질 수 있었다.

북방 몽골 백정의 칼질에 아주 양순하게 임종하는 순록과 양
그 살을 먹고 피와 젖을 마시는 순록·양 유목민의 겸허한 순박성
21일에 걸쳐 컵라면을 50~60개는 족히 끓여먹으며 시베리아 답사에

나섰던 필자와 우리 안에 갇혀 지내던 한 쌍의 순록은 동병상련이었음에 분명하다. 필자는 그것을 피부로 느꼈다. 유라시아 유목사의 두 주인공인 순록과 양의 눈매는 어찌 그리도 착하고 눈물겹도록 서글서글하던지, 죽어가면서도 발버둥치는 일 없이 조용히 임종을 맞던 모습을 떠올리며 그래서 그들의 살을 먹고 피를 마시며 살아온 몽골리안들이 육독肉毒을 덜 해독해도 괜찮았는지 모른다고 입을 모았다.

칭기스칸의 적통嫡統이며 몽골제국의 마지막 칸 시비르鮮卑(Sibir) 칸의 땅, 서구어로 '땅'을 뜻하는 어미인 '-a'를 붙여 '시베리아'라고 불리는 땅, 본래 늘 새로운 선蘚을 찾아 떠돌아(chao=조朝)다니던 순록유목민인 선인鮮人의 땅朝鮮이기도 한 그 광활한 혹한의 흰 땅에서 돌아온 '21일 겨울나그네'는 귀국 후 평생을 통털어 가장 혹독한 기침감기에 걸려 앓아누웠다. 태평양 한 귀퉁이 한반도 흙색 땅을 밟는 순간, 안도의 숨을 내쉬며 한달음에 찾아가 나가떨어진 찜질방에서 예비운동을 소홀히 한 것이 빌미가 되어 몸살에 발목을 잡힌 것이라고들 했다. 그 지독한 몸살의 와중에 어렵사리 정리된 나의 「시베리아 겨울기행 21일」이 마침내 활자로 둔갑한다니, 아마 한여름 밤하늘의 별빛으로 빛을 보게 되려나 보다.

주채혁 「'몽고'는 '몽골'로 쓰는 게 정확」, 『조선일보』 1990년 4월 16일 나의 발언
추채혁 「시베리아 겨울기행 21」, 『해동문학』 2005 여름, 해동문학사, 293~307쪽(한국
    바이칼 정신세계 포럼, 『바이칼에서 찾는 우리민족의 기원』, 2005, 정신세계사,
    2005. 12., 372~390쪽).

옷치긴 가家 이성계
고려계 몽골군벌 가문의 조선조 창업

몽골 세계제국을 통해 한반도는 세계와 접목되었다!
스키토·시베리안 역사태반과 접목,
고려에 이어 다시 순록유목 기원의 **명칭**을 갖는 조선이 서다

초원이나 사막에서는 천둥이든 번개든 기마군단이든 도대체 피할 구석이 없다. 우리 민족이 무한경쟁이 강요되는 이러한 절대 개방공간에 노출된 시기가 고려 13~14세기였다. 동아시아 역사상 우리 역사 가운데 이렇게 오래고도 참혹한 격변의 백년은 없었다.

몽골이 만주를 발판 삼아 중국을 지배하게 되자, 대륙과 한반도 사이에서 완충 역할을 하던 만주는 그 의미를 상실하였다. 대륙과 한반도는 곧바로 연결되었으며, 이윽고 팍스몽골리카라는 몽골중심의 세계질서 안에 고려도 재편되었다. 항전의 주력을 이룬 삼별초가 몽골군과의 연합군에게 섬멸당하고 왕실고려의 왕씨 혈관에 대를 이어 몽골 쿠빌라이 대칸의 피를 수혈하는 희생을 감내해야 하기는 했지만, 30여 년에 걸친 무신정권 주도 하의 항전 끝에 적기를 틈타 적극 투항함으로써 국호와 국체를 보장받는 유리한 조건으로 팍스몽골리카 체제에

재편되었다. 고려라는 국명의 유지는 몽골(맥고려貊高麗, Mongol)과 고려가 모두 코리槁離(Qori)라는 '순록'의 뜻을 갖는 순록유목민 태반 출신이어서일 수 있다. 고려가 '코리아'라는 이름으로 세계사에 부각되는 계기가 마련된 것도 이러한 몽골 세계칸국 체제로의 편입 때문이었으며 초원의 스텝로드—라이켄蘚 로드가 비로소 한반도까지 직결되었다. 스키토·시베리안 역사태반과 접목될 수 있었던 셈이다. 고려에 이어 순록유목 기원의 명칭을 갖는 옷치긴 가 고려계 '몽골군벌' 가문 출신 이성계의 조선이 서게 된 것은 이런 일련의 모태회귀성의 르네상스라고 볼 수 있다.

침략자 몽골 칭기스칸도
칸발릭(베이징)을 세계사의 중심에 올려놓은 그 업적은 크게 찬양,
2008년 베이징 올림픽 한판 축제 준비에 분주!

1997년 5월 강원대학교 하서현 총장과 함께 베이징 외국어대학교를 방문하였다. 그 때 갑자기 그 곳의 한국어과 학생들에게 특강을 해달라는 요청을 받고 강단에 선 적이 있다. 협심증으로 쓰러져 몇 차례 수술실을 드나드는 우여곡절을 겪은 끝에 내몽골 대학과 자매결연을 맺기 위해 나선 길이었다. 당시 나는 서슴 없이 중국 대학생들에게 "베이징을 칸발릭大都이라는 이름으로 세계사의 중심무대에 올려놓은 이들은 풍요한 농경지대의 한족漢族이 아니다. 동북아 한랭고원 건조지대의 시골 양치기 유목민인 몽골족이 그 주인공이다!"라고 말했다. 그들은 아무렇지 않은 듯 착한 학생의 표정으로 묵묵히 듣고 있었다. 무서운 학생들이라는 생각이 들었다. 그로부터 10년이 지난 오늘, 그들은 몽골

의 기원지 훌룬부이르 몽골초원에 대궐 같은 민족박물관을 차리고 언 저리의 드넓은 인민공원을 칭기스칸 공원으로 바꾸어 단장하면서 2008년 베이징 올림픽 축전에서 베이징을 세계중심에 올려놓은 칭기 스칸과 쿠빌라이 대칸을 위한 축제 한판을 벌일 채비에 분주하다. 그 긴 안목과 대국적인 포용성이 새삼 내 뇌리에 깊이 새겨진다.

자기들에게 참혹한 전화를 안겨주고 모진 고통을 강요한 침략자 몽 골족이라 해도 중국 역사의 유장한 흐름에 기여한 큰 족적을 과감히 치켜세워 찬양하며 자기화하여 현대사를 쓰고 있다는 사실에 사뭇 전 율이 느껴졌다. 고려는 이러한 칭기스칸 몽골칸국 중심의 세계화 소용 돌이 속에서 강화천도를 감행한 최씨 무신정권을 중심으로 하여 근 30 년 동안 거세게 항전하다가, 어느 순간 결정적인 전기를 맞아 가장 적 극적으로 투항하여 도리어 자신을 최대한 지켜내는 방식으로 왕정복 고를 행하며 팍스몽골리카 체제로 재편되었다. 역사의 격랑을 한중심 에서 잡아타고 생사의 갈림길에서 치열하고 끈질긴 승부사 기질을 발 휘한 셈이다. 그런데도 자생적인 역사발전의 패러다임만을 유일한 신 앙인 양 강조하는 일부 연구자들은, 이러한 세계사적인 격류의 개입을 아예 외면해 버리고 있다. 그들은 고려 중엽에서부터 조선이 건국된 13~14세기 말 격변의 역사를 세계사의 대양에서 이는 폭풍노도가 아 니라, 산촌의 한가한 샛강의 흐름인 양 호도하고 있는 것이다.

조선은 아침의 나라, 한국은 무지개의 나라!
도대체 무슨 전거가 있나?
조선과 고려를 한국식 한자읽기 방식으로만 견강부회하여 해석,

스키토·시베리안의 순록·양 유목제국 기원사를
한민족 태반사 상에서 치명적으로 거세시켜!
적대적인 한민족사 왜곡보다 쇼비니즘적인 역사복원이 더 치명적일 수도.
비판을 용납치 않는 집단적 폭력성을 갖는 자기강제 때문이다!

무릇 '역사는 역사일 뿐'이라는 투철한 사가정신이 뒷받침되지 않는 역
사복원은 장기적이고 거시적인 눈으로 보면 백해무익일 수 있다. 국익
을 위해 정치에 종속된 역사쓰기가, 그 역사를 읽고 인생을 운행해 가
야 할 이들에게 실족失足치 않게 한다는 보장을 해줄 수 있는가. 역사
왜곡은 이해가 상반된 적대세력에 의해서만 자행되는 것이 아니고 맹
목적인 애국심인 '쇼비니즘'에 의한 역사미화에 의해서도 얼마든지 저
질러질 수 있다. 조선과 고려를 멋대로 한국식 한자읽기 방식으로만
견강부회하여 멋지게 해석해낸 결과는 스키토·시베리안 유목제국기
원사라는 한민족 태반사를 한국사에서 거세, 소외시키는 무서운 왜곡
을 이미 자초해 왔다. 도대체 반달이 '갈비달'로 불리고 함박눈이 '비개'
처럼 쏟아진다고 하며 먹을 것을 하늘로 여기는 한랭고원 건조지대의
척박한 시베리아·몽골 벌판에서, 아침의 나라의 '아침'이나 무지개 나
라의 '무지개'가 겨레이름이나 나라이름이 될 만큼 절박한 의미를 갖는
것이었을까?

이성계 왕가 출현의 태반인 근 백년 '옷치긴 가 이성계의
고려계 몽골군벌 가문사'는 증발하고 「용비어천가」만 남았다.
조선왕조 『태조실록』「총서」만 봐도 확인되는 가문의 역사,
옷치긴 가의 몽골장군 이성계의 면모도 진솔하게 그려졌어야!

1990년대 후반에 「용의 눈물」이라는 역사드라마가 공전의 흥행을 기

226

록하면서 빈사 상태에 놓여 있던 고려말 조선초의 역사를 일거에 되살려냈다. 그런데 이 드라마가 어설픈 애국사관에서인지, 근 백년 몽골군벌 이성계 가문의 역사를 감추어 옷치긴 가 '몽골장군' 이성계의 면모를 숨긴 점은 민초들의 여말麗末·선초사鮮初史 인식에 치명적인 왜곡을 가져왔다. 사실 이성계 가문의 옷치긴 가 몽골군벌 가문 근 백년의 족적은 조선『태조실록』「총서」만 봐도 확인되는 평범한 진실이다.

5대조 이안사가 1250년대 전반
칭기스칸의 막내동생 옷치긴의 손자인 타가차르 휘하에 투항,
두만강 유역의 오동斡東에서 수천호 겸 다루가치 돼
옷치긴 가 고려계 몽골군벌 가문으로 도약할 기반을 닦았다.
옷치긴 가의 동북만주 여진지역 진출로
옷치긴 가 이성계 고려계 몽골 군벌가문의 현지 토대가 된 여진세력!

이성계의 고조부 이안사李安社는 1231년 이래 수십 년간 계속된 몽골의 침략으로 고려가 누란의 위기에 처한 1250년대 전반, 몽골의 동방왕가가 칭기스칸의 막내동생인 옷치긴의 손자 타가차르塔察兒(Tagha-char) 휘하인 개원로開元路의 몽골군에 투항하였다. 그 대가로 두만강 유역의 오동斡東에서 남경南京(현재 연길延吉 성사산성城子山城) 등처 5천 호의 수천호首千戶 겸 다루가치가 되어 옷치긴 가 고려계 몽골의 군벌가문으로 도약하는 기반을 닦았다. 즉 여진인들의 원주지인 이 곳에서 군사적 기반을 닦으면서, 주로 여진지역으로 진출한 팍스몽골리카 체제의 한 중심인 옷치긴 분봉왕 세력 및 이들의 과도한 진출과 세력확대에 따른 분권화를 제어하기 위한 원조 중앙정권의 진입으로 개발된 원대元代 수달달로水達達路를 중심으로 한 여러 세력들로부터 대를 이어 직

간접적인 방법으로 새 왕조 창업의 노하우와 경륜을 이어받았다. 옷치 긴 가의 몽골군으로서 해야 할 임무 중 하나는 당연히 조국 고려 침공을 도우며 몽골군벌으로 성장하여, 압록강과 원산을 오가며 침략자 몽·원 제국을 위해 수도 개경의 왕씨 고려왕권을 감시하는 극악한 배역이었다. 바로 이 때문에 원나라의 고려군 감축이라는 압박 하에서 고려가 거의 국방력을 상실하게 된 당시에도 이성계 가문은 강군을 보유할 수 있었다. 그리고 원말·명초의 힘의 공백기에 그 허점을 치고 들어가 왕씨왕권을 찬탈하는 매국배족적인 가계사를 갖게 되었다(윤은숙, 박사학위논문, 2006 참고). 동해바다와 연한 비옥하고 드넓으며 삼강평야가 내포되고 시베리아의 타이가 지대로 접목되는 군사요지인 거대한 동북만주의 숲지대인 여진지역이, 몽골 세력들에 의해 크게 개척되어 부력과 군사력을 축적해 나가는 과정에서도 직간접적으로 도움과 영향을 받았다. 그리고 그들과 지배·피지배 관계를 맺으면서 팍스몽골리카 체제에 동참하여 몽골 세계제국의 정치적 현지 경영법을 체득하고 원이나 명의 중앙부에서 멀리 떨어져 있음으로써 상대적인 독립성을 확보하며 옷치긴 가 이성계 고려계 몽골군벌은 그 가문의 지배적 위상을 높였던 것이다. 1388년 5월 위화도 회군으로 한반도에서 새 왕조의 창업에 주력하였던 옷치긴 가 이성계 고려계 몽골군벌과는 달리, 옷치긴의 동북만주 영지를 중심으로 한 여진계 지방 호족세력들은 그보다 200여 년 뒤 후금·만주 청제국을 세우는 거대세력으로 발전하게 된다.

할아버지는 보얀테무르, 큰아버지는 타스부카, 아버지는 울루스부카……
그렇다면 이성계의 몽골 이름은 무엇일까?

이안사李安社, 이행리李行里를 뒤이은 이성계의 할아버지 이춘李椿에게
는 보얀테무르孛顔帖木兒(Buyan Temür)라는 몽골이름이, 큰아버지에게
는 타스부카塔思不花(Tas Buqa), 그리고 아버지 이자춘李子春에게는 울
루스부카吾魯思不花(UlusBüqa)라는 몽골이름이 있다. 이로 미루어 1335
년생인 이성계李成桂에게도 몽골 이름이 있었을 것이다. 1368년 원나라
가 망하기 34년 전에 태어났기 때문이다.

칼 마르크스는 말한다. '타타르(몽골)의 멍에에서 출세한 모스크바!'
칼 마르크스는 이렇게 말하고 있다. "타타르(몽골)의 멍에에서 출세한
모스크바였다. 몽골 노예제의 피비린내 나는 오욕이 모스크바국의 요
람이 되었던 것이다. 현대의 러시아는 모스크바국의 변신에 지나지 않
는다."

　모스크바의 이반 1세는 몽골에 빌붙어 경쟁자인 독립투사를 물리치
고 세금수취권을 얻어냄으로써 정권의 기초를 닦았다. 러시아정교회
는 이에 발맞춰 독립투사를 파문시키고 몽골칸을 위해 기도를 드리고
면세특권을 받아냄으로써 교회의 물질적 토대를 구축하였다. 이 같은
과정에서 양자는 주거니받거니 하면서 마침내 차르 러시아를 창업하
는 데 성공하였다.

큰 권력 핵의 자장권 내에서
그것을 태반으로 삼아 태어나는 새 권력! 이성계의 조선왕조,
몽골 세계칸국의 진원지 13~14세기 동북아사의 총체적 결실!

큰 권력 핵의 자장권磁場圈 내에서 그 권력의 흥망성쇠에 따라 새로운 세력이 이전 권력을 태반으로 삼아 재창출되는 것은 역사상 상례에 속한다. 몽골칸국을 태반으로 하여 차르 러시아의 기초가 서고 부여·고구려·발해·거란·여진의 권력핵 자장권에서 유목형 고구려 세계제국이라 할 맥고올리貊槁離 — 맥고구려貊高句麗인 '몽골'이 탄생하고, 몽골 세계칸국의 성쇠 과정에서 안팎의 신흥세력이 결합하여 조선이 창출된 것은 자연스러운 역사의 전개일 수 있다. 이성계는 애초부터 옷치긴 가에 소속되어 만주와 고려지역의 군사업무를 책임지고 있던 무카리木華黎(Muqari) 가의 후예 나가추納哈出(Nagacu)와 관계가 빈번하여 몽골군의 내부 사정에 밝았다. 따라서 명군과의 대결 과정에서도 1387년 6월 현재 내몽골 자치구와 길림의 북위 43도 접경지대에서 벌어진 금산金山전투에서 북원의 주력군이라 할 나가추 군의 패전과 뒤이은 명의 철령위 설치, 1388년 명군의 훌룬부이르 진격, 북원의 투구스 티무르 칸 공격과 북원군의 패배 도주(3~4월경) 및 토구스 티무루칸의 부하 예수데르에 의한 피살 같은 일련의 상황들을 꿰뚫어보고 있었고 그래서 위화도 회군(1388년 5월)도 결행할 수 있었을 것이다.

이성계 고려계 몽골군벌 가문이 소속된 옷치긴 가,
고구려처럼 목농의 유목제국적 성격을 견지하면서도
험산과 산림지대를 배경으로 삼아 태평양을 관망하면서
유목군의 침략을 물리칠 군사력 보유!
옷치긴 가 몽골장군 이성계가 이러한 기반을 계승하여
14세기 동북아 격변의 와중에 조선조 창업
몽·원칸국이 죽어넘어진 시신 위에서 그것을 자양분으로 삼아

명과 조선 2대 제국 솟아나.
명은 외세 몰아낸 농민봉기의 영수가,
조선은 외세 고려계 옷치긴 가의 몽골군 장군이 창업!
그래서 조선은 도리어 '팍스몽골리카 체제의 중핵'
북방 몽골리안 유목칸국적 전통 독자적 견지 가능!
조선조 지성층이 황토색 칠해 놓은 소중화 조선은 허상

결국 이성계 몽골군벌 가문이 소속된 옷치긴 가가 고구려처럼 목농의
유목제국적 성격을 견지하면서도 장백산맥이나 연해주·시베리아 타
이가와 같은 험산과 산림지대를 배경으로 태평양을 관망하면서 유목
군의 침략도 막아낼 수 있는 군사력을 동시에 보유하여 군사적으로 가
장 강력한 분권적 동부제왕으로 존재할 수 있었듯이, 옷치긴 가의 이
성계 가문도 이 같은 기반을 계승하면서 원말·명초의 동북아 격변의
회오리 속에서 조선조를 창업하고 자가경영에 성공하게 된다. 그러니
까 남과 남이 결합되면서 내가 나왔듯이 조선은 한반도, 그것도 고려
영토사만이 아니라 몽골 세계제국의 진원지인 13~14세기 동북아시아
격변사의 총체적인 열매로 결실된 것이다. 몽·원칸국이 죽어넘어진
시신 위에서 그걸 자양분으로 삼아 2대 제국이 태어나는데, 하나는
1368년 주원장의 명나라고, 다른 하나는 1392년 이성계의 조선이다.
전자는 외세 몽골을 농민봉기로 몰아낸 농민봉기의 영수가 신흥 강남
지주세력과 결합하여 세운 나라고, 후자는 외세 몽골의 고려계 몽골
군벌가문 출신 장군이 고려말의 신흥 사대부세력과 손잡고 세운 국가
다. 그래서 전자는 자주적이고 후자는 예속적이라고도 비판할 수도 있
다. 그렇지만 도리어 그래서 이성계가 창업한 조선조는 친명사대親明事
大의 외형적인 표방에도 불구하고 실은 결국 옷치긴 가 몽골로 집약·

응축된 '팍스몽골리카 체제의 중핵'인 북방 유목칸국적 전통을 독자적으로 의연히 견지해 낼 수 있었다. 도대체 조선조 지성층이 온통 황토색으로 칠해 놓은 그런 조선왕조가 어떻게 위대한 한글을 창제할 수 있었겠는가.

칭기스칸은 통일전쟁 중에 숙적 금나라와 연맹하여
동족 타타르를 가장 처참하게 철저히 섬멸!
통일역량 총결집 후에는 마침내 금을 정복하고
"몽골과 고려가 합심해 몽골세계제국을 이룩했다!"
팍스몽골리카 체제 하에서 유일하게
고려에게만 그 국명을 유지하게 한 쿠빌라이 대칸의 속셈은?

쿠빌라이 칸 | 몽골 칸국의 2/3를 마저 완성하여 고려를 품에 안아들였다.

칭기스칸이 통일전쟁을 수행하면서 가장 잔혹하게 많은 사람을 죽이고 철저하게 섬멸전을 편 것은 뜻밖에도 동족인 타타르와의 결전에서였다. 그것도 당시 동북아 군사최강국인 숙적 금나라와 연맹을 맺고 협공을 하는 과정에서 빚어진 동족상잔의 비극이었다. 그렇게 몽골고원을 통일한 후 근 30년 동안을 벼르고 준비한 끝에 마침내 1234년 금나라를 정복하였다.

대몽항전에만 초점을 맞추고 '국난극복사'만 되뇌이던 차에, 역사적인 한·몽수교가 이루어진 1990년 여름 외동딸 사란(달님이라는 뜻. 하바드 대학 대학원생)과 함께 '하르누드 운 한촐로'(검은 눈동자의 큰 바위) 교수가 입국하여 한국의 '몽골비사 연구회'의 창립모임에 동참하였다. 문제는 축사를 겸한 그의 발언 내용이었다. "몽골과 고려는 함께 힘을 합쳐 몽골 세계칸국을 이룩했습니다!"

우리는 그만 어리둥절해할 수밖에 없었다. 도대체 그렇게 쓴 글은 읽어본 적도 없고 그런 말은 들어본 적도 없었기 때문이다. 이제 그로부터 16년여가 지난 지금, 쿠빌라이 대칸이 팍스몽골리카 체제를 다 이루고서도 유일하게 '고려'만은 본래 이름을 그대로 쓰게 하였던 기이한 현상에 눈을 돌리게 되었다. 물론 당시의 몽골 세계칸국의 발전단계상의 특수성도 있고 몽골·고려 관계나 양자 내부관계의 상호작용에서 나타난 힘의 균형관계 등도 염두에 두어야 할 것이다. 그러나 그보다는 더 본질적으로 만약 몽골이 맥고려貊高麗에서 유래한 이름이 맞다면, 쿠빌라이 대칸에게 '고려'라는 국명은 특별히 낯설 이유도, 부담스러울 까닭도 없었을 것이라는 생각이 들었다. 눈에 띄는 몽골반점을 공유한 고려 여인과는 안심하고 결혼하여 후사를 잇게 한 몽골인이다. 혈연관계를 중시해 온 유목민인 이들에게는 종래의 유목생산 및 유목 군사조직의 특성을 특별히 교란시킬 위험성도 느끼지 않았을 것이다.

이처럼 조선왕조의 왕권 기원을 살펴보건대, 이는 위화도 회군이라는 쿠데타를 이용하여 고려 왕씨왕조의 정권을 찬탈한 근 100년간의 옷치긴 가 고려계 몽골 군벌가문 출신 이성계가 주축이 되어 창업한 왕권임이 분명하다. 그러나 고려 원종 이후의 왕씨 고려정권은 1273년 5월 탐라섬 원주민이 품어들인 최후의 항몽주체인 삼별초군을 적군인 몽골군을 끌어들여 편성한 여몽합군을 동원하여 섬멸하고 나서야 무신세력을 꺾고 왕정복고를 해낸 터다. 그리고 적의 수괴인 쿠빌라이 대칸의 히야드 보르지긴 알탄우룩(황금씨족)의 피를 대를 이어 계속 수혈한다는 조건으로 왕권의 기틀을 다질 수 있었다. 정몽주가 단심가를 불러 목숨을 걸고 이성계 일당으로부터 지키고자 했던 원종 이후 고려 왕씨정권의 역사적 정통성이란 것이 바로 이러한 매국배족적인 성격의 것이었다.

**역사의 시궁창에서 피워낸 더욱 우아한 연꽃송이들,
인류사상 가장 위대한 독창적 소산 한글, 발달된 금속활자와 거북선!**

그 정몽주를 암살하고 조선조를 창업한 이씨왕조는 또 어떤가? 성삼문이 푸른 소나무 같은 절개로 극형의 고문을 감내하며 목숨 바쳐 지키려 하였던 이씨왕조의 왕손혈통 또한 이미 언급한 대로 결코 예외가 아니었다. 그래도 몽골세계정부의 중앙정권인 원조가 와해될 당시 세계사 흐름의 한 중심에서, 참담한 역사의 격랑이라는 추악한 시궁창에 뿌리박고 그러고서야 몽골 유목세계칸국의 문화자양을 전적으로 빨아들여 가장 우아한 연꽃송이들을 피워냈으니, 그것이 바로 한글이요, 금속활자요, 거북선과 같은 인류사에 위대한 기여를 한 여말·선초사의 독창적 소산물들이다.

외세의 간섭 없이 자주적 역사를 사수해낸 베트남사의 인류사 기여도가, 고려·조선사보다 과연 더 위대한가?

외세의 간섭 없이 자주적 문화를 꽃피웠다는 베트남은 고엽제를 쓰고 소탕전을 벌여야 할 만큼 사철 숲이 우거져 늘 먹을 것을 얻을 수 있고, 숨어서 싸울 수 있는 숲이라는 보루를 갖고 있어서 항전이 가능했다. 이에 비해 늦가을·겨울이면 생태계가 온통 황량해지는 한반도에서는 전멸을 각오하지 않는 한 총체적인 결사항전이 불가능하다. 전멸이란 실은 가장 철저하고 영원한 이적행위라는 것을 감안할 때, 먹이사슬체제의 생태현실 가운데 흥망이 유수한 역사의 실체 속에서 숨쉬는 자신을 '있는 그대로' 역사적으로 제대로 자리매김하며 깨어 있으면서 역사의 시궁창에서 피워낸 한글의 창제와 금속활자의 발달 및 거북선의 제조 같은 값진 문화유산이야말로 도리어 가장 놀랍게 우아한 시궁창의 연꽃송이들이라고 하겠다. 시대 배경상 세종대왕은 이데올로기적 군주권의 강화라는 시대적 요청에 더 많은 비중을 둔, 팍스몽골리카권의 스키토·시베리안 기원사의 총화에 접목하여 순록유목 태반 기원의 고려왕통을 쇄신하면서 시류를 타고 창업한, 역시 순록유목 태반 기원의 조선왕권을 근거지로 삼고 민족정통의 독창성 관철을 감행하는 인류사상 일대 위업을 이룩했다. 이미 고려·조선 나름의 글로벌화한 역사창조의 본보기를 보인 셈이다.

주채혁, 「민족사 2천년의 가장 긴 전쟁과 속박—몽골 침입기 재조명」, 『월간조선』 1999년 1월호(첨삭과 수정 가함).

윤은숙, 『몽·원제국기 옷치긴 가의 동북만주 지배—중앙정부와의 관계 추이를 중심으로』, 강원대학교 박사학위논문, 2006.

'후고구려' 세계제국, 몽골!
코리족 발해 대족들의 망명정부가 중핵 태반 추정

몽골인들이 우리의 직계 조상이 아니라
고리 · 부여 · 조선 · 고구려인이 도리어 몽골인들의 직계조상일 수 있다

몽골인의 모습은 우리와 너무 닮았다. 외교관으로 평양에서 우리 말을 배운 몽골인들이나 몽골대학의 한국어과 학생들과 어울리면 그들을 우리와 구별할 수 있는 사람들이 거의 없다.

한국과 몽골, 역사상 어떤 관계가 있는 것이 분명하다. 오랜 같은 역사의 설계 결실(genome)인 그들과 우리일 수 있다. 그러나 일부의 오해처럼 몽골인들이 우리의 직계조상은 아니다. 몽골이 세계사에 등장한 것은 고구려가 멸망하고 발해가 섰다가 거란에게 정복된 다음, 그 거란이 여진에게 망하고 여진의 금을 몽골이 정복하여 동북아 패권을 틀어쥐면서부터기 때문이다. 바이칼호 북극해권에 대응되는 훌룬부이르 호 태평양권의 대만주 벌판에서 일어난 이들 여러 제국의 원조가 된다고 할 흉노와 고리橋離 및 조선이나 부여, 그리고 선비나 돌궐은 당연히 몽골보다 역사가 훨씬 앞선다. 지금까지 잘못 이해되어 왔던 한국과 몽골의 역사적 관계를 새롭게 정리해 본다.

몽골리안, 『동방견문록』에 첫 등장!

황인종을 지칭하는 '몽골리안'이란 표현은 마로코 폴로가 13~14세기 그의 『동방견문록』에서 처음 사용했다. 당시 몽골리안이란 몽골세계 칸국 안에 살고 있는 모든 황인종을 가리켰다. 그러나 어느 사이엔가 중국의 한인漢人을 배제한 존재, 더 나아가 몽골반점을 공유한 지구상의 모든 사람들로 개념화됐다. 이렇게 해서 인종학상의 몽골로이드(Mongoloid)는 후대에 소급해서 붙인 이름으로, 석기시대 이래의 인종 분류의 호칭으로 쓰이게 되었다.

히야드 보르지긴 씨족의 몽골은 '알탄우룩'이라는 황금씨족인 천손족
지난 천년 인류사상 가장 큰 족적을 남긴
칭기스칸의 직계씨족만 구체적으로 지칭!

역사적 실체를 대상으로 '히야드 보르지긴' 씨족의 '몽골'이라는 이름이 쓰이기 시작한 것은 몽골의 여조상 알랑고아가 빛과 교감하여 보돈차르를 낳은 이후다. 이른바 알탄우룩(Altan Urug)이라는 황금씨족黃金氏族(김씨) 천손족인 '몽골'을 지칭하는 구체적인 역사상의 사례다. 『워싱턴 포스트』지 1995년 12월 31일자에서 "11~20세기의 지난 1천년 중 사람과 기술을 이동시켜 세계를 좁혀놓음으로써 인류사에 가장 중요한 영향을 끼친 인물"로 선정되어 재평가된 이가 칭기스칸이다. 당시에는 그의 히야드 보르지긴 몽골인들만이 몽골로 호칭된 역사적 실체였다. 여기서 보르지긴의 '보르'는 눈동자 색깔이 '보르'색임을 뜻한다고 보기도 한다. 보르색은 회색에서 보라색까지 비교적 넓은 색감을 모두 포괄하는 색으로 알려져 있다.

238

오늘날 몽골리안의 호칭을 둘러싼 이러한 혼선은 한국의 경우 일반인은 물론 문헌사가와 고고학자 및 인류학자를 비롯한 전문연구자들 사이에서도 빚어지고 있다. 그리하여 마치 역사적인 실체인 본래의 몽골이 부여나 고구려보다 훨씬 옛날부터 존재했던 것처럼 착각을 일으키기도 한다.

칭기스칸은 광개토대왕의 코리족 천년 후배!
코리족 시조탄생전설은 바이칼 호 올콘 섬 부르칸 바위에 서린
선녀와 나무꾼 전설의 원형

칭기스칸은 같은 고리槁離(Qori)족계로 볼 수 있는 해모수, 동명성왕, 고주몽, 광개토대왕보다 1천 수백년~칠팔백 년 뒤에 태어난 인물이다. 몽골을 맥고리貊槁離(Mongol)에서 기원한 이름으로 볼 경우 칭기스칸 역시 코리족에 속하게 되는데, 사실 그 시조전설은 시베리아 샤먼의 메카인 바이칼 호 올콘섬 부르칸不咸 바위에서 비롯된다. 선녀와 나무꾼 전설의 원형이라 할 황소와 백조의 짝짓기 이야기가 그것이다. 따라서 그의 12대 조상인 알랑고아에서 비롯되는 몽골족도 해모수나 동명왕보다 시기적으로는 훨씬 후대에 속한다.

1162년 생 말띠 칭기스칸! 일광감생 시조탄생설화권,
몽골리안 루트-라이켄 로드에서
부여와 고구려, 그리고 몽골 창업자 천손 탄생!

두어 가지 서로 다른 견해가 있기는 하나 몽골의 몽골학계에서는 1162년 '말띠' 해에 칭기스칸이 태어났다고 보고 있다.

몽골의 여시조인 타이가의 여사제 알랑고아가 빛과 교감해서 낳은

1992년 8월 다리강가 스템 고올리성터 첫 탐사 | 뒷줄 왼쪽이 필자. 그 옆은 권영순 초대주몽골 대사

고리국에서 기원한 마정조직馬政組織을 가진 부여 동명왕 계열이 여기에서 유래한 것은 물론이다. 따라서 몽골은 그들에 앞서 서진하는 흉노·돌궐 계열보다는 당연히 호눈 평원을 태반으로 하여 목농적 유목제국을 창업한 고리·부여·조선·고구려계 쪽에 더 친연성을 갖는다.

몽골스텝의 고구려(Gooli) 성터,
고구려·거란·발해·여진·몽골의 성터를 모두 '고올리' 성터로 통칭!
이들 모두의 고올리·코리·순록 유목 공동태반 때문

한·몽학술조사연구협회 탐사단(단장 손보기)은 1992년 여름 동몽골 수흐바타르 아이막道 다리강가 대초원에서 고올리 성터를 탐사하였다. 고올리(Gooli)는 고골리高句麗(Gogoli)에서 나왔을 수도 있는데, 12~13세기를 전후한 음운발달 과정에서 모음과 모음 사이에 있는 g음이 탈

242

락하여 고올리가 되었다. 그 때 한 단원이 "이 막막한 초원에서 고올리 성터라니! 차라리 바다에서 바늘을 찾는 게 낫지……" 하며 한숨을 지었다.

이미 1860년대 차르 러시아 탐사대원들이 몽골 스텝 관계 유적들을 탐사하였고, 1930년대에는 몽골 고원 소재 퀼테긴 돌궐비문(572년 기사)에 등장하는 "동쪽의 해 뜨는 나라 보클리(Bökli)"를 맥족의 고구려로 읽어낸 견해(岩佐精一郞, 1936)가 발표되었다. 이 길은 1960년대 전후 몽골 고고학자의 대부 헤·페를레가 몸소 밟아간 고올리 성터 탐사길이었다. 그들의 보고서를 토대로 그들의 발자취를 따라 조금 더 나아가 보려 한 것이었는데 여러 가지로 어려움을 겪어야 했다. 배고픔보다 더 큰 고통은 목마름이었다. 답사 후 20여 일이 지나자 답사대원들은 저마다 조금씩 돌아버린 듯했다. 그런 가운데서도 자기 분야 유적만 나오면 좀처럼 발길을 뗄 줄 몰라했다. 전공에 대한 집착이 필사적이었던 것인데, 그런 가운데 팀 전체를 안전하게 이끌어야 했던 현지 단장대리인 필자는 아주 죽을 맛이었다.

'다구르'는 '진짜 고구려'라는 뜻! 사신도는 조상에 제사지내는 신주!
여진의 여女(nü)가, '나나이첸'의 나나이가 토박이란 뜻이듯,
대조영大祚榮의 대大(ta)도 '진짜'라는 뜻!

1894년에 간행된 이바노브스키의 학술조사보고서에서 대흥안령 북부 솔론·다구르족들이 자기 자신들을 고구려의 후예로 굳게 믿고 있더라는 정보를 접한 당시의 하버드 대학 초빙교수 서여西餘 선생님은 1953년 자못 떨리는 마음으로 이 소식을 국내에 알렸다. 차르 러시아

탐사대원들의 발길이 이 땅을 스친 지 무려 근 100년이 지난 후의 일이다. 그 후 다시 근 40년이 지나서 1992년 우리 한국몽골학회 회원들의 발길이 직접 여기에 미쳐 이러한 보고글을 쓰게 되었다. 다구르의 '다'는 현지 토박이말로 '진짜의'라는 뜻이고 '구르'는 고구려, 고려高麗 (고구려인 자칭)라고 한다. '진짜 고구려'라는 뜻의 종족명이다. 고구려 망국민이 흑룡강을 넘어 부흥운동을 벌이던 역사의 일단을 상상케 한다. 대조영大祚榮의 '대'도 한어漢語 발음으로는 '다'로서 같은 뜻이라는 게 1999년 10월 대흥안령 훌룬부이르 몽골스텝 현지 답사 때 다구르족 『몽골비사』 연구자 아·아르다잡 교수가 밝힌 견해다.

가까이는 남북분단으로 인해 현장에서 멀리 떨어질 수밖에 없었던 장벽, 좀더 멀리는 926년 발해(Boka : 늑대라는 뜻) 멸망 이후 한국사에서 한국사가들에 의해 소외당해 온 만주·몽골·시베리아 역사 현지에 대한 인식의 한계와 농경사관을 정답으로 하는 과거시험에 길들여진 우리의 전통적인 지성풍토가 이러한 올바른 파악을 방해해 왔다. 한인漢人들이 써준 한자사료인 '조선朝鮮'마저 중국식도 아닌 농경사안農耕史眼으로 멋대로 한국식으로 읽고 해석해 대는 우리 학계의 독선적인 인습이 오히려 우리 자신의 역사를 왜곡하게 된 것이다. 조선과 고려가 그 단적인 실례다! 이른바 2002년 이후의 중국 동북공정이 있기 전, 아니 일부 일본사가들의 고의적인 왜곡이 자행되기 훨씬 이전인 수백 년 전부터, 왜곡하는 줄도 모르고 오히려 무섭게 애국적으로 자신의 역사를 왜곡해 오고 있는 '한민족 순록·양 유목제국 태반사'다.

이른 시기 부여나 고구려는 황하유역의 한인漢人들보다 동북방 민족

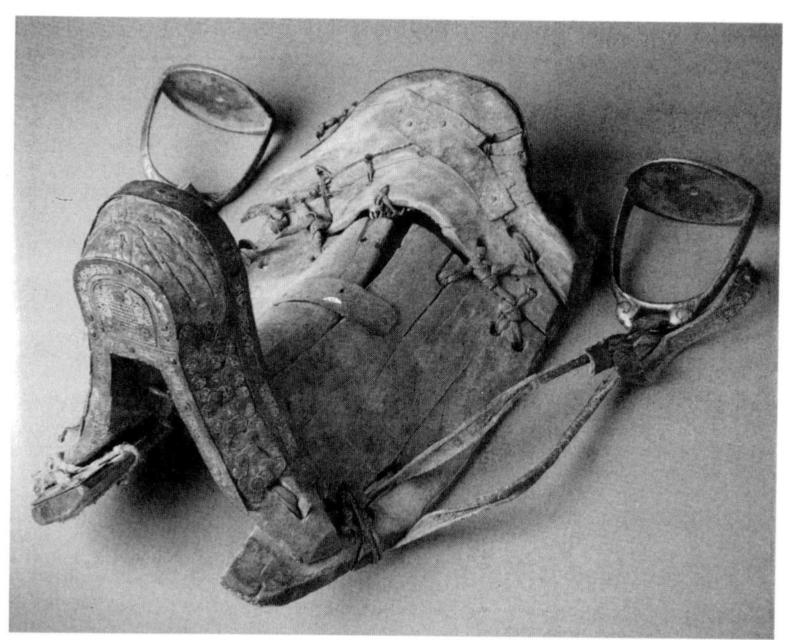

산지 알타이 족이 사용한 말 안장과 등자

들과 훨씬 더 밀착된 관계를 가지면서 살아 왔다. 그럼에도 불구하고 기록된 사료의 부족과 동북방 원주민들 언어에 대한 무지 때문에 아예 그쪽 시각에서 역사를 보는 일을 거의 방기했다. 관계사료나 우리 자신들 가운데 엄존하는 사실史實 내지 흔적을 보려 하지 않았던 것이다.

스키타이 문화의 한국사 개입은 철 등자가 등장하는 철기시대 이후!
영토국가시대 이후 집단의 규모는 각 시대의 생산력 발전 만큼 내지 생산물을 약탈할 수 있는 만큼만 커진다. 농경 정착(sedentary)민족과는 매우 다른 시·공간 개념을 가진 유목 이동(nomadic)민족에서도 어떤 공간이 영토의 확보와 직결되는 경우란, 당연히 철제 발걸이인 등자鐙子(stirrup)가 등장한 철기시대 이후의 일이다. 따라서 유목적 요소가 동북아시아사에서 역사적 배경으로든 현실적으로든 본격적으로 개입하게 된 것은 철기시대 이후로 보아야 한다.

광대한 영토 내지 영향권을 확보할 수 있게 된 것도 철기시대 이후다. 그렇다고 철기시대 이전의 수렵유목민족들이 쌓아온 농경민족과는 다른, 그 나름의 역사 창조의 잠재적 가능성을 도외시한다는 것은 아니다. 그것이 인류역사에 군사·정치적으로 본격적으로 개입하는 시기로부터 문제의 실마리를 잡아보려는 것일 뿐이다.

쿠빌라이 대칸의 '고려' 인식, 고구려 자칭은 고려,
음독은 고려 아닌 고리槀離(고올리), 고씨 고려=왕씨 고려!

칭기스칸 이전의 몽골사는 몽올실위사蒙兀室韋史로 정리되어 있는데 이는 맥족의 역사와 밀착되어 있을 것이다. 몽골 고원도 고지대요 맥貊은 너구리인 산달山獺(몽골어 elbenkü)로서 고구려족을 지칭하므로 고구려 역사와 접맥될 수 있다. 맥고려貊高麗(Mongol)에서 '몽골'이라는 말이 나왔을 수 있다는 것이다. 그래서 그런지 쿠빌라이 대칸의 고구려(=고려)에 대한 인식은 예사로워 보이지 않는다. 『익재집益齋集』 권9상 「충헌왕세가」 원종 원년 3월조에 "고려는 만 리나 떨어진 먼 나라로 당나라 태종이 친정親征해도 항복을 받아낼 수 없었는데 이제 그 태자가 자진해서 내게 귀부해 오니 이는 하늘의 뜻이로다"라고 적었다. 이는 1259년 8월에 쿠빌라이 대칸이 상양襄陽(현재 호북성湖北省 소재)에서 고려 태자 왕전王倎을 처음 만나며 한 말이다. 왕전은 그 직후 고려 원종元宗으로 등극한다. 원종은 원나라의 출현을 기념하여 추숭해서 지은 묘호廟號일까? 이어서 몽골칸에게 충성을 바친다는 뜻으로 충忠자 시호가 열烈, 선宣, 숙肅, 혜惠, 목穆, 정定에 붙게 된다.

고려 태자 왕전을 고구려 태자 왕전으로 맞은 쿠빌라이!
외손이자 부마로 대칸의 피를 수혈받은 황금씨족 이지르부카 심왕,
팍스몽골리카 체제 하에서 고구려 태왕의 영광 재현!

쿠빌라이는 당시 고비 이남 곧 사막 이남을 책임지는 막남漠南 대총독으로 남송 정벌전투를 지휘하다 형인 뭉케 칸이 전장에서 사망하였다는 소식을 접하고 몽골 고원 카라코롬에 있던 동생 아리부카와 칸위쟁탈전을 벌이기 위해 북상중이었다. 막남 대총독 자리를 그 대신 맡을 만큼 막강한 만주의 최강자인 칭기스칸의 막내동생 옷치긴의 손자 타가차르가 이미 지난해 1258년 10월에 쿠빌라이에게 가담한 상태에서 정적이기도 하였던 실권자 뭉케 칸이 사망하였다. 이 때 궁지에 몰리면 자칫 남송과 일본을 엮어 대몽항쟁을 벌일 수도 있는 후방의 끈질긴 교전국인 고려가 자진해서 1259년 8월에 그에게 가담해 왔다. 이것은 쿠빌라이에게 큰 힘이 되어 주었을 것이다.

몽골군이 처음 고려에 발을 들여놓은 1218년부터는 43년, 몽골군이 무력침공을 정식으로 개전한 1231년부터는 30년이 되는 1259년 8월, 막남 대총독으로서 동아시아 경략을 책임지고 있던 쿠빌라이는 매우 명확하게 고려 태자 왕전王璭을 당태종의 친정을 물리친 '고구려 태자' 왕전으로 알고 맞이하고 있다.

『몽골제국사』(1852)에 따르면, 칭기스칸은 적군의 상황을 제대로 파악하기 전에는 절대로 적 진영에 침입하지 않는다고 지적하였다. 이렇

듯 정보전에 철저했던 몽골군의 사령관 쿠빌라이가 고구려 멸망 6백년
이 지난 때에 고구려와 고려를 분간해 낼 수 없을 만큼 무지했으리라
고는 도저히 생각할 수 없다.

팍스몽골리카 체제 하에 고려만 고려라는 국명과 국체를 유지
쿠빌라이의 이 같은 파악은, 고려왕통을 고구려의 '대족'을 이은 것으
로 파악하여, 두 나라의 맥이 이어진다고 보았던 북송조 서긍 등의 고
려관과는 차원을 달리한다. 『금사』나 『송사』, 『원사』는 모두 고려가 고
구려를 계승한다는 점을 인정하면서도 '왕'씨가 '고'씨를 대신하는 역성
易姓 계승으로 파악하고 있기 때문이다. 이에 비해 쿠빌라이는 아예 고
구려 '고'씨 왕통의 직계로서 고려 태자를 파악하고 있다. 물론 이러한
쿠빌라이의 고려관이, 요수姚燧 『목암집牧菴集』 권3 「고려심왕시서高麗
藩王詩序」에서 보듯 그 후 팍스몽골리카 체제 하에서 전에도 없고 후에
도 없는 차별화 사례를 만들어 고려에게만 그 국명인 고려와 국체를
유지케 허용하였다는 점에서 특히 주목된다. 몽골과 고구려=고려가
역사적인 맥고려貊高麗(Mongol) 순록유목 태반사를 공유한 때문일까,
아니면 단순한 외교적인 흥정의 승리일까? 어쩌면 양자를 다 고려한
쿠빌라이 대칸의 원려遠慮가 스민 긴 안목도 한 몫한 시의적절한 결단
이었을지도 모른다.

손자 쿠빌라이 대칸이 완성한 몽골세계칸국, 해양 몽골세계제국 겸전도 설계해!
원 순제(토곤 토무르칸)의 남원 탐라도 설계!
몽골 세계칸국의 완성은, 칭기스칸의 1/3 몽골칸국에 그 후 쿠빌라이

대칸에 이르기까지 금과 남송을 정복하여 2/3 몽골칸국을 이룩한 데서 비롯된다. 국기國基의 터를 닦은 것은 칭기스칸이지만 실제로 팍스 몽골리카를 이룬 사람은 그의 손자인 쿠빌라이 대칸인 것이다. 이 쿠빌라이 대칸의 고구려(=고려)사 인식은 그 후 원·고려 관계를 종래의 종번宗藩관계에서 인척姻戚관계 즉, 중원과 한국 관계사상 유례없는 획기적 관계로 전환시키는가 하면 쿠빌라이 대칸 히야드 보르지긴의 혈통을 이은 이지르부카 심왕瀋王(충선왕)에게 4칸국의 칸들과 마찬가지로 국호를 그대로 유지케 하고 대칸의 직할령이자 지난날 고구려의 고토인 요양(심양) 지역을 봉지封地로 주어 고려왕을 겸직케 하였다. 물론 칭기스칸의 아우들인 동방왕가東方王家의 영지인 대만주 지역의 분권적 요소를 통제하기 위한 칸위 계승자들의 배려이기도 했지만, 결과적으로는 옛 고구려 태왕太王을 방불케 하는 대권을 팍스몽골리카 체제 하에서라고는 하나 어쨌든 이지르부카 왕이 장악한 것만은 사실이다. 그는 칸으로부터 일인지하一人之下 만인지상萬人之上의 '우승상'직까지 권장받는 막강한 위망位望을 누렸으니, 그 자신이 히야드 보르지긴의 피를 수혈받은 천손족 알탄우룩(황금씨족)으로 무종·인종의 칸위 계승전 승리에 공을 세웠기 때문일 것이다.

이지르부카 왕의 이름이 '심양'이라는 두 글자에서 '심'이라는 한 글자로 바뀐 것은 그가 몽골 대칸의 자식 즉, 종왕宗王들과 같은 알탄우룩의 일원으로 대우받았음을 의미한다. 그는 몽골 대칸의 외손이자 사위인 부마왕駙馬王이다. 부마인 쿠르겐(qurgen)은 쿠릴타이에서 칸을 선출할 때 공주와 함께 한 가정에서 두 표를 행사할 수 있는 막강한 지위다. 그가 봉지로 받은 심양지역을 몽골 세계칸국 중앙정부인 원조가 망하고 나서까지 고려인들 스스로 자기들의 영역으로 인식하고 있었다는 사실은 『고려사』 관계기사를 시제時制를 정확히 하여 읽어내기만 하면 금방 알 수 있다.

25사 중 『원사』에만 탐라를 고려, 일본과 동격으로 독립국 취급!
원나라는 '북원' 카라코롬이 아닌 '남원' 탐라도를 선택

무엇보다도 원나라의 마지막 황제인 토곤 토무르칸(혜종惠宗, 순제順帝)이 막다른 골목에 이르러 피난궁궐을 몽골 고원의 카라코롬에 다시 지은 것이 아니라, 고향인 동몽골의 '초원의 바다'를 닮은 '바다의 초원'으로 둘러싸인 탐라도耽羅島 초원에 짓기 시작하였다는 점에 주의할 필요가 있다. 북원을 자주 거론하지만 몽골 군사귀족들의 예상대로 원나라가 일시적으로 작전상 후퇴를 감행했다면 그 후퇴지역은 '초원의 바다'인 몽골 고원이 아니라 '바다의 초원'에 자리잡은 탐라였다. 북원北元이 아니라 남원南元이 섰어야 한다는 말이다. 당시 몽골 고원에는 같은 히야드 보르지긴의 정적들이 우굴대고 있었기 때문이다. 그래서 실제로 탐라에 궁궐을 짓기 시작하였고 그에 관련된 기록과 유물이 모두 엄존한다. 세계 몽골제국 팍스몽골리카의 완성자이자 기초자인 위대한 쿠빌라이 대칸의 비전은 원대하고 유장했다. 증기기관을 장착한 함선과 함포만 없었을 뿐 그는 이미 '해양제국시대'를 내다보고 무한경쟁이 강요되는 스텝과 해양이라는 개방공간을 동시에 들여다보고 있었다. 베이징을 칸발릭大都으로 삼은 것은 스텝로드와 대만주 및 황하·양자강 유역의 농경지대, 그리고 태평양의 해로를 다 고려한 그 나름의 원대한 세계제국 구도에 따른 것이었다. 거기서 그에게 우선 눈에 들어온 것은 강화도의 강도江都와 진도, 일본열도라는 해도海島 오아시스 해로海路와 그 근거지인 탐라도였던 듯하다. 물론 옷치긴 가와의 제해권 쟁탈전도 염두에 두었을 것이다. '몽골 해양제국' 남원南元의 대도大都 칸발릭 탐라도耽羅都라고나 할까? 『25사』 가운데 굳이 『원사元史』만이 탐라를 고려 및 일본과 대등한 독립국으로 간주하여 고려와 분리해서 취급한 이유가 여기에 있다(히야드 보르지긴 에르데니 바아타르 박사학위논문, 2006에서).

남원정부 탐라도에 바이바이 태자도 선임!
대원을 본관으로 삼는 조, 이, 석, 초, 강, 정, 장, 송, 주, 진 등의 10성과 운남을 본관으로 하는 양, 안, 강, 대라는 4성도 있다

베 · 수미야바아타르 교수 | 몽골인 몽골사학자

그래서 그랬는지 원나라가 망하자 주원장은 전왕조의 대를 끊으면 좋지 않다는 말을 믿고 칭기스칸의 후손들이 자기 휘하로 들어오면 제주도로 보내곤 하여 당시 이미 80여 호 정도 되었다. 『원사』와 『명사』 관계 조항에 나오는 기사다. 그 가운데는 바이바이伯伯 태자나 달달친왕達達親王도 나온다. 태자가 나오는 것으로 보아, 당시 탐라도에 남원南元정부를 가설하고 명이나 고려 또

는 조선조가 명과 합작하여 태자까지 선임해 두었다는 사실을 알 수 있다. 그들은 그 후 되돌아갈 기회도 없었고 또 그런 기록도 없는 것으로 보아 오늘날까지도 그들이 제주도에서 제주사람으로 대를 이어 살고 있음에 틀림 없다. 실제로 『제주읍지』류나 『동국여지승람』 관계 조항, 「호구단자戶口單子」 등의 관계자료를 보면 대원大元을 본관으로 삼는 조趙, 이李, 석石, 초肖, 강姜, 정鄭, 장張, 송宋, 주周, 진秦 등의 10성이 있고 운남雲南을 본관으로 삼는 양梁, 안安, 강姜, 대對라는 4성이 있다. 몽골·한국 관계사상 이는 대단히 관심을 끄는 사항이다. 세계에서 아직 한 번도 발굴된 적 없는 몽골칸족의 무덤을 어쩌면 제주도에서 처음 발굴할 수 있을지 모른다. 만약 한국과 몽골의 고고학자들이 합작해서 무덤을 발굴해 낸다면 세계몽골학계에 일대 뉴스감이 될 뿐만 아니라 몽골연구사상 영원히 남을 연구사업이 될 것이다.

'토요일의 영웅' 베·수미야바아타르 교수의 서울 입성,
뒤이은 '큰 바위' 한촐로 교수의 탐라도 진입
거센 한국의 몽류에 이은 몽골의 한류 폭풍 예고!

필자의 이러한 생각은 1990년 3월 26일 한민족 유목태반사 연구의 본원을 연 역사적인 한·몽수교 직후인 5월 몽골문화사절단의 일원으로 한국에 온 베·수미야바아타르 교수와 같은 해 7월에 국제한국연구원 최서면 원장의 초청으로 방한한 대만의 몽골인 몽골학자 한촐로哈勘楚倫 교수를 만나면서 또 다른 차원으로 전개되었다. 베·수미야바아타르 교수는 그 후 단국대에 몽골어과가 개설되는 데 산파역을 맡았다. 한촐로 교수는 탐라도를 답사하고 나서 "탐라도는 세계에서 몽골 유목

군사귀족 문화유산이 가장 많이 살아 숨쉬는 보고다"라는 감격어린 일성을 던졌다.

당시 몽골문화사절단 가운데 유일하게 한국어를 할 줄 알았던 베·수미야바아타르 교수는 1960년대에 평양 김일성대학에서 한국어와 한국사를 공부한 몽골학자다. 우리 한국몽골학회 회원들이 1991년 여름, 1860년대 차르 러시아 탐사대원들이 거쳐간 이후 제일 먼저 외국인으로서 답사한 지역이자 그 후 계속 답사와 발굴을 전개한 동부 몽골 수흐바타르 아이막道 다리강가 솜郡이 그의 고향이다.

6백여 년 만의 경이로운 한·몽 재회,
태극문양 공유한 양국 국기에 감격하고
부르칸 신앙 공감 가능성에 흐뭇해져!
한국엔 오늘날의 몽골의 한류보다 더 거센 몽류가 일기 시작!

김포공항에 이들 일행이 도착했을 때 몽골국기에 태극문양이 들어있음이 확인된 순간부터 한국에는 오늘날 몽골의 한류韓流보다 더 거센 몽류蒙流가 일기 시작했다. 그러나 당시에는 그 동안의 단절의 역사를 말해주듯, 유학파든 국내파든 몽골어로 의사를 소통할 인재가 단 한 명도 없었다. 한문권도 아니고 영어권도 아닌데다 우리나라가 반공을 국시國是로 삼다 보니 러시아어 통역도 구하기 힘든 상황이어서 베·수미야바아타르 교수가 유일하게 의사소통의 통로 노릇을 했다. 그간 한국의 '몽류'와 몽골의 '한류' 덕분에 모태회귀적인 부르칸不咸이즘이 크게 일어나 몽골인이든 한국인이든 몽골어 통역 구하기가 아주 쉬워진 지금 돌아보면 참으로 격세지감이 느껴진다. 참고로 스키토·시베리안의 신앙의 대상이 되기도 하는 붉은가지 버드나무紅柳(burgan)는 툰드라-타이가-스텝에 두루 분포되어 있는데 타이가 시절의 몽골 '오보'가 버드나무 오보고, 만주의 '보드마마' 굿의 신주神主는 버들가지로서 유화柳花 성모신앙과 접맥된다. 혈액용해제인 아스피린의 주원료가 버드나무에서 추출되어서인지 버드나무는 어디에서나 부드러운 특성을 갖는다. 몽골 한류와 한국 몽류의 접점이 될 수도 있을 듯하다.

대흥안령 부이르 호반의 동명성왕 석상!

그는 우리와 만나면 때때로 "몽골·한국 관계사에 관한 메가톤급 원자탄을 가지고 내가 한국에 왔노라"고 폭탄선언을 하곤 했다. 1990년 여름 어느 날엔가 "부이르 호숫가 남쪽 스텝에 서 있는 훈촐로人石가 동명성왕"으로 추정된다면서 우리를 몹시 당혹스럽게 만들었다. 당시로서는 별나라처럼 멀어만 보이던 까마득한 훌룬부이르 몽골 스텝이었기 때문이다. '광역소수'를 특징으로 하는 유목적인 공간·거리 개념이 전혀 없었던 당시의 우리는 하마터면 한국에 '네오파시즘'을 전파하러 온 수상한 사람인양 호되게 그를 매도할 뻔도 했다. 그만큼 우리는 유목사에는 기막힌 사맹史盲이었던 것이다. 당시로서는 부이르 호수라면 대흥안령 북서부로 너무나 멀게만 느껴지던 땅이어서 "거기에서 고구려의 동명성왕이 말을 타고 오다니 대체 말이나 될 법한 이야기인가?" 하며 어이없어 했다. 이렇게 어안이 벙벙해하기도 하던 차에 필명이 양치기 '홍안목동'인 한촐로 교수가 한여름 하버드 대학 대학원에 재학 중이던 딸 사란(달님)과 함께 방한하였다. 한촐로(큰 바위) 교수의 고향은 대흥안령 북동부 눈 강 상류 언저리다. 바로 북부여北夫餘의 원형

고올리칸 상 | 도로노드 아이막 할힝골 솜온 숑크·타반·톨로 고이에 있는 석인상. 몽골학자들은 이것을 고구려의 동명성왕상으로 여기고 있다. 현지인들이 고올리캔(순록치기 임금?)이라고 부르는 이 훈촐로는 2005년 울란바아타르 몽골국립중앙박물관 전시관 초입의 한 중심으로 옮겨졌으나 최근 양식 있는 사학자들의 항의로 원위치로 환원되었다고 한다.

유목제국 맥국=고리국高離國의 소재지다. 딸을 "사르나!" 하고 부르는 소리가 "달님아!" 하고 부르던 우리네 억양과 너무 닮아 정겨웠다. 한촐로 교수는 독일 본 대학에서 내몽골 사회주의혁명사를 전공한 김선호 교수의 대만 유학시절 은사이기도 하다.

한촐로 교수 첫 인사말, "어머니의 나라에 왔습니다!"
대우재단 지원 '몽골비사 윤독회', 한국몽골학회의 산파역

한촐로 교수의 입국 인사 첫마디는 "어머니의 나라에 왔습니다"였다. 이 또한 황당한 말이 아닐 수 없었다. 도대체 한국이 어째서 한촐로 교수의 어머니 나라란 말인가? 혹시 한촐로 교수의 어머니가 한국여

자라도 된다는 말인가? 당시의 우리로서는 도무지 종잡을 수 없는 이야기였다. 때마침 한국몽골학회지를 『몽골학』으로 명명하자는 필자의 제안이 수용되었다. 이를 한촐로 교수께 위구르친 몽골문자로 휘호를 받아 제자題字로 병기하기로 했다. 당시 서울역 앞의 대우재단 빌딩에서 모임을 갖고 있던 '몽골비사 윤독회'는 그 후 '한국 몽골비사 학회'로, 그리고 다시 '한국몽골학회'로 탈바꿈했다.

40년 항몽전쟁 국난극복사가 몽골·고려의 팍스몽골리카 체제 구축사라니!
칭기스칸의 몽골 세계칸국은 몽골·고려 합작

오치르바트 몽골 대통령의 방한을 앞두고 울란바타르에서 열릴 예정이던 '몽·한 학자 『몽골비사』에 관한 제1차 세미나'를 대비하여 권영순 초대 주몽골 한국대사의 간접적인 요청에 따라 학회 형식을 갖추게 된 것이다. 회원은 4~5명선으로 연장자인 내가 형식상 대표직을 맡았다. 당시 방송윤리위원장 직을 맡고 있던 고병익 선생님이 회장인 나에게 차를 보내 축하만찬을 베풀어 주셨던 일이 새삼 감격스럽게 추억된다. 창립모임에서 한촐로 교수는 축사를 하는 가운데 "몽골과 고려는 함께 몽골 세계칸국을 이룩했습니다!"라고 해서 우리를 다시 경악하게 했다. '항몽전쟁 40년 국난극복사'라는 말이야 귀가 닳도록 들어왔지만, 도대체 그런 시각에서 몽골·고려 관계사를 인식하고 쓴 글은 읽어본 적도, 그렇게 정리한 말을 들어본 적도 전혀 없었기 때문이다. 한촐로 교수는 고령으로 중풍에 걸려 1997년에 타계했다. 몽골 고원에서 만났던 그의 눈에 어쩐지 눈물이 고여 있었던 것을 이제서야 새삼 기억해 내고, 그가 당시 '어머니의 나라' 한국에서 던진 말 한마디 한마디가 모두 유언이었음을 뼈저리게 실감했다.

대흥안령의 남서부 대초원과 북동부 초원을 각각 고향으로 두고 있던 두 몽골학자와의 충격적인 만남은 우리에게 몽골 역사유적 현지답사와 유적지 발굴, 몽골학자들과의 공동연구를 촉진하게 만들었다.

이 과정에서 예전에는 생각해본 적이 없던 유적과 유물 및 구비사료들을 만나게 되었다. 필자 개인적으로는 문헌사학도인 상태에서 1960년대 중반에 공주 석장리 구석기 유적의 발굴에 참여하고 1970년 초반까지 연세대박물관에 근무하였던 경험이, 뜻밖에도 몽골 유목사 연구에 깊고 넓은 시각과 시력을 주어, 필요에 따라서는 시대와 공간 및 전공의 장벽을 거침없이 넘나들 수 있는 대담성을 발휘할 수 있게 해주었다. 어학공부의 일상화 관습도 도움이 됐다. 답사 현장에서 때때로 파른 선생님께 새삼 고마운 생각이 들곤 했다. 이 모든 것들이 13~14세기 몽골사 연구에서 몽골유목의 기원을 찾아 양유목에서 순록유목까지 소급하여 연구하는 데 큰 힘이 되었다. 심지어 보병 소대장 근무경험도 팀을 이끌고 낯설기만 한 험로를 헤치며 스키토·시베리안 유목사 현장을 탐사하는 데 큰 도움을 주었다. 모두 당시에는 전혀 기대한 적이 없던 유익한, 그간의 학습과 체험의 결과들이었다.

『몽골비사』와 『삼국사기』, 『삼국유사』

수교 이후 처음 '한국『몽골비사』학회'가 만들어지고 『몽골비사』라는 책이 한국 사회에 널리 알려지게 되자 왜 '정사'를 연구하지 않고 하필 '비사'를 연구하느냐는 반응이 나왔다. 『몽골비사』는 칭기스칸의 히야드 보르지긴 씨족사라서 가장 비밀스러운 혈통의 역사를 담고 있는 역

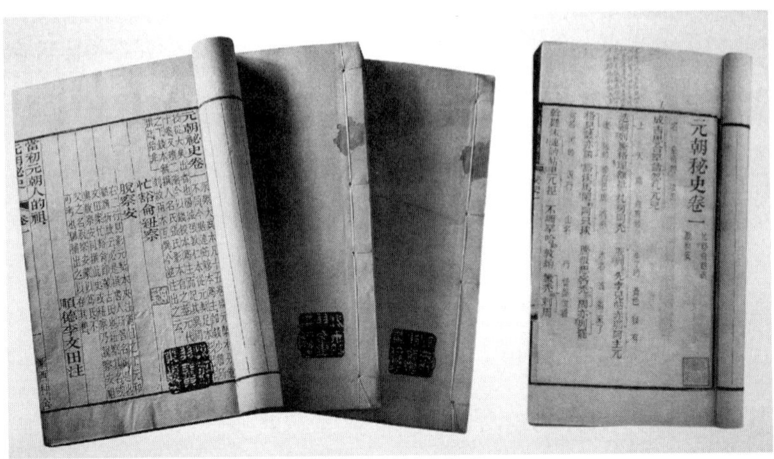

『**몽골비사**』 | 이름 때문에 자칫 야사로 여겨질 수 있으나 우리나라의『삼국사기』나『삼국유사』와 같은 가치를 갖는 중요한 사료다.

사서다. 따라서 정사 중의 정사라고 할 수 있다. 하지만 그 때까지도 이 사서가 몽골사 연구에서는 우리의『삼국사기』나『삼국유사』만큼 큰 비중을 지닌 귀중한 사료라는 사실을 전혀 이해하지 못했다.

『삼국사기』가 당말오대 이후 거란, 여진, 몽골 등 일련의 북방민족의 남침 위협에 대항하는 논리를 뒷받침하는 사서로 편찬된 것인 데 비해, 일연의『삼국유사』는 그의 일생이 1206년 칭기스칸의 몽골 고원의 통일·창업기에서 시작하여 1289년 그의 손자 쿠빌라이 대칸의 몽골 세계제국의 완성·수성守成기에 끝나는 데서 알 수 있듯이 북방민족의 침략 내지 점령 하에서 여기에 도전·응전하는 논리를 개발하는 사서로서 편찬되었다. 이 점에서『몽골비사』는 본질적으로『삼국유사』와 서로 공유하는 부분이 많은 듯하다.

한 가지 난처했던 점은, 대흥안령 지역을 고향으로 하고 그 곳의 언

258

어와 역사를 연구하는 데 평생을 바친 이들의 문제제기에 대하여, 접근방법이 다르다는 이유로 몽골학에 입문한 지 채 10년도 안 되는 소장연구자들이 간단히 "저들은 학자도 아니야!"라며 묵살해 버리는 경향이었다. 묵직한 거물급 몽골학자들일수록 몽골학을 갓 시작한 초학자처럼 누구에게나 진지하게 배우려는 자세를 보인다. 근래 국제몽골학계에서 이들을 마주 대하면서 그러한 연구자세를 배우게 된 것도 필자가 얻은 가장 소중한 성과 중 하나다. 몽골유목사 연구에서는 문제를 해결할 수 있는, 과학적 토대를 갖춘 접근방법이라면 어떤 것이든 다 포용할 수 있는 유연성이 특히 긴요하다는 생각이 든다.

바람 센 개활지 동몽골 스텝과 태평양 바다의 탐라섬,
몽골 세계칸국기 같은 몽골 목마장과 석인상 돌 문화 공유!
영웅적 조상 수호신상, '지킴(harah)이 왕'이 돌 하르방의 본뜻 추정
제주대 강영봉 교수의 돌하르방 기증식

한·몽 수교 초에 두 교수가 제기해준 문제들은 그 후 특히 동몽골 출신 학자들을 만나보고 1991년 이후 몽골과학원 연구소 연구원들과 한·몽 공동 현지답사와 유적발굴을 하면서 좀더 구체적인 문제로 정리되었다. 우리가 1991년 8월 초에 첫 답사지인 다리강가 스텝에 발을 들여놓은 것은 원래 고올리高句麗 성터와는 전혀 상관이 없었다. 『몽골비사』 윤독회의 토론 과정에서 몽골 세계칸국기에 동몽골 다리강가 지역이 중심 목마장이었고 고려의 탐라섬은 그 한 분지였다는 사실이 확인되었다. 전국의 목호牧戶들이 필요에 따라 각각 다리강가로 호출·소집되기도 하고 실링복드는 칭기스칸이 출정 전에 전마와 몽골 경기

병을 점검하고 점호한 곳이었다고 했다. 때마침『조선일보』지면을 배경으로 '『몽골비사』윤독회'와 김병모 교수 사이에 제주도 돌하르방의 기원을 둘러싼 논쟁이 벌어졌다. 이것이 실마리가 되어 이 지역에 대한 현지답사를 1860년대 차르 러시아 탐사대원 이후 처음으로 시도하게 되었다. 답사결과 1차 보고에서 우리는 김병모 교수의 몽골 스텝의 훈촐로와 제주도 돌하르방의 상호무관론이 탁상공론이었음을 밝혀냈다. 김병모 교수는 현지답사도 전혀 하지 않은 채 어떤 글에서 몽골 고원에는 석인상이 없다고까지 공개적으로 단언하여 한·몽관계사, 보다 구체적으로는 동몽골 스텝과 제주도 관계사의 복원에 큰 혼란을 주기도 했다. 바람 센 개활지인 동몽골 스텝과 태평양 바다의 탐라섬에는 몽골 세계칸국기에 몽골 목마장이 설치되었고, 돌문화도 공유하였다는 사실이 확인되었다. 즉 바람 센 개활지 목마장에 양떼와 말떼를 지켜 부족이 먹고 마시고 이를 지켜줄 군마를 수호해주는 영웅적 조상을 수호신상으로 모셨는데 이것이 훈촐로와 돌하르방의 실체였던 것이다. 그래서 하르방은 '지켜본다'는 harah와 '임금'을 뜻하는 vang王의 복합어 명칭이라는 한촐로 교수의 탁견에 주목하게 되었다. 이를 기념하여 제주대 강영봉 교수는 동몽골 훈촐로와 닮은 작은 제주도 돌하르방을 몽골 정부에 직접 기증하는 의식도 가졌다.

유적지로서의 조건이 너무 좋아 보여서 이듬해 '한국『몽골비사』학회 동몽골 대장정'이라는 이름의 답사계획을 몽골과학원과 함께 짜게 되었다. 그 준비 과정에서 처음으로 고올리성 터에 대한 정보를 수집하였고 이에 본격적인 조사에 나서게 되었던 것이다.

고올리에 관한 관계 구비전승사료를 수집하기 시작한 것은 1992년 7월 하순 한·몽 공동 대답사단을 구성하여 부이르 호숫가에 이르렀을 때부터다.

동기간임을 서로 재확인하는 고올리와 몽골 여인들의 인사법 관행!
몽골과 고려의 갈림길은 제야 강, '제야'는 에웽키어로 '칼날'이라는 뜻!
몽골 사람들의 발길도 닿기 힘든 외진 동몽골 대스텝에서 뜻밖에도 1992년 7월 28일 잠스랑수렝(당시 67세)이라는 촌로를 통해 다음과 같은 고올리 유적과 유습에 관한 이야기를 들었다.

"이 곳의 고올리족과 몽골족은 원래 한 종족인데 고올리는 동으로, 몽골은 서로 각각 갈렸다. 이에 두 부족의 부녀자들 사이에는 혈족임을 확인하는 일정한 의식이 있었다. 이 곳의 몽골 부녀자와 고올리 부녀자들은 게르(집)에서 나와 말을 보러, 곧 화장실에 가다가 서로 마주치게 되면 특이한 행동을 하였다. 즉 몽골 부녀자는 서남쪽에서 옷소매로 손을 감싸고 왼쪽 손을 들어 북동쪽을 향해 한 번 돌리고, 고올리 부녀자는 북동쪽에서 오른손을 들어 같은 방법으로 서남쪽을 향해 한 번 돌려 인사를 하였다. 이는 본래 한 종족이었지만 여기서 서남쪽으로 진출하여 몽골 스텝의 유목민이 된 몽골 사람과, 동북쪽으로 가서 고올리 사람이 된 고올리 사람들이 서로 한 피붙이인 동기간임을 일깨우는 인사의례였다."

이 이야기는 한국인이 아니라 생전에 처음 만나는 훌룬부이르 몽골 스텝의 원주민 노인이 들려준 것이어서 더욱 감격스러웠다. 그 후 2005년 2월 초순에 눈 덮인 제야 강 언저리를 직접 답사하면서 그 전

도깨비 무늬 숫막새 기와 | 평양 언저리에서 발굴된 5~6세기 제품으로 추정되는 유물(좌)과 동몽골 다리강가 스텝의 숨팅 토이롬 고올리 성터에서 발굴된 유물(우). 같은 무늬의 기와임에도 불구하고 농경지대와 유목지대의 제품은 확연히 차별화된 느낌을 준다.

설의 기원지가 제야 강변이고, '제야'란 바로 '칼날'이라는 뜻의 에웽키 어임도 알게 되었다.

'광역소수'의 스텝유목지대 농경엔 쇠쟁기보다 나무쟁기가 적격!

그 때 SBS TV 홍성주·홍순철 PD 취재팀이 우리와 다른 날 이 이야 기를 채록하였다. 필자는 1999년 10월 이 곳 내몽골 경내에서 아직도 비만 오면 봇물이 흐르는 거대한 논벼(오순 도토락)농사 농장터를 직 접 확인했는데, 앞의 잠스랑수렝 촌로는 1992년 7월 28일 고올리 사람 들의 농토였던 고올리 농장터가 이 곳에 있었으며 이 곳의 농법은 중 국식도 소련식도 아닌 자기네들 고유의 것이라고 했다. 그러면서 몇십 년 전까지도 나무쟁기로 밭을 갈았다고 하였다. 대장간을 두고 쇠쟁기 를 만들 만큼 시장이 형성되지 못하였던 '광역소수'의 스텝유목지대 농 경이었기 때문일 것이다. 고올리 나라의 국경선이 바로 이 부근인데 거기에 고올리의 칸 또는 라마라고도 부르는 훈촐로가 있다고 했다. 다음 날 이 곳을 현지답사하여 직접 확인했다. 그 밖의 고올리 나라의 칸이나 사람들에 관한 기록은 『토왕德王군의 역사』라는 책에 기록되어 있다고 했다. 잠스랑수렝 노인의 말에 따르면, 자신의 스승이 베껴둔 사본이 전하였으나 군복무를 마치고 돌아와보니 책이 없어졌다고 했다. 토왕(Demchukdonggrub)은 1930년대 초 내몽골의 자치·독립운동을 이끈 지도자로서, 1921년 사회주의혁명 이전까지 훌룬부이르 몽골 스텝을 다스렸다. 1938년 11월 16일 일본방문 후 귀국길에 서울에 들러 라디오 방송으로 한·몽의 형제애를 강조하며 내몽골의 자치와 독립을 읍소하여 당시 한국국민들로부터 큰 공감을 불러일으키기도 했다.

사실 몽골인과 한국인이 본래 같은 근원에서 나왔다는 이야기는 그간 막연히, 그러나 끊임없이 언급되어 왔지만 우리가 아는 한 두 민족이 같은 겨레였음을 이렇게 뚜렷하게 보여주는 증언과 문헌사료의 존재 가능성은 어디에서도 찾아볼 수 없었다. 그러던 것을 대흥안령을 넘어 부이르 호숫가의 광활한 벌판에 이르러서야 비로소 구비전승 사료로서 처음 확인하게 된 것이다. 여기에서 필자는 훌룬부이르 몽골 스텝의 역사를 천착하며 유목민이 본 몽골·한국 관계사를 연구 복원하다 보면, 반드시 문헌사료나 유적의 유물을 통해 이를 밝혀낼 실마리를 잡을 수 있으리라 확신하게 되었다.

부이르 호수 남쪽 호반에 석인상 2기가 있다. 그 중 하나가 고올리 칸상이라고 불리는데, 언젠가 울란바아타르의 몽골 국립중앙박물관 전

초원에 서 있는 사슴돌과 누워 있는 석인상

시실로 옮겨갔다가 최근에 시가들의 거센 항의가 있어 원위치시켰다.
잘 다듬은 대리석 석인상을 확인하는 순간, 도대체 이 머나먼 외국 땅
에서 고올리칸의 석인상이 그토록 오랜 세월 중수重修에 중수를 거듭
하며 오늘날까지 건재할 수 있었던 이유가 무엇인지 궁금해졌다.

이 곳은 특히 고대 유목제국이 성립한 시기를 전후하면서부터 가장
치열한 싸움터였고, 할힝골 전투의 상흔을 보여주는 1938년도 탄피도
아직까지 흩어져 있다. 러시아·몽골 탱크부대에게 일본군이 섬멸당
한 할힝골 스텝 전투를 내몽골의 훌룬부이르 몽골 스텝에서는 '놈온한
전투'라고 한다. '놈온 한'이란 '활의 영웅(칸)'이라는 뜻인데, 비슷한 뜻

264

의 이름을 가진 후고구려의 궁예弓裔나 고구려의 주몽朱蒙을 연상시켜 흥미롭다. 이 문제에 대한 연구에 오래 심취했던 박한설 교수가 새삼 상기됐다.

고올리칸 석인상은 순록유목민의 공동조상 쿠르간(Kurgan)=고올리칸 천손족의 시조 '순록치기 임금!'

상고시대부터 최근세까지 이토록 치열한 싸움터였기 때문에 다른 석인상들이 대부분 목이 잘린 채 머리가 다시 얹혀졌거나 아주 없어져 버렸다. 그런데 그 와중에 고올리칸 석인상만이 이토록 건재할 수 있었던 까닭은 무엇일까? 이 석인상은 앞서 이야기한 바 있던 베·수미야바아타르 교수가 동명성왕 석인상이라고 추정하였던 그 상이다. 사실 너무나 후지고 막막한 몽골 스텝지역이다 보니 그 자신도 직접 와서 보지는 못했다는데, 놀랍게도 검붉은 피부를 가진 현지 원주민들은 이 상을 그의 말대로 고올리칸상이라고 부르고 있었다. 이 때 제기되었던 질문을 안고 시베리아·몽골·만주를 떠돌며 헤맨 지 15년 만에 필자는 그 고올리칸상의 고올리가 코리(Qori) 즉 순록을 뜻하며, 고올리칸이란 순록 유목민의 임금인 바로 그들의 공동 족조族祖의 영도자를 뜻한다는 것을 알게 되었다. '사슴馴鹿?돌'이 함께 서기도 하는 쿠르간(Kurgan=돌묻이무덤, 적석총)과 같은 의미를 가진 것이다. 결국 순록치기 조상 임금 고올리칸 족조와 그 후예인 천손족 조선, 부여, 흉노, 선비, 고구려, 신라, 돌궐, 발해, 거란, 여진, 몽골과 만주의 여러 칸들이 다 여기에 접맥되었던 까닭에 그 명맥을 그토록 줄기차게 보전하여 내려올 수 있었던 것이다. 1993년 8월 8일 홉스굴 아이막 에린칭룸베 만

가셴둥

년설 설산 아래에서 만리타향 현지답사 때 낯선 이들 사이에서 외로워 지면 필자는 타령조 소리를 흥얼거리곤 했다. 이 타령을 들은 이 지역 출신의 샤먼 연구자 오·푸렙 교수가 "당신이 읊고 있는 노랫가락이 에린칭룸베 만년설 속에서 살고 있는 차아탕과 아주 많이 닮았다!"고 한 적이 있다. 그 날로부터 꼭 6년 만인 1999년 8월 11일, 선비족의 조상제사 석굴 가셴둥嘎仙洞('알'선동은 잘못. 한자음으로도 '갈'선동으로 읽어야 한다)이 자리잡고 있는 대흥안령 북부 훌룬부이르 몽골 스텝 오룬춘 기旗 민족박물관에서 실로 우연히 그 역사적인 오랜 인연의 실타래를 풀 수 있는 실마리를 잡았다. 오·푸렙 교수는 이필영 교수가 챙겨준 대전 신석봉 법사의 앉은굿 녹음테이프를 듣자마자 이것이 서

266

부가 아닌 바이칼 동부 솔론족의 리듬이라고 직감적으로 알아맞췄다. 솔롱고스 곧 한국의 가락이라는 것이다. 답사를 다녀온 후 주한 몽골 대사관을 통해 허가없이 몽골의 오지민속을 취재했다는 이유로 정식으로 경고조치를 받기는 했지만, 그들이 가셴둥이 있는 대선비산의 원형인 거대한 타이가 지대인 사얀鮮 산맥 중의 투바 소욘鮮족 순록유목민임을 확인한 것은 험난한 답사길을 무던히 헤매며 찾아들었던 투바 국립대학 외빈숙사에서 엔·베·아바예프(투바사)와 엘·카·헤르테크 여교수(스키타이사)를 만난 2001년 8월 중순경이었다. 고원 건조지대의 답사에 지칠 대로 지쳐 좀 쉬고자 했던 여흥의 순간에 찾아든 놀라운 기별이었다고나 할까?

고올리는 고구려인가, 고려인가?
1921년 혁명 이전 동부 몽골인은 솔롱고스라는 이름 전혀 몰라!
오로지 고올링 올스國라는 명칭만 썼다

몽골학자들도 선뜻 나서려 하지 않았던 험난한 답사길을 강행군하여 얻어낸 값진 열매였다. 그렇다면 이들에게 도대체 고올리칸은 어떤 존재였을까? 한국이라면 역사상의 고구려를 가리키는 것일까, 아니면 고려를 가리키는 것일까? 더군다나 수도 울란바아타르를 비롯한 바이칼 호 북극해권인 서부 몽골에서는 한국을 모두 솔롱고스라고 부르는데, 『몽골비사』 칭기스칸의 기본무대로 훌룬부이르 호 패평양권인 동부 몽골에서는 1921년 혁명 이후 새 교육을 받기 전에 솔롱고스라는 말을 전혀 몰랐고 오로지 '고올링 올스國'라는 명칭을 사용했다고 한다. 이런 현지인들의 놀라운 증언 또한 우리가 세계몽골학계에 처음 보고하는 터다.

이처럼 훌룬부이르 호 패평양권인 동부 몽골에서 사용되어 온 '고올링 올스' 곧 '고올리의 나라', '순록치기의 국가'라는 이름은 한국을 가리킨다. 이것이 더 구체적으로 역사상의 고구려를 가리킨 말에서 유래한 것임이 증명된다면, 칭기스칸의 막내아들로 아버지의 본거지를 상속받은 톨루이와 다시 그의 유산을 이어받은 톨루이의 아들, 곧 칭기스칸의 손자 쿠빌라이가 『원사』 「고려전」에서 보듯 고올리(고구려)를 역사상의 신라·발해와 고려를 포함한 나라로 인식하고 있었음을 증명할 수 있을 것이다.

바이칼 호 북극해권에서는 '솔롱고스'로,
훌룬부이르 호 태평양권 또는 대만주권에서는 '고올리'로!
펠리오(P. Pelliot), 솔롱고스는 솔롱고를 사냥해 먹는 종족들

쿠빌라이가 쓴 '고려'라는 호칭의 경우, 이미 1240년경에 편찬된 것으로 보이는 『몽골비사』 274절에 솔롱가스(Solongas)라는 표기가 보이는 것으로 보아 특수한 지역사의 전통을 살려 '솔롱고스'가 아닌 '고올리'라는 이름을 썼을 것으로 추정된다. 이는 물이 북극해로 북류하는 바이칼 호 북극해권 '서부 몽골'과 물이 태평양 쪽으로 동남류하는 훌룬부이르 호 태평양권 '동부 몽골'의 지역사적 전통과 관련하여 매우 중요한 의미가 있다. 양자 사이에 야블로노비·스타노보이 산맥이라는 외흥안령을 분수령으로 하고 고대 유목제국의 성립기를 분기점으로 하여 일정한 시기까지 바이칼 호 북극해권의 씨족·부족권과 훌룬부이르 호 태평양권 또는 대만주권의 부족연맹·유목제국권으로 크게

셀렝게 아이막 오르홍 솜의 고올리 성읍 종이공방터

나눠지기 때문이다. 결국 순록유목민 코리족이 기마 양유목으로 발전하면서 대만주권에서 목농을 아우르는 고대유목제국 고구려로 도약하는 동부몽골을 내포하는 대만주권에서는 '고올리'로, 그리고 동부 몽골 지역에서 거리가 떨어진 서부몽골 북극해권(수렵 위주의 씨족·부족권)에서는 막연히 바이칼 호수 동쪽의 솔롱고黃鼠狼를 사냥하여 먹고사는 종족들(P. Pelliot, Histoire Secrète des Mongols, Paris, 1949)의 국가라는 의미로서 '솔롱고스'라고 부르게 되었던 것으로 보인다.

고구려벽화와 돌칸무덤

1992년 동부몽골 대탐사에서 부이르 호수 언저리의 고올리 성읍터와 수흐바아타르 아이막道 다리강가 솜郡의 숨팅 토이롬 고올리 성읍터를

제주도 돌 하르방 | 돌하르방 곁은 내몽골대학 에르데니 바아타르 교수

답사했다. 1993년 6월에는 셀렝게 아이막 오르홍 솜의 고올리 성읍 종이공방터를 답사하고 1994년에는 이 종이공방터를 시굴하였다. 고려지高麗紙의 명성으로 미루어 당시 고려장인들이 만든 고려지가 수도 카라코룸에 공급되었을 것으로 추정하였다. 1994~1995년에 걸쳐 숨팅 토이롬 고올리 성읍 터를 발굴하면서 이러한 생각들은 더욱 구체화되었다.

특히 1995년 5~8월 숨팅 토이롬 고올리 성읍 터 발굴(단장 손보기)에서 고구려 돌칸무덤 2기와 벽화고분을 발굴하였다. 도깨비무늬 수막새 기와 등 유물이 많이 나와 헤·페를레의 『몽골인민공화국 고중세 성읍 터 간사』(울란바아타르, 1961)에 채록되어 있는 전설대로 이 곳이 고구려고분이고 따라서 '고올리'라는 이름은 고려와 함께 보다 더 원초적으로는 고구려를 지칭하는 것이라는 확신이 섰다.

몽골 고원 현지답사와 발굴은 1991년 8월 초, 대우재단의 '몽골비사 윤독회' 팀이 중심이 되어 구성된 '한국 몽골비사학회'가 '한국몽골학

다리강가 몽골스텝 훈촐로 | 13세기 몽골 황족이나 귀족으로 고증되고 있다.

회'로 탈바꿈하면서 한·몽『몽골비사』공동학술회의(울란바아타르) 개최의 일환으로 이루어진 제주도 돌하르방 기원 탐사를 위한 수흐바타르 아이막 다링강가 솜의 훈촐로人石 유적지 답사가 기폭제가 되었다. 당시 한국 '몽골비사 학회' 회장으로 있던 필자는 회장직권으로『몽골비사』한글판 주해본 출간(1994년 도서출판혜안 간행) 대우재단 지원금을, 막 인디아나 대학 유학에서 귀국한 유원수 박사에게 돌려 작업에 착수하게 하였다. 그리고 당시로서는 큰 모험이라 할 몽골 고원 현지 답사길에 회원들과 함께 동참하였다. 그 후 한·몽 고고학자들이 여기에 동참하여 한·몽 학술조사연구협회가 만들어져 1992 ~ 1996년까지 답사와 발굴을 계속하였다. 재단법인 대륙연구소 장덕진 회장의 자금지원을 받아 답사와 발굴을 추진하다 당시 김영삼 정부의 지원중단으로 어려움을 겪기도 했지만 1998년경까지 손보기 단장의 주선으로 이른바 '동몽골 프로젝트'가 계속되었다. 한편 1997~2006년 현재까지 한국국립중앙박물관이 한·몽 공동학술조사사업에 착수하여 학술조사가 이루어지고 있다. 이 조사작업에는 지금까지 한국몽골학회 회원인 한·몽 학술조사연구협회 이평래 조사팀원이 동참하고 있다. 그는 1991년 8월부터 답사에 참여한 몽골학술조사팀원이다. 필자는 몽골유목기원사, 특히 순록유목 태반사 연구에 본격적으로 몰입하면서, 연구대상의 성격상 조사팀을 떠나 1996년 이후부터 지금까지 주로 흥안령과 시베리아 일대의 답사와 발굴에 관심을 가지고 여기에 주력하였다.

몽고올리와 맥고올리

한국·몽골의 기원과 관련한 '몽蒙고올리'와 '맥貊고올리'의 가설을 발굴현장팀인 김광수, 최복규, 한창균 교수 및 김장구 석사와 벌인 토론과정에서 떠올렸다. 구체적인 연대를 측정하기 위해서는 무덤 안에서 충분한 자료를 채취하고 동남몽골에 적지않게 산재되어 있는 다른 고올리 무덤들을 더 발굴하여 비교 검토하는 일이 요구되기는 하지만, 몽골측 고고학자들도 이것이 몽골의 무덤 형태와는 다른 특이한 무덤임을 확인한 것은 일단 큰 수확이었다.

몽골족의 기원을 언급할 때 몽올실위蒙兀室韋를 이야기하고 고구려 지배종족을 언급할 때 『후한서』「동이열전」 고구려에 보이는 "고구려의 다른 이름이 바로 맥貊"이라는 기사를 들어 맥족을 주로 거론하는 것은 이미 일반화되어 있다. 실위족은 흑룡강과 눈 강 사이에 주로 살았으며 원몽골부족의 핵심을 이루는 몽올부에 대해서는 『몽골비사』와

『집사』에 그 기록이 보인다.

같은 맥계인, 탁발의 가셴둥과 고구려의 국동대혈 비교 조사를!
부여 이름의 숫수달 '부이르' 유래 가능성!

국동대혈에서 바라다본 압록강 | 서길수 고구려연구회 초대 회장 제공

그들은 처음에 에르구네 강 부근 산골짜기에서 살다가 점차로 흑룡강 남쪽 언덕과 실카강 언저리, 에르구네 강 동쪽으로 옮겼다. 남실위에 속하는 오락후烏洛侯인이 443년 처음으로 북위에 조공을 하기 전에 실위족은 유도산幽都山에 살았고 현구민玄丘民이나 적경민赤脛民이라고 불렸다. 『산해경』 제18 「해내경」에 나오는 기록이다. 최근 대흥안령 북쪽 기슭에서 탁발拓跋의 석실이 발견되면서 탁발이 실위족을 가리킨다는 사실이 확인되었다. 손진기의 「실위 여러 족의 원류」(『동북민족원류』, 임동석 옮김, 동문선 1992)에 의하면, 탁발족은 특히 감甘 하 유역의 발鉢실위와 가장 가까운 부족이라고 한다. 발실위는 부

여족과 접맥될 가능성이 있다. 부이르(Buir) 호의 '부이르'는 숫수달이라는 뜻으로, 숫수달의 모피가 암수달보다 더 좋아서 부이르라는 이름으로 불리게 되었다. 사냥부족이 강성해지면서 고대 유목제국으로 발전하였을 것이며, 발鈸과 부여夫餘는 모두 '부이르'와 유관한 것으로 보인다. 대선비산大鮮卑山 가셴둥嘎仙洞에서 탁발의 석실을 발견한 미문평米文平을 1999년 10월 훌룬부이르 몽골스텝 하일라르에서 맹청盟廳 주관 학회의 공동발표자로서 만나본 적이 있다. 당시 70대 중반의 나이였던 그는 탁발과 같은 맥貊계 민족인 고구려의 국동대혈國東大穴을 우리와 함께 답사할 수 있기를 간절히 소망하고 있었다.

북이北夷 고리국에서 망명해온 북이 부여족 동명!
고리(Qori) → 북부여사라는,
부여사 소외로 끊어진 동이東夷 한민족 유목태반사 고리!
한민족 고대제국 유목태반 역사,
고리국槀鹿國, 북부여, 고구려가 키워드
수조전설 코드로 읽어야!

그런데 『논형論衡』 「길험편吉驗篇」에는 동이가 아닌 북이北夷족 부여夫餘국을 세운 동명東明이 역시 동이東夷가 아닌 북이北夷 탁리橐離국에서 남쪽으로 망명해 온 것으로 기록되어 있다. 탁리를 색리索離로 표기한 것은 차이가 있지만, 『후한서』 「부여전」에도 역시 동이東夷가 아닌 북이北夷를 동명의 출신국으로 적고 있다. 『위략魏略』에서는 탁리국을 고리槀離(Qori)국이라고 표기하여 결국 같은 부여국의 건국설화를 기록하고 있다. 이로써 보건대 탁리, 색리, 고리는 모두 같은 대상을 서로 다르게 쓴 것임을 알 수 있다. 여기서 부여가 농안, 장춘과 길림을 중심으로

274

해서 세워진 나라라고 본다면, 동명은 그 북쪽에 있는 고리국에서 말을 타고 남하하여 내려왔다는 이야기가 된다.

『삼국사기』와 『삼국유사』, 그리고 「광개토대왕비문」에도 고구려의 시조 주몽이 동부여에서 태어났음에도 불구하고 고구려 왕실의 법통의 근원은 북부여에서 온 천제의 아들 해모수에 두고 있다. '동명전설'과 '주몽전설'이 형식은 같다 해도 해모수의 나라 북부여는 부여보다 위쪽에 있다. 또 동명이 남으로 내려와서 북이족의 '북부여'국을 세웠다고 했으니 고리국은 당연히 그보다 더 위쪽일 가능성이 있다. 따라서 문제의 초점은 동명왕이 말을 타고 남쪽으로 망명했다는 쪽에 맞춰져야 한다. 바꿔 말해 고리(Qori)·북부여사가 빠진 조선·고구려 유목제국 태반사는 도저히 복원해낼 수 없다는 것이다.

**돌궐은 아나톨리아로 서진하여 터키제국 이룩,
거란왕족 야율대석의 서진과 카라키타이 제국 건국,
동명의 '출고리出槀離국 노정' 남하 망명과 북부여 창업!**

당시 기마사술騎馬射術은 최첨단 군사기술이었다. 이동기간의 장단 문제는 있었지만 말을 타고 원주지를 떠나 나라를 세운 사례는 적지 않다. 돌궐인들은 서진하여 아나톨리아 고원에 대제국을 세웠다. 요나라가 망할 때 황족 야율대석은 불과 200기만을 거느린 채 바르하시 호카스가르와 코탄 지역으로 망명하여 당시 서구인들을 공포로 밀어넣은 강대국 카라키타이(흑요黑遼 또는 서요西遼) 제국을 세웠다. 십자군 전쟁이 계속된 200여 년간 줄곧 서구기독교권을 두려움에 떨게 한 살죽터키군을 일거에 섬멸시키고 일약 유라시아의 최강자로 부상하여

캐데이(Cathey)라는 이름으로 서구에서 동북아권을 대표하게 된 사실
은 너무나도 유명하다. 스텝의 '말'은 아니지만 바다의 '함선'을 타고 15
세기경 아메리카 대륙으로 진출한 바이킹 태반 출신 앵글로색슨 또한
장거리 원정중에 창업된 제국이라는 점에서 일맥상통한다. 이 같은 사
례들에 비추어 보면 동명東明의 '출고리出槀離국 노정' 망명을 예사롭게
만 볼 것이 결코 아니다. 이러한 기동성을 제국 창출의 원동력으로 삼
는 세력들의 태반 역사를, 당시의 현지에서만 천착해 내려는 노력이
헛될 수밖에 없는 것은 당연하다.

원몽골족 몽올蒙兀 실위의 주거지 에르구네 강과 실카 강 언저리가,
바로 북이 맥족, 곧 고리槀離족인 동명의 태생지일 수도!
기원전 5~3세기에 송화강~요하 유역의 송요 평원으로 이주
1970년 초 북한학계, 호눈 평원 맥국=고리국 자궁, 부여와 고구려의 모태 선언
이동거리도 당시 농경정착민들의 상식으로는 상상하기 어려운 먼 거
리였을 것이다. '북이' 고리국에서 망명하여 남하해 온 동명이 세운 북
부여국도 북이지역에 있다. 두막루豆莫婁는 북부여의 후예가 북부여 땅
에 세웠다고 했는데, 『위서』「두막루」조와 「물길」조를 보면 역시 물길
국勿吉國에서 북쪽으로 천 리나 떨어진 곳이라 했다. 따라서 두막루도
당연히 '북이'다. 1970년대 이래 북한학계가 고리국을 눈강 서쪽에 있
던 맥국 곧 고리국이라고 보고, 이들이 훌룬부이르 몽골 스텝~눈 강
유역의 호눈 평원 또는 송화~눈 강 유역의 송눈 평원에서 송화강~요
하 유역의 송요 평원으로 이주하는 시기를 기원전 5~3세기로 파악하
여 부여와 고구려가 모두 맥국의 별칭인 고리국에서 분화된 세력에 의

276

해 건국되었다고 본 것은 주목할 만한 견해다. 이에 관해서는『한국사 (2) - 원시사회에서 고대사회로(2) - 』(한길사, 1994)에 잘 소개되어 있다. 그렇다면 북부여 내지 고리국의 영역은 바로 실위족의 주된 선조로 보이는 현구민이나 적경민의 거주지인 흑룡강과 눈 강 사이일 수 있다. 따라서 원몽골족인 몽올실위의 주거지인 에르구네 강과 실카 강 언저리는 바로 북이 맥족 곧 고리족인 동명東明의 태생지일 수도 있다.

몽골족의 기원지 에르구네 강 언저리가
동명의 태생지 북이 맥국(=고리국) 땅일 수도!
호눈 평원은 몽골스텝으로 전개되는 초입, 기마 양유목 발전
한편 송눈 평원지대로 진출하여 목농업을 크게 발전시켜
비로소 사회분화가 일어나 고대 유목제국이 형성되기 시작
비파형 동검의 분포지 서북단 훌룬부이르 맥고리국 문화,
백금보 문화의 주인공으로 하가점 상층문화와 밀접하게 연계!

근래 울란호트에서 말을 타고 고구려 유적들을 추적하며 답사한 윤명철 교수가 더 좋은 말을 구하러 가다 보니 저절로 역사적인 천혜의 목마장인 훌룬부이르 몽골스텝 쪽으로 가게 되더라는 고백이 우리에게 시사하는 바는 자못 크다. 동북아시아 기마사술의 본거지인 훌룬부이르 몽골스텝은 바로 동명을 낳아 키워낸 태반일 수 있는 까닭이다.

위구르인 북방민족사학자 전백찬剪伯贊이 "훌룬부이르 몽골 스텝은 줄곧 유목민족의 역사요람이 되어 왔다. 북방민족사 상 선비, 거란, 여진과 몽골 사람 들이 모두 다 이 요람 안에서 그들의 청춘시대를 보냈다"(백가락白歌樂·왕로王路·오금吳金, 『몽골蒙古족』, 후흐호트 민족출판사, 1989)고 지적한 것은 정곡을 찌르는 말이다. 이 곳 훌룬부이르

몽골스텝~눈 강에 걸치는 호눈 평원은 몽골 스텝으로 전개되는 초입이어서 기마 양유목을 발전시키는 한편, 눈 강을 따라 내려가는 강물이 장백산맥에서 서류西流해 오는 송화강물과 합류하여 북류北流하며 비옥한 만주의 송눈 평원지대로 진출하여 목농업을 크게 발전시킬 수 있었다. 바로 이로부터 비로소 사회분화가 일어나 고대유목제국이 형성되기 시작했으니, 흉노 이래의 역사상의 동북방 유목제국들이 모두 이 곳을 태반으로 하여 창업되었다. 만약 북이족인 맥족도 맥고리 즉 몽골이라는 이름으로 여기에 동참하였다고 한다면 지나친 억측이 될까? 고리국 내지 북부여는 대체로 기원전 12~8세기인 서주西周시기에 눈 강 일대에 분포된 백금보白金寶 문화의 주인공으로서, 비파형 동검이 나오는 하가점夏家店 상층문화와 밀접히 연계된다고 본 '예맥족의 원류'에 관한 손진기의 주장이 있다.

서부 몽골의 물이 북류하여 북극해로 흘러드는 것과 달리, 동북부 몽골의 물은 동류해서 눈 강물 및 송화 강물과 흑룡강에서 만나 태평양 동해로 흘러든다. 그러므로 호눈 평원의 관계 유적을 발굴하는 것은 한국사의 기원을 밝히는 중요한 작업이 될 것이다. 앞서 살핀 대로 부이르 호수 언저리에는 고올리 관계 유적과 구비전승이 현존하고 있다는 점에 주목할 필요가 있다. 또 여기서 남서쪽으로 내려와 수흐바아타르 아이막 다리강가 솜에 이르면 여기에도 고올리 성읍터 세 곳과 고올리 관계 구비전승들이 있다. 숨팅 토이롬 고올리 성터는 우리가 1994~1995년에 발굴한 곳이고, 아랄린 도브(섬의 언덕)와 바이싱板升(성벽 도시)터는 새로 찾아본 것이다. 답사 결과 세 곳의 고올리 성읍

278

발굴중인 숨팅 토이롬 고올리 돌칸무덤

터는 알탄오보(황금 서낭)에서 모두 관제管制되는 곳이다(발굴중인 숨팅 토이롬 고올리 돌칸 무덤. 발굴현장을 두루 돌아보아야 했던 필자는 매일 새벽 혼자 일어나 이 무덤터에 참배를 했다).

1994년 7월 9일 향토사가 바예르사이흥(당시 38세)이 울지호타긴 다브하이(당시 76세) 라마라는 노스님을 한 분 만났다. 그 노스님은 이렇게 말했다.

"다리 강가는 옛날에 본래 고올리 땅이었는데 칭기스칸, 강희제, 일본 천황과 같은 강력한 황제들이 명령을 내려 고올리 젊은이들을 해 뜨는 바다 쪽으로 내쫓았다."

이 노스님은 고올리의 학자들이 조상의 유적을 발굴하러 왔다고 했더니 몹시 놀라더라고 했다. 3일 후 직접 노스님을 만나 그 때 고올리의 젊은이들이 쫓겨간 곳이 '해 뜨는 쪽' 또는 '해나라'海東 쪽의 바다로 서 그 곳이 바로 오늘의 한국 쪽임을 알게 됐다. 그로부터 9년여 후인 2003년 8월 9일, 도로노드 아이막 차간오보(흰 서낭) 솜에서 폰착 보르 (73세) 노인으로부터 다리 강가에서 해 뜨는 쪽으로 간 고올리 청년들 이 바로 여기서 이동해 간 코리족이라는 정보를 들었다. 주민은 아긴 부리아드란 코리 부리아드의 가까운 친척들이고 돌롬 한트(52세) 여군 수는 코리 부리아드였다. 한국의 어느 교회에서 몇 년 간 정성을 들인 땅이어서인지 한글 찍힌 셔츠를 입은 꼬마들이 풀밭에서 뛰놀고 있었 다. 여기서는 코리족의 이동경로를 바이칼 호 올콘 섬 부루칸 바위 제 단 → 울란우데 코리 부리아드 마을 → 헨티 아이막 → 도로노드 아이 막 훌룬부이르 몽골스텝 → 수흐바아타르 아이막 다리강가 솜→ 실링 골 → 홍산紅山 → 조양朝陽으로 잡아보았다. 물론 실링골을 넘어 홍산 에서 조양에 이르면 한족漢族들의 수가 압도적으로 많아지면서 이런 구비전승의 흔적은 꼬리를 감춘다. 서울의대 유전자이식 연구소팀이 이 해 8월 7~18일에 걸친 12일간의 동북아민족 기능성 게놈프로젝트 현지조사를 마치고 정리하는 자리에서, 필자는 서정선 소장에게 코리 족의 이동로를 따라 현지 주민들의 DNA를 비교분석해 줄 것을 부탁 하였다. 이에 당시 (주)마크로젠 사장직을 겸직하고 있던 그는 그러겠 다는 약속을 하고 이내 실천에 들어갔다.

칭기스칸의 고향은 유목 고올리 땅!
바이칼 호 올콘 섬 부르칸 바위와 금강산 진입로 감호,
나무꾼과 선녀 전설로 서로 소통!

바이칼 호 올콘 섬의 부르칸 바위

그런데 도대체 몽골의 여조상 알랑고아와 부여, 고구려의 지배종족인 맥족, 곧 고리족 또는 고올리족과는 구체적으로 어떻게 접맥될 수 있을까? 『몽골비사』

1권 8절에 따르면, 알랑고아의 아버지는 코리부족인 코릴라르타이 메르겐이므로 부계혈통을 따져 올라간다면 몽골족은 코리족의 외손이 되어야 한다. 빛과 결혼하여 보돈차르가 태어났으니 부계는 천손족이 되나, 역사 사실로 밝힐 수 있는 어머니의 부계혈통은 외가 쪽이 코리족에 이어진다. 곧 바이칼 호 중서부에 있는 올콘 섬을 시조의 탄생지로 하고, 그 뒤 주로 바이칼 호 동쪽의 바루쿠진 토쿰盆地에 살았던 수렵유목집단인 코리족에 외가 쪽 부계혈통이 이어지는 것이다. 올콘 섬은 시베리아 샤머니즘의 메카로 널리 알려져 있다. 이 곳을 시조전설지로 하는 코리족의 전설에는 황소와 백조가 등장하는데, 이는 나무꾼과 선녀의 전설 유형으로 예맥족을 비롯한 북이~동이족들 사이에 보편화되어 있는 새 토템에서 나온 것이다. 바이칼 호의 올콘 섬 후지르(들짐승들이 핥아먹는 땅소금) 마을 부르칸不咸 바위에 얽힌 코리족의 족조 탄생설화 나무꾼과 선녀의 유형은 강원도 고성군 금강산 진입로에 있는 감호鑑湖로 접맥된다. 부르칸도 감鑑도 모두 고대 투르크·몽골계어로 하느님을 뜻한다.

알랑고아의 아버지 계통인 코리족, 동명의 출신종족인 고리족과 접맥 추정!
알랑고아(이쁜이)가 몽골 조상 보돈차르를 낳는 과정에서는 일광감생日光感生 요소가 등장하여 난생설화가 직접 나오지는 않지만 변형된 형태를 보여준다. 부이르 호수 언저리의 코리족 종족 분화 과정에서 언급한, 서에서는 몽골족이 생겨나고 동에서는 고올리족이 생겨났다는 구비전승을 근거로 해서 계보를 추적해 보면, 알랑고아의 아버지 계통인 코리(Qori)족과 동명의 출신종족인 고리槁離족은 특히 돌궐제국 전성기에는 대흥안령 북부이자 흑룡강 상류에 살았을 수 있다. 이 점에서 같은 계통의 종족으로 볼 수 있다. 또 다리강가 솜 숨팅 토이롬 고올리 돌칸무덤을 발굴한 결과, 고구려계 무덤형태와 매우 유사한 것으로 확인되었다. 동몽골 현지에 유적과 구비전승을 남기고 있는 이들 고올리족 또한 같은 계통의 종족일 가능성이 높다.

알랑고아의 아버지 코릴라르타이(코리족들의 연합) 메르겐麻立干과 몽올실위를 같은 계통으로 볼 경우, 실위가 사서에 처음 나타나는 것이 서기 5세기경의 북위 때고, 부여와 고구려의 지배족인 맥족이 사서에 보이는 것은 이미 서주 때인 기원전 9세기경으로서 많은 시대차를 보인다. 그러나 기록자의 거주지였을 중원으로부터의 거리나 생업의 차이 및 그 발전 정도의 차이를 고려하면 몽올실위의 선조들과 북이北夷 맥족이 거주공간을 공유했을 가능성까지 있다. 앞의 몽올실위는 식량생산단계인 순록·양 유목시기의 호칭이고 뒤의 맥족은 식량채집단계의 너구리貉 사냥시기의 호칭으로서 모두 '광역소수'를 특징으로 하는 툰드라·타이가·스텝을 기본 생태무대로 하고 있기 때문이다.

고대 몽골어 몽올실위어蒙兀室韋語**=두막루어**豆莫婁語**, 두막루=북부여 후예.**
고로 북이北夷 **북부여어=고대 몽골어! 현대 몽골어=현대 한국어!?**
북부여는 맥의 코리족 주도, 맥고리 '고대유목제국'!

또 『위서』「두막루」전에 보이듯이 고대 몽골어인 실위어와 두막루어가 서로 같은데 『신당서』「유귀流鬼전」에서는 두막루가 북부여의 후예라고 하였으니 북부여의 언어는 곧 고대몽골어임을 알 수 있다. 그렇다고 2천여 년 전의 북부여의 뒤를 이은 지금의 한국어가 바로 오늘날의 몽골어와 같으냐 하면 이것은 다른 문제다. 불과 200년 전의 조선조 언어를 복원해서 들려주어도 현재 한국인은 거의 알아듣지 못하기 때문이다. 그러나 북부여가 코리槁離족에서 나왔듯 몽골족 또한 코리족에서 나왔기 때문에, 북부여어와 고대몽골어가 같다고 해서 이상할 것은 하나 없다. 뿐만 아니라 고고학의 연구성과를 보더라도 부여문화인 서풍西豊의 서차구西岔溝 문화와 요원遼源의 석역채람石驛彩嵐 문화, 유수榆樹의 대파大破 문화는 흉노, 오환, 선비 등 서쪽의 목축문화와 공통점을 보이고 있어 농경위주의 예족 문화보다 수렵에서 목축 특히 특수목축인 훌룬부이르 몽골스텝의 '유목'으로 발전하고 있던 실위의 그것과 더 밀접한 관계를 가진 것으로 생각된다. 그러니까 고리국에서 망명해 온 마정馬政조직을 갖춘 핵심 주도계층의 북부여는 예족보다는 맥족이 주도한 고대 '유목제국'일 수 있다.

스텝의 '고리국' → 북이 북부여 → 길림성 지역의 졸본(=홀본)부여로,
맥고리족이 그 유목지역 → 목·농지역 이주 과정 통해
생태환경도 생업형태도 크게 바뀌어,
유목이라는 특수 목축은 목초(=꼴)의 생태조건에서 비롯!
목초의 상호 차별성 때문에
몽골고원의 황양黃羊 떼, 만주 초전자草甸子 초원엔 거의 없어!
한반도의 목초=몽골스텝의 몽골 양초羊草일 수 있을까?
아니라면, '몽골 경기병'은 그대로 한반도에 진입하기 힘들어.
걸어 따라오는 군량인 양젖도 양고기도 없어서다.

퀼테긴 돌궐비문(몽골 고원)

주몽이 그 남쪽으로 도망해온 북부여가 실위와 이웃한 실위족의 거주공간인 눈 강과 송화강 지역에 자리잡고 있었다면, 동명이 그 남쪽으로 도망해 나와 북이족의 북부여국을 세운 고리국은 당연히 그보다 더 북쪽에 있어야 한다. 따라서 그것은 곧 몽올실위의 거주지 에르구네 강 언저리일 수 있다. 솔론(Solon)족이 원래 바이칼 호 동남쪽

언덕에서 헨티 아이막 사이에 자리잡고 살며 바이칼의 '왼쪽(동쪽)', '해 뜨는 쪽' 등의 뜻을 갖고 있고 펠리오(P. Pelliot)의 주장대로 솔롱고 黃鼠狼(solongo)라는 다람쥐과 짐승을 주로 사냥해서 먹고 사는 종족 솔롱고스(Solngos) 곧 한국과 관련을 갖듯이, 동명 또한 '해 뜨는 동쪽'을 의미하는 이름이다. 퀼테긴 돌궐비문(572년 몽골고원 소재)에서도 "동쪽의 해 뜨는 나라 보클리(맥고리=맥고려)"라고 했고 『로·알탄톱치』 225절에서도 "해 뜨는 쪽"의 "솔롱가스"라고 한 것으로 보아 북부여와 고리의 유래처는 주몽이 세운 나라의 서쪽 또는 서북쪽일 가능성이 높다. 물론 그 후 이런 명칭이 관행화하여 『로·알탄톱치』 225절에, 칭기스칸 몽골의 서쪽에 있는 셀렝게 강 유역 '해 뜨는 쪽'의 나라 솔롱고스의 솔론족 3 메르키드袜鞨(Merkid)도 그대로 그렇게 부르곤 했다. 당연히 훌룬부이르 몽골스텝의 고리국 → 눈강~송화강 유역의 북이 북부여 → 기원전 37년 주몽이 고구려를 세운 현재 길림성 지역의 졸본卒本(=홀본忽本)부여는 맥 고리족이 유목지역 → 목·농 지역으로의 이주과정을 거친 터므로 생태환경과 생업형태 모두 크게 바뀌어 왔을 수 있다.

**목초의 생태적 특성 때문에 생겨난 특수 목축이 유목,
초지학이 무엇인지도 모르고 이제까지 몽골유목사 공부해!**

유목이라는 특수 목축은 '목초牧草(=꼴)의 생태조건'에서 비롯된 것이므로, 이 지역들 간의 목초의 차별성을 비교·분석치 않는 많은 유목사 연구논문들을 보면서 놀라워하곤 했다. '몽골 경기병'이 먹을 것과 마실 것이 살아숨쉬는 몽골양떼를 따라다니며 비로소 존재할 수 있는

것이라면, 몽골 스텝의 몽골 양초羊草가 만주 초전자草甸子 초원에 없거나 적을 경우 몽골 경기병의 활동범위는 한랭고원 건조지대로 한정될 수밖에 없다. 몽골 고원의 황양 떼가 만주 초전자 초원에 거의 존재하지 않은 것은 바로 이러한 목초의 상호 차별성 때문이라는 것을 2005년 초겨울, 서울대 수의과대학 야생동물유전자 은행에 초빙교수로 와 있던 박인주 흑룡강성 동물자원연구소 조선족 교수가 준 정보를 통해 알게 되었다. 한반도의 목초를 과연 몽골 양떼가 몽골 스텝의 양초처럼 뜯어먹고 살 수 있을까? 어차피 목초의 생태적 특성 때문에 생겨난 특수 목축이 유목인데 '초지학'이 무엇인지도 모르고 이제까지 몽골유목사를 공부해 왔다니 필자가 생각해 보아도 자신에게 기가 막혔다. 이런 기초 공부부터 시작해야 하는 것이 한민족 유목제국 태반사 연구 작업일 것이다. 2006년 3월 현재 필자는 이 실험을 함께 해보자고, 우루쥔 루훈데브 주한 몽골대사에게 이메일을 보냈다.

'아침의 나라' 조선朝鮮, '무지개의 나라' 한국韓國
이 즐거운 시적인 자의적 상상력의 펼침이
조선·고려인 자신의 상고대 순록유목제국 태반사를 일거에 날려버리다!
북방 몽골리안의 방향을 가르는 기준점은,
부르칸 중의 부르칸이 좌정하고 있는 바이칼 호수
솔론족은 바이칼 호수의 동남쪽에 자리잡았고,
그래서 '해 뜨는 동쪽'에 사는 부족 솔롱고스가 됐다.

북방 몽골리안의 방향을 가르는 기준점은 부르칸不咸(the God) 중의 부르칸이 좌정하고 있는 바이칼 호수다. 솔롱고스의 원형이라 할 솔론족은 바이칼 호수 동남쪽에 자리잡았고 그래서 '해 뜨는 동쪽'에 살았던 부족임에 틀림이 없다. 태평양이 같은 동쪽에 있어서 습기 때문에 몽골고원 동쪽에서 무지개가 뜨고 그 무지개를 몽골어로 '솔롱고스'라고 한다고 하여 "무지개의 나라 한국" 운운한 것은 전혀 전거가 없는 얘기다. 몽골의 몽골학자나 일반 몽골인들이 모두 생전 처음 듣는 소리이기도 하단다. 아예 한 수 더 떠서 무지개 색깔을 색동저고리에 비유하여 시적인 상상력을 극대화시킨 '무지개의 나라 한국'은 1990년 북방개방 후 어떤 한국 몽골학자와 한국언론인들이 합작으로 만들어낸 놀라운 히트작임에 틀림 없을지 모르나, 역사적 사실에 근거한 책임 있는 견해는 분명 아니다. 조선이 더 좋은 순록의 주된 먹이가 있는 태평양 쪽으로 유목해온 차아탕(순록 유목민)의 나라임에도 불구하고 동쪽으로 왔다는 이유 하나만으로 아침의 나라 조선朝鮮이라는 터무니 없는 오해를 해온 것과 너무 흡사하다. 이 때문에 한반도는 오랫동안 종족의 유목태반사를 상실해 온 '역사 실향민'이었다. 선鮮(=소산小山 =sopka)에서 자라는 순록의 주된 먹이 이끼蘚가 습기를 좋아하는 속성 때문에 유목의 이동 방향이 우연히 그렇게 잡힌 것일 뿐, 조선과 중국이나 일본 사료에조차 '아침의 나라 조선'이라고 해석해볼 수 있는 전거는 전혀 없다. 그럼 핀란드로 서북진해 가거나 북극해 쪽으로 북동진해 간 차아탕(chaatang : 순록유목민)도 '아침의 나라 차아탕'이 되어야 할 것인가? 필자가 이 문제를 굳이 이토록 집요하게 물고 늘어지는 이유는 '아침의 나라 조선'이니 '무지개의 나라 한국'이니 하는 자의적인 국명 해석이 '순록유목민의 나라 조선·고려'의 태반사를 일거에 날려버리는 치명적인 역사왜곡을 자초하고 있기 때문이다.

『몽골비사』 1권 52절, 12세기 중엽 기사에 '몽골'이라는 명칭 등장,
맥고리(맥고려)=몽올고려=몽골!

이런 점들을 종합해 볼 때 손진기가 "예맥 중의 맥貊은 동호, 실위室韋
와 동원에 속한다"(앞의 「실위 여러 족의 원류」, 『동북민족 원류』, 237
쪽)고 한 지적이 주목된다. 예맥 중의 맥에 고리·북부여·고구려는
물론 몽골의 선조 몽올蒙兀실위도 함께 귀속된다고 보기 때문이다. 그
럴 경우 몽올실위인 알랑고아의 아버지인 코리족과 동명·주몽계인
맥족의 고리(고올리족)가 한 종족이라는 이야기가 된다. 따라서 몽올
코리족과 맥코리족은 하나로서 '몽蒙'고올리(Qori)와 '맥貊'고올리(槁離)
는 둘이 아니라는 결론이 나온다. 즉 맥고리貊槁離=맥고려貊高麗=몽올
고려蒙兀高麗=몽골(Mongol)일 수 있다는 것이다. 여기서 고골리高句麗
(Gogoli)가 고올리(Gooli)로, 암수달 수간(Sugan)이 수안(Suan) → 소
욘(Soyon, 선鮮)으로 전개되는 것은 12~13세기 전후의 모음과 모음 사
이에 있는 g음의 탈락현상에 따른 것으로 음운발달사를 보여주는 한
사례다.

칭기스칸과 그의 장자 주치는, 생부 혈통으로 메르키드족 4촌 형제간인가?
몽골이라는 이름이 사서에 처음 등장한 것은 칭기스칸의 4대조인 12세
기경 카불카한에 관한 기사(『몽골비사』 1권 52절)에서부터지만, 여기
서 카불카한이 전체 몽골을 다스렸다는 기록은 이미 이전부터 몽골이
라는 이름이 존재하였다는 사실을 말해준다. 실제로 당대唐代에 이미
몽올蒙兀이라는 이름이 사서에 나온다. 알랑고아의 죽은 남편 도분 메
르겐의 할아버지대에는 훗날 칭기스칸의 씨족 이름인 '보르지긴'이 할

288

아버지의 이름으로, 부족이름인 몽골은 '몽골진 고아'라는 할머니의 이름으로 나온다. 그러나 『몽골비사』 1권 21절에서 알랑고아는 일광감생으로 태어난 보돈차르를 '검은 머리의 사람'들과 준별되는 '하늘의 아들'로서 모든 이들의 카한이 될 것을 예언한다. 그럼에도 불구하고 도분 메르겐의 조부모 이름에 천손족(Altan Urug=황금씨족)의 씨족과 부족 이름을 굳이 끼워넣어 계보화한 것은 뒷날의 어떤 필요에 의해 조작된 것이 아닐까 한다. 즉 칭기스칸의 호적상의 장자인 주치의 생부가 칭기스칸이 아닌 메르키드인 칠게르 부쿠인 것처럼, 칭기스칸의 생부가 칠게르 부쿠의 형 메르키드靺鞨인 예케 칠레두라는 것이 사실일 경우, 이들은 부자관계가 아니라 4촌형제가 된다. 그럴 경우 호적대로 이들의 관계를 역으로 강조하기 위해 그의 몽골혈통임을 강조하여 몽골계 족보로 계보화시키는 강화작업이 반드시 있었을 것이다.

한촐로는 원나라의 도종의陶宗儀가 지은 『철경록輟耕錄』 「몽골씨족성 72종」에 몽蒙씨가 없다는 점을 들어 몽골의 '몽'은 씨족이름일 가능성이 전혀 없다고 잘라 말하였다(한촐로, 「몽골 족칭의 진체眞諦」, 『국립 정치대학 법정연구소 연보』 9, 1978). 이 견해는 물론 잘못이다. 『구당서』 「북적北狄전」에 나오는 '몽올蒙兀실위'는 대실위, 남실위, 황두실위 등과 같이 실위의 한 부족이름으로 쓰인 것이 너무나 뚜렷하기 때문이다. 몽蒙은 씨족이름이다. 『거란국지契丹國志』에 몽고리蒙古里라는 이름이 나오는데, 몽고蒙古라는 음사는 사실 1368년 원제국이 북경을 버리고 물러선 이후 주원장의 명明이 들어서고 나서 『명사明史』에 처음 등장한 한자 음사音寫 이름일 따름이다. 당연히 조선조의 몽골어 사전인

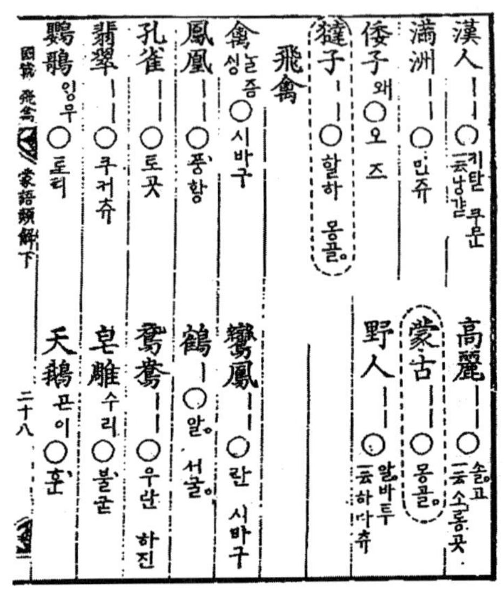

『몽어류해』 하28 국호 몽골

『몽어류해』(17~18세기 출간본?)에는 몽골 현지에서 蒙古는 한글로 '몽골。'이라고 읽는다는 토까지 달아두었다. 동몽골에서 부르는 한국의 호칭인 '고올리'에 '몽'족의 몽蒙을 합해서 '몽'족의 '고올리' 곧 '몽고올리'라고 부를 수도 있다. 터키계 호칭에서 보이는 대로 모골(Mogol) → 모올(Mool)로서 모음 사이의 'g'가 탈락되는 음운발전사의 흐름을 타서 몽蒙은 '맥貊'의 음운 발전 결과일 수 있고 모올(Mool)은 몽올蒙兀과 같은 계열 음사로 발음된 것일 수 있다. 더러는 '고올리'의 '리'를 '엘리'의 '리'로 읽고 몽골·만주 말의 '나라'라고 풀이하여 맥貊의 나라 맥리貊里(맥려貊黎)인 맥국貊國에서 '몽골'의 이름이 유래된 것으로 보기도 한다. 하지만 고구려가 맥국으로도 불렸고 고려 또는 고구려라고도 불리는가 하면 맥국+고려국=맥고려국으로 불릴 가능성도 있었던 것으로 보아, 본래 식량채집단계의 맥이라는 너구리 사냥꾼 씨족이 식량생산단계의 코리(순록) 유목부족으로 발전하면서 붙여진 부족이름이 맥고리貊槁離=맥고려貊高麗=맥고구려貊高句麗=몽올고려蒙兀高

麗=몽골[Mongol, 「몽골朦骨」(『대금국지大金國志』)]이 되었다고 보는 것이 가장 타당할 것이다.

맥고올리의 어원 고구려의 자칭은 고려,
고려高麗(Qori)는 코리야크어나 오룬춘어로 '순록'!
고려의 올바른 발음은 고리槁離(Qori)

물론 모골(Mogol)은 자연스럽게 '맥貊골' 곧 맥족의 '고올리'로 서로 소통되어 불릴 수 있다. 실은 중국이 아닌 동북방민족사상에서는 맥국=고리국, 부여와 고구려를 통틀어 타칭으로 '맥고올리'로 불렸을 수도 있다. 몽골에서는 오늘날에도 중국을 '키타드'라고 부르고 한국은 동부 몽골에서는 고올리, 서부 몽골에서는 솔롱고스, 그리고 1921년 사회주의혁명 이후의 교과서에서는 솔롱고스라고 부른다. 현재 대한민국을 밖에서는 코리아라고 부르는 사례와 같다고 하겠다. 그렇다면 돌궐제국 하의 몽골 고원에서 고구려를 복클리貊句驪(『후한서』 권85 「동이열전」 제75 「구려」) – '맥고올리'라고 부른 것이 오히려 자연스러울 수 있다.

고구려가 원래 고려로 자칭되었다는 것은 중국이나 일본 사서에 그렇게 표현된 사례가 많고 그 밖에도 직접적인 국내 사료기록으로 「충주중원고구려비」(1979년 발견)의 "5월중 고려高麗 태왕太王"이라 한 내용과 「연가延嘉7년명銘불상佛像」 광배에 쓰인 "고려"라는 국명을 들 수 있다. 그런데 『강희자전』에서는 분명히 나라이름인 고려의 려麗를 리麗(li)로 발음하여 '고리'라고 읽는다고 못박고 있다(현대의 중국어 발음에는 li로만 나와 있다). '아름다울 려'자의 '고려'가 아니라 '나라이름리'자의 '고리'라고 굳이 밝히고 있는 것이다. 강희康熙 황제는 후금(만주족)이 세운 청제국의 천자로서, 고려라는 국명의 본체가 '순록 유목' 태반으로 입국한 후금(만주) 황족을 포함한 고려의 태반역사를 구현한 역사성이 뚜렷한 코리(Qori) 곧 순록朝鹿(Chaa bog)의 한자 음사라는 것을 잘 알고 있었을 것이다. 그래서 아주 자연스럽게 그렇게 못을 박아 놓은 것이다. 그리고 『위지』「오환·선비·동이전」 부여조에서는 아예 '고리高離'국 또는 '고리槁離'국이라고 하여 오늘날의 한자 발음으로도 명확히 순록인 코리(Qori)를 음사한 국명을 표기하고 있다. 부여의 주몽전설과 고구려의 동명전설이 형식은 같고 내용을 달리하는 동일계통의 설화라면 고리槁離(Qori)국에서 망명해 나와 주몽이 세운 고구려 곧 자칭 '고려'가 '코리'로 읽히는 것은 지당하지 않겠는가? 고리槁離=고려高麗로 고대 북방유목제국의 자궁인 훌룬부이르 몽골스텝 순록유목민의 나라 고리高離국에서 나온 고리국 고구려(고려)임에 틀림없을 것으로 본다.

고구려·고려를 스키토·시베리안 토박이말
'고리槁離─코리(Qori, 순록)'로 소생, 부활시킨 『강희대전』!
Siberian Gold(황금순록상)로 상징되는 순록유목민 동포,
만주황족 황금겨레 김씨네가 메시아!
훌룬부이르 몽골스텝은 동북아시아 유목칸국 낳은 자궁

몽골족의 기원지이기도 한 훌룬부이르 몽골스텝은 아예 순록의 주식인 이끼蘚가 나는 선鮮(=sopka, 소산小山)으로 뒤덮인 선비鮮卑족의 본고장 대선비산 가셴둥嘎仙洞이 자리잡고 있는 곳이다. 시베리안 골드(Siberian Gold)로 알려진 알타이 산맥의 돌무지널무덤에서 출토된 '황

금순록'과 접맥되는 알탄우룩(Altan Urug, 황금씨족)이 출현하여 만주 황족 애신각라愛新覺羅(황금겨레)로 이어지는 고리가 되는 지역이기도 한, 맥국=고리국 터의 소재지가 바로 훌룬부이르 몽골 스텝이다. 몽골에서는 아예 순록유목 태반사를 공유한 부여·고구려·발해·거란·여진·몽골을 모두 고리槀離 곧 '고올리'로 통칭하고 있다. 고올리(Gooli)는 원래 고골리(Gogoli)였다가 12~13세기 몽골어 음운발전과정에서 흔히 보인 모음과 모음 사이의 'g' 탈락 현상의 결과일 수 있지만, 핵심은 역시 고리槀離, 코리(Qori)다. 고구려는 '왕씨 고려'나 '이씨 조선'식으로 '맥貊족 고려'인 맥고려貊高麗나 '고高씨 고려'인 고고려高高麗에서 비롯된 타칭일 수도 있다. 하지만 중핵을 이루는 고리(코리)는 고려의 스키토·시베리안 토박이말 원음발음이다. 우리는 스키토·시베리안 토박이말을 잃고 때로 끈 떨어진 연처럼 곤두박질치기도 하지만, 그래도 그 끈을 부평초 줄기처럼 순록유목 모태태반사의 부르칸不咸, 紅柳에 접목시켜 주는 것은 같은 코리槀離(Qori) 유목태반 출신인 만주족 황금겨레愛新覺羅 김씨들인가 보다.

북방 몽골리안 유목제국사의 사료들은
시베리아의 수조전설이라는 '스키토·시베리안 코드'로 읽어내야!

일본인 모리 마사오護雅夫는 돌궐제국 시조의 장례식 장면에 등장하는 '해 뜨는 곳'에서 파견된 보클리 스텝 사절에 관한 코쇼-차이담(Khosho-Tsaidam) 돌궐비문 기록을 고증하여 복클리(Bökli)가 맥貊의 나라, 곧 복貊(Bök)의 엘리國(eli)임을 밝혔다(護雅夫, 「이른바 보클리에 관하여」, 『江上波夫敎授古稀紀念論文集』, 東京, 1977). 여기서 그는 로마의 사가 데오피라스 시모카테스가 거론한 모우크리(Moukri)나 『범어잡명梵語雜名』의 목쿠리畝俱里, 펠리오가 가져온 『티베트 문서』(No. 1283, 8세기)의 묵-릭(Mug-lig)도 '맥貊의 땅'으로 해석하여 관련시키고 있다. 17세기 러시아 역사문서에 보이는 북클리인, 예니세이 강 오른쪽 언덕 여러 지류와 투바(Tuba) 하 유역의 북클리인도 모리 마사오의 부정에도 불구하고 이 코쇼-차이담 돌궐비문의 복클리와 관계가 있을 수 있다.

 이상에서 보듯이 몽골 스텝 쪽에서는 고구려보다 맥국 곧 맥고올리(복클리)로 불렸을 가능성이 더 높다. 시베리아의 거대한 사냥터인 타이가와 함께 섞여 있기 때문이다. 또 이후에는 이들이 동몽골과 만주 일원에서 고올리칸국(고구려제국)의 역사적인 일대 충격을 경험하면서 맥구려貊句驪-맥고올리라고 하여, 맥貊이라는 종족이름과 고리槁離(Qori)라는 부족 내지 나라 이름을 아울러 썼을 가능성도 있다. 원래는 부리아드 코리 또는 코리 부리아드처럼 부리아드 종족 중심의 코리부족이라는 식으로 맥 종족 안에 코리 부족이 있었는데, 순록유목민인 코리 부족이 중심이 되어 너구리貊 수렵민인 맥貊 종족을 주관하게 되면서 그런 결과가 나왔을 수도 있다. 고구려의 국세가 커지면서 동북몽골의 같은 맥족권에서는 맥을 아예 떼어버리고 '고올리'라고만 부르게 되고, 맥족권 밖인 선진 돌궐인들 사이에서는 여전히 '맥'고올리 즉, 보클리로 불렸을 수도 있다. 더러는 고구려를 고을숌+엘리國=고올리로 애써 해석해 보려는 한국어학자도 있지만, 이는 고구려(고려)의 '스키토·시베리안 코드' 또는 '몽골 코드'라 할 세계 최대의 숲인 시베리

294

아의 수조전설의 천국 야생동물 생태생업권을 도외시한 데서 온 관념의 유희에 지나지 않는 추리일 뿐이다.

바이칼 호 동쪽 '해 뜨는 쪽'의 북이北夷 고리국이,
훌룬부이르 호 동쪽 해동海東의 동이 순록유목민 태반국 고려-고구려로!
퀼테긴 돌궐비문의 보클리는 맥고구려貊高麗(Mongol)
숨통 트이는 몽골 초원의 바다 질주의 나날이 준 선물들!

퀼테긴 돌궐비문(572년 기사)에 나오는 "동쪽의 해 뜨는 나라" 복클리를 "맥족의 고구려"라고 보아 고구려로 읽는 1930년대에 나온 탁월한 견해(「돌궐비문의 Bökli 및 ParPurm에 대하여」, 『岩佐精一郎 遺稿』, 東京, 1936)는, 그 후 한漢인 이외의 동북아시아 여러 민족들의 그릇된 부여·고구려사 인식형태를 바로잡는 중요한 계기가 되었다. 그런데 이 글에서 핵심은 고리·부여·고구려의 지배종족이나 나라를 지칭하는 복클리·맥고올리貊高麗가 몽골(Mongol)이라는 종족이름 내지는 나라이름의 유래와 어떤 관계인가 하는 점이다. 우리는 이상에서 몽골 현지의 구비전승과 유물의 정보수집 및 유적지의 답사와 발굴을 통해 그 가능성을 계속 추구해 보았다. 칭기스칸이 1162년생이라고 한다면 그의 12대 선조인 몽골의 여시조 알랑고아는 고구려가 망한 지 120여 년이 지난 발해(Boka)와 신라의 남북국 대치기인 당唐제국 중후반기에 살았던 것으로 볼 수 있다. 그녀의 아버지는 코리부족 연합장이다. 따라서 코리(Qori)·고리槁離가 고올리·고구려와 같다고 볼 때, 그녀는 망명한 순록유목민 출신인 고구려 부족장의 딸이 아닐까. 더 구체적으로 보면, 같은 고려라는 국명을 쓰더라도 당시의 발해渤海(Boka : 늑대)

메르키드靺鞨(Merkid : 예언하는, 영도력 있는, 활 잘쏘는 이라는 뜻의 mergen에서 유래) 부족장들과 동명왕의 원주지로 추정되는 훌룬부이르 몽골 스텝 내지는 칭기스칸 몽골 당시 철鐵산지인 당지를 기반으로 강고한 세력을 과시한 칭기스칸 몽골의 서쪽에 위치한 '해 뜨는 쪽' 동명東明의 나라 솔롱고스의 솔론족 3메르키드靺鞨(Merkid)가 자리잡은 셀렝게 강 상류 울란우데에 이르는, 그래서 자연히 칭기스칸의 출생지 헨티 아이막을 내포하게 되는 광활한 타이가 · 스텝 지대를 역사무대로 삼은 코리족 세력의 연합장인 코릴라르타이 메르겐麻立干(mergen)을 아버지로 두고, 바이칼 호 동부의 현지 원주민 세력인 바르쿠진 고아를 어머니로 둔 시베리아 타이가의 여사제 무당은 아니었을까.

한촐로 몽골인 교수 "어머니의 나라에 왔습니다!"
방한 첫 인사말의 역사적 뜻 비로소 이해!
몽골貊高麗은 식량채집단계의 너구리 사냥꾼 씨족貊族 →
식량생산단계의 순록유목민 코리高麗치로 발전해온
역사 족적이 배어든 종족이름

이런 관점에서 보면 1990년 여름에 제주도에 답사하러 온 몽골인 몽골학자 대만의 한촐로 교수가 도착하자마자 "어머니의 나라에 왔습니다!"라고 한 첫 인사말의 뜻을 알 수 있게 된다. 알랑고아의 아버지가 코리 부족들의 연합장이었으므로 그녀의 친정은 당연히 코리-고리-고올리-고려-고구려계인 순록유목민 태반 툰드라-타이가의 순록치기인 코리치-코룬춘-오룬춘 후손의 딸일 수밖에 없다. 그녀는 당연히 산달(너구리) 사냥부족에서 코리(순록)유목민으로 발전한 맥고려(몽골)인이어야 한다. 남편은 황금색인 햇빛이었으니 당연히 그녀가

296

낳은 보돈차르를 비롯한 천손족은 알탄우룩(Altan Urug, 황금씨족)인 김씨다. 그런데 북방 유목 몽골리안이 다 그러하듯이 당시 스키토·시베리안 샤먼사회는 모계사회적 요소가 주도하였으므로 황금씨족인 김씨(천손족)임에도 불구하고 '몽골'로 성을 써서 몽골족이라고 부르게 된 것이라 하겠다. 즉 어머니의 성을 따라 '맥'고올리－'몽'고올리－'몽골'로 부족명을 삼았다. 너구리 사냥꾼 씨족이 순록유목민 '코리치'로 발전해 온 역사의 족적이 배어든 종족이름이다. 앞서 든 훌룬부이르 몽골스텝의 잠스랑수렝 노인이 전하는 구비전승은 이를 증명해 준다. 이처럼 '너구리 사냥꾼'에서 '순록치기'로 발전하며 몽골 스텝에 진출하여 기마 양유목민이 되면서 서부 타이가·스텝 지대로의 서진은 물론 대만주 벌판 목농지역으로도 동진해 간 '고구려'와 '몽골'은 본래 한 종족이었다.

한국인과 몽골인만이 부를 수 있는 아리랑 후렴!
밤하늘의 별이 보이지 않는 도시는 역사도 보이지 않아서인지
후진 동부 몽골 촌로들만 한국인을 멀리서 귀향한 친척으로 대해.
40여 년 전 목천 고향 늑대소리를 몽골 초원의 밤에야 다시 듣는 감격!

무엇이 이상하고 무엇이 어렵단 말인가? 동부 몽골을 답사하거나 발굴할 때마다 그 곳의 주민들은 대체로 한국 연구팀원들을 멀리서 찾아온 동족으로 보았다. 가로등 때문에 '밤하늘의 별이 보이지 않는 도시는 역사도 보이지 않아서'인지 후진 시골에만 남아 있는 이러한 정경은, 그들이 중국인이나 일본인을 대할 때와는 사뭇 달랐다. 떠나온 스키토·시베리안 역사태반 부르칸 문화권으로 모태회귀해 가는 우리여

선지 중국 베이징보다 많이 낙후된 몽골의 시골 스텝마을이지만 문화시설의 결핍에서 오는 불편에도 불구하고 우리를 푸근하게 쉴 수 있게 해주었다. 오래 애써 달려봐야 거기가 거기인 가없는 초원의 바다에 잠겨 있어서일까? 거창한 연구결과를 노리고 나선 길은 애초에 아니었다. 애국애족심에 불탈 만한 주제는 물론 못 되는 무지렁이로 태어난 필자는 그저 탁 트인 초원의 바다 동몽골 대스텝을 소제 짚차를 타고 무작정 달리고 달리다 숨통을 틔우는 극락의 엑스타시를 체험하곤 했고 그래서 달리고 달리다 보니 몽골 우주의 한 중심에 혈혈단신으로 이렇게 서는 신세가 됐다. 몽·한 간의 매우 큰 소득격차 때문에 당시 답사자금의 동원은 아주 자유로웠다.

내 흥타령 가락이
만년설 덮인 에린칭 룸베의 차아탕(순록치기) 소리와 혹사?
오랜 유적지 답사와 발굴길에서 피로에 지친 몸,
한 숨 쉬고 놀며 가자고 찾아든 에웽키 순록유목민의 참(집)
거기서 6~8년 만에 정식으로 차아탕과 조우하다!

실은 '한민족 순록유목태반사' 연구만 해도 그랬다. 연구는 1993년 8월 9일경 바람을 쐬러 샤먼 연구자 오·푸렙 교수와 몽골사 연구자 소드놈·촐몬 교수, 그리고 몽골역사지리 연구자 게렐, 바뜨라크 연구원이 동행한 무당골 훕스굴 소풍에서 비롯되었다. 만리타향 낯선 황량한 시베리아 타이가 벌판에서 외국인들에게 둘러싸여 지내는 외로운 답사길의 고비고비마다 필자는 어릴적 동네 나무꾼 아저씨나 머슴형들을 따라다니며 익힌 흥타령을 흥얼대는 습관이 있었다. 때마침 에린칭룸베라는 만년설 덮인 차아탕 마을 밑을 지나면서 그렇게 흥얼댔더니

"주 교수님의 그 가락이 꼭 저 위에 사는 차아탕들의 그것과 너무 비슷합니다!"라고 오·푸렙 교수가 말했다. 그래서 그 산에 올라 보려고 했으나 스텝의 말도 아닌 산악에만 오로는 말을 타야 한다고 해서 결국 투바 소욘鮮족 차아탕—순록유목민과의 랑데부는 아슬아슬하게 무산되었다. 답사 직전에 대전의 이필영 교수가 녹음해 보내준 신석봉 법사의 앉은굿 필림을 오·푸렙 교수에게 들려줬더니 그건 서부 무당가락이 아니고 동부 솔론족의 가락이라고 직감적으로 짚어냈다. 그 차아탕족을 그로부터 6년 만인 1999년 8월 11일 선비의 조상제사터인 가셴둥嘎仙洞 석동굴이 있는 대선비산大鮮卑山의 소재지 대흥안령북부 훌룬부이르 오룬춘기 민족박물관에서 정식으로 다시 마주치게 될 줄은 정말 몰랐다. 그 후 답사와 발굴에 지쳐 좀 쉬자며 떠난 아오루구야 에웽키 마을에 찾아든 흑룡강성 쿠마 하河 부근 에웽키 순록유민과 함께 먹고 자며 지내기까지 했다. 대선비산의 원형이 이르쿠츠크와 퉁구스 하사이에 있다는 청나라 고증학자 정견丁謙의 기록을 따라 러시어과 학생 김태옥과 단 둘이서 정처없이 떠난 실로 막연한 2001년 8월 중순의 서시베리아 답사길에서, 사얀鮮 산맥 중의 투바에서 소욘鮮족 차아탕과 우연히 마주쳤다. 그런데 그들이 바로 산 하나를 경계로 맞닿아 있는 에린칭룸베의 차아탕이라는 사실을 알고는 정말 깜짝 놀랐다. 8년만의 조우였다. 실로 전혀 본업과 상관없는, 본업을 떠난 놀이에서 만난 대형 연구과제였던 셈이다.

시간과 공간을 다투는 치열한 서울의 무한경쟁장에서 빗겨나 한가로워질 수밖에 없는 광활한 조식調息공간을 만끽하였다. 서구인은 물론 중국인과 일본인들도 부르지 못하는 아리랑 노랫가락을 눈물겹도록 잘 흥얼대는 시골 몽골 이웃들과 모닥불을 피우고 초원의 밤을 즐기는 감격은 평생 잊혀지지 않을 것 같다. 40여 년 전 고향 목천에서 듣던 늑대소리를 동몽골 초원에 와서 다시 들으며 깊어가는 고원의 밤에 깊은 단잠을 잘 수 있었다.

고리 · 조선 · 부여 · 고구려 · 발해의 역사토양 위에서
맥고리가 스텝으로 진출해 거듭난 기마 양유목민의 몽골 세계칸국!

가령 백보를 양보하여 몽골족이 맥고올리족과 핏줄이 직접 이어지지 않는다 하더라도 역사상 수많은 나라가 기왕에 존재해 오던 큰 세력의 권력핵 자장磁場 안에서 그에 힘입어 빚어져 나오는 것이 상례임을 인정한다면, 당시 만주와 동몽골 스텝에서 고리高離 · 조선 · 부여 · 고구려 · 발해 제국의 전통을 이어 기마 양유목 몽골 세계칸국이 탄생했다는 것은 조금도 이상할 것이 없다. 대흥안령 이동에서만 동이 고구려와 백제가 북이 고리 · 부여 유목칸국의 시조전설을 이어받고 그것을 정통으로 삼으라는 법이 있는가?

당시 이미 마정조직馬政組織을 갖추고 새로운 권력 창출의 씨눈으로 작용할 수 있었던 동명집단이었다. 말을 탔다는 것은 스텝에서 양유목을 했다는 것이고 양치기는 스텝 진출을 전제로 한다. 그들이 동북아의 핵심 목마장인 훌룬부이르 몽골 스텝을 자궁으로 삼아 태어났다는 것은 지극히 당연하다. 동명집단처럼 목농지역인 눈 강 유역으로 타고 내려가는 동남진한 그룹도 있고 고리국 현지에 그 본체를 유지, 강화하면서 드넓은 몽골 스텝으로 서남진해 간 그룹도 있을 수 있다. 실제

300

로 제야 강-흑룡강 북부-눈 강-훌룬부이르 몽골 스텝지대 원주민
들은 그들이 제야 강이나 훌룬 호~부이르 호 어간에서 동서로 갈라져
내려가 조선·부여·고려·여진인도 되고 흉노·선비·돌궐·거란·
몽골인도 되었다는 구비전승을 지금도 수없이 되뇌이며 자신에게 각
인시키고 이웃과 후손들에게 물려주고 있다.

이른 시기 대흥안령 동쪽 대만주벌판의 코리족 영웅 칭기스칸이 동명성왕,
천년 세월이 지난 대흥안령 서쪽
몽골 대스텝의 코리족 바아타르 동명성왕이 칭기스칸!
수렵이동민 노마드와 목축 이동민 패스토랄 노마드를
못 가리는 유목사맹인, 눈뜬장님 필자도 네오파시스트는 본다!

사실 몽골 고원이 전반적으로 고도가 워낙 높아서 그렇지 대부분의 대
흥안령은 말을 타고 마음대로 넘나들 수 있는 펑퍼짐한 곳이다. 물론
기차를 타고도 밤새 달려야 넘는, 타이가와 산중 스텝이 교차되는 장
대한 규모다. 그래서 현지 다구르인들에게는 대흥안산이 아니라 '카라
운 짓둔 다와'라로 불린다. 짓둔은 고개라는 뜻의 다구르어고 다와는
언덕이라는 뜻의 몽골어다. '카라'란 검다는 뜻으로 화산석이 많아서
붙여진 것이니, 이 곳은 바로 거대한 화산지대인 것이다. 카라코롬의
'카라'나 제주도 한라산의 한라='카라' 역시 화산을 뜻한다. 아시아와
유럽을 가르는 우랄 산맥처럼 현지에서 바라보면 산도 아닌 그저 밋밋
한 야산이다. 울퉁불퉁한 높낮이가 중첩된 대산大山(gora)이 이니라,
응달에서 더러는 순록(qori=chaa bog)의 주식인 선蘚(niokq= lichen)이
나는 선鮮인 야트막하고 밋밋한 기다란 소산小山(sopka)들이 거듭거듭
이어지는 장대한 고개다. 그래서 대선비大鮮卑산이니 소선비산이니 하

는 이름들이 거기에 동참해 있는지도 모른다. 2006년 7월 전후에 스타노보이 산맥을 넘어 레나('큰 물'이라는 뜻) 강변에 와 보니, 장대함의 극치를 이루는 소산小山－선鮮이 거의 무진장이었다. 여기가 조선의 태반 중의 태반인 툰드라 지대－순록의 본향임을 깨닫고는 사뭇 놀랐다. 대흥안령 서부 동몽골의 광활한 스텝의 스케일에 어울리는 세계적인 영웅으로 태어난 코리족의 큰 인물이 바로 몽골 초원의 고주몽이라 할 칭기스칸이라고 본다면 과연 기상천외한 망상이기만 할까? 그리고 보다 이른 시기에 이와는 다른 쪽인 만주 쪽으로 눈 강을 따라 동남하하여 장백산맥을 근거지로 삼고 호눈·송눈·송요 벌판을 주름잡으며 만주를 경영한 영웅이 만주 초전자草甸子 스텝의 코리족 바아타르 칭기스칸인 동명성왕 고주몽이라고 한다면 아주 틀린 말이 될까? 그러나 고리, 조선, 부여, 고구려, 발해, 거란, 여진의 역사에 밑그림으로 깔렸거나 살아 꿈틀거리던 순록·양 유목적 목숨들의 숨결들에 대해서는 적어도 현재의 우리는 영락없이 눈뜬장님이라는 유목적 태반사의 유목사맹遊牧史盲임을 통절히 고백해야 한다. 사냥하는 수렵이동민(nomad)과 목축하는 목축이동민인 유목민(pastoral nomad)을 구별할 수 없는 자칭 고등지성인들이 수두룩한 한반도 조선땅 코리아에 순록·양 유목 태반민족 조선과 고려 씨알들이 숨쉴 역사의 숨통이 과연 트이겠는가? 바이킹 태반의 미국 앵글로색슨은 이역만리 아메리카 대륙에 수백 년을 자리잡고 살면서도 수시로 서구 모태를 숨쉬며 자기 정체성을 가다듬어 미국의 주체로 살아 숨쉬고 있지 않던가! 그 미국을 움직이는, 셈족 피의 농도가 평균 1/30밖에 안 된다는 혼혈 이스라엘은 그보다 또 덜한가?

「퀼테긴 돌궐비문」의 '복클리', 맥고올리=맥고구려=몽골!
베 · 수미야바아타르, "사실史實은 하나다!"
바이킹 태반 미국 앵글로색슨은 이역만리 아메리카 대륙에서
수시로 서구 모태를 숨쉬며 자기 정체성 가다듬어!

베 · 수미야바아타르 교수는 「퀼테긴 돌궐비문」의 '복클리'가 '맥고올리' 곧 '맥고구려'이자 '몽골'이라는 내 주장에 대해 "사실史實은 하나다!"라고 잘라 말했다. 이 이름은 한랭고원 건조지대인 거대한 시베리아 타이가의 너구리貊(산달山獺) 사냥꾼인 맥족이 식량생산단계에 들어 순록 · 양 유목민으로 발전하면서 생겨난 생업발달사의 소산물로서, 목농을 아우르는 유목제국사의 차원에서 명명命名된 것이다.

끝으로 한국의 사가들이 야블로노비 · 스타노보이 산맥의 외흥안령과 훌룬부이르 몽골스텝을 내포하는 대흥안령, 그리고 소흥안령으로 짜여진 훌룬부이르 태평양권 '대만주벌판'으로 눈을 돌리는 시대적 소명이 하루 빨리 보편적인 상식으로 자각되기를 간절히 기원한다. 이는 한민족 유목태반사의 모태가 되기 때문이다. 장대한 스타노보이 산맥에서는 무려 3만 7천여 지류가 흑룡강으로 쏟아져 들어와 태평양으로 흐르고 레나 강의 엄청난 강물이 북류하여 북극해로 들면서 대만주 벌판을 초라하게 보이게 할 드넓은 사하 대초원이라는 세계 최대의 청정 자연 스텝 에코파라다이스를 이룩하고 있다. 한반도에 유목생업은 없다. 그러므로 IT · BT 시대인 오늘날, 아직도 '동해물과 백두산이 마르고 닳도록' 한반도 사관에만 '올인'하고서는 결단코 한민족 본연의 유

목제국 태반사를 부활시킬 수 없다. 우주공간으로 멀리 갈수록 역사시간으로도 깊이 파내려가야 자신의 정체를 파악할 수 있는 시대권에 이미 깊숙이 들어와 있는 우리다. 이스라엘 민족은 물론이고 미국의 앵글로색슨조차도 서구의 자가 역사모태에 늘 접맥하면서 생기가 샘솟고 있다.

IT·BT 시대인 오늘날까지 여전히
'동해물과 백두산이 마르고 닳도록' 한반도 사관에만 '올인'하고는
한민족 본연의 유목제국 태반사 부활 불가능!
이젠 우주공간으로 멀리 갈수록 역사시간으로도 깊이 파내려가야
내 정체가 보인다

『삼국사기』를 쓴 김부식은 북방민족의 남침을 공동 방어하는 전선을 구축하면서 보낸 시대(1075~1151)의 고려 천지를 숨쉬다 갔지만, 『삼국유사』를 저술한 일연—然은 칭기스칸이 몽골 고원을 통일한 1206년 창업기부터 태조 이후 그 2/3를 더 확보하여 그의 손자 쿠빌라이 대칸이 몽골 세계칸국을 완성한 수성기인 1289년까지(84세) 스키토·시베리안사의 총화라 할 팍스몽골리카 창출기를 살다간 서술력 뛰어난 사가다. 더러는 김부식이 사대주의 사가고 일연은 그보다는 더 자주적인 사가라고 보기도 한다. 그러나 오늘날 남북한 사가들이 각각 미국과 소련의 영향을 받았듯이 김부식과 일연 역시 그러했다. 반反 북방 연합 전선 하의 김부식과 팍스몽골리카 체제 하의 일연은 역사태반을 공유한 같은 경주김씨 계열의 고려사가라도 역사인식 시각과 차원은 서로 다를 수 있다. 당연히 일연 쪽이 스키토·시베리안사의 총화에 더 열려 있었을 것이다.

몽골의 정사 중의 정사인 『몽골비사』는 아예 샤먼의 무가巫歌 노랫말을 베낀 것이라는 설이 있듯이 몽골에서는 구비전승사료를 중시한다. 스텝-타이가-툰드라를 역사무대로 하는 역사를 편찬한 것이니 당연히 그럴 수 있다. 그래서 그런지, 한반도 동남부를 중심으로 살아온 두 김씨 사가가 주도해서 편찬한 사서임에도 불구하고 『삼국유사』에만 유독 구비전승사료가 많이 채록되어 있다. 수렵 유목지대에서의 구비전승사료는 전통이 있는 것으로 사료적 가치가 특히 높다. 그런데 오늘날 시베리아·몽골 지역에서 이러한 구비전승자료를 지니고 있는 이들은 현지의 한漢인도 아니고 한韓인도 아닌 투바인, 부리아드 몽골인, 다구르인, 에웽키인, 오룬춘인이나 코리야크인 등 이른바 시베리아 원주민들이다. 이들의 역사와 언어를 알아야 통역을 쓰더라도 쓸 만한 사료를 제대로 얻어낼 수 있다. 비록 애초에는 당시 스키타이의 최첨단 무력에 젖줄을 댄 신라 김씨집단이라 하더라도 한반도 동남우東南隅에 둥지를 틀고 앉아 근 1천 년의 세월을 보낸 신라인 중심의 한국사 인식안이 시각과 시력에 한계를 가질 수밖에 없다는 것은 상식이다. 나는 한국의 두 사서가 『히브리 성서』처럼 한국인들이 소중하게 간직하고 늘 읽어내는 보배로운 사서가 되길 바라지만, 다만 그것이 스키토·시베리안사 역사 현장과 접목되어 순록·양 유목제국모태사의 부르칸不咸, 紅柳(하느님) 문화를 제대로 부활시키는 차원에서 신선하게 늘 다시 써지는 가운데 그렇게 되었으면 한다. 1993년 봄 어느 날, 우도.베.바르크만(Udo B. Barkmann) 교수가 칭기스칸 보드카 한 병을 들고 울란바아타르에 있는 필자의 숙소를 방문하여 심포지엄을 한판

벌였다. 그는 그 자리에서 "유목사안遊牧史眼만 뜨고 보면 한국 사서史書
야말로 세계 최고의 기록된 유목관계 사료의 보고寶庫!"라고 기염을
토하며 함께 연구할 문제가 태산같이 많다고 했다. 결코 취중에 그냥
하는 말로만 들리지는 않았다.

『삼국사기』와 『삼국유사』가 신구약 『히브리 성서』처럼
한국인들이 소중히 모시는 보배 사서가 되기를 바라지만,
다만 수조전설 코드로 읽힐 수 있는
스키토 · 시베리안 모태사의 보고임도 늘 자각했으면……!
우도.베.바르크만 교수, "유목사안만 뜨고 보면 한국 사서史書야말로
세계 최고의 '기록된 유목관계 사료'의 보고!" 라며 기염!

당면 문제는 이런 구비전승사료들이나 그 사료를 창출해 온 역사의 무
대가 산업혁명이든 사회주의혁명이든 혁명을 거칠수록 놀랍게 빨리
사라져 버린다는 사실이다. '수조전설' 코드와 '유목태반' 코드로나 읽
힐 수 있는 스키토 · 시베리안사인데 세계 최대의 시베리아 타이가 거
대 정글이 개발되면서 총포 소리와 화약 냄새 속에서 그 수렵 · 유목
생태토대가 아예 무너져 가는 판이다. 나이든 혁명 이전 세대들을 만
나 이런 사료들을 그나마 남은 원시림 같은 자투리 땅에서 채록하려
하니 시간이 다급할 수밖엔 없다. 심장병 환자에게는 심장병 전문의가
필요한 법이다. 그런데 한국의 전문의 양성 풍토 속에서는 막무가내로
안과의사든 치과의사든 아무나 가면 그게 임자라는 식의 한국 시베리
아 · 몽골학계의 지나친 비전문성의 만연도 문제다. 이웃나라 일본의
현장 연구자들을 만나다가 우리 자신을 돌아보면 아예 두렵기까지 하
다. 아무나 능력껏 공부하며 사는 한국이라서 좋기는 하지만 이쪽 전

문 분야에는 국력 낭비가 너무 심한 듯하다.

늦었을수록 체계적으로 북방유목사 전문 연구자를 키워야!

21세기를 제대로 살아남을 최대의 무기라는 독창력은 하늘에서 거저 떨어지는 것이 아니다. 일만 년 세월을 제대로 뿌려온 씨앗도 계속 정성들여 가꾸고 열매를 소중하게 거둘 수 있을 때만 나름의 독창력으로 새롭게 샘솟아나게 마련이다.

주채혁 「몽골은 고구려의 외손(外孫)민족」, 『월간조선』 1998년 5월호(다소 첨삭). 이 글을 편집할 때 특별한 정성을 쏟아준 외우(畏友) 부여 서씨 고 서희건 부장을 추모하며 거듭 감사드린다.

주채혁, 「흥안령 지역의 몽올실위(蒙兀室韋)와 맥(貊)—몽(蒙)'고올리'와 맥(貊)'고올리'」, 『한국민족학연구』 3, 단국대 한국민족학연구소, 1995, 5~26쪽.

허용범, 『몽골과 제주의 혈맥 추적 : 칭기스칸의 후손들이 500여 년을 제주도에서 살았다』, 『월간조선』 1998년 10월호, 조선일보사, 488~521쪽.

몽골, 유목형 '고구려' 세계제국!

몽골의 부여·고구려 기원론

1990년 5월 어느 날, 단국대 동쪽 언덕에 자리잡은 교수아파트에서 객원교수로 와 있던 베·수미야바아타르 교수를, 당시의 박원길 석사와 함께 만났다. 필자는 그 자리에서 몽골국 과학아카데미 교수로부터 '몽골의 부여·고구려 기원' 문제를 제기받은 지 어언 16년째가 된다. 그간 시련도 많았고 아픈 사연들도 적지 않았다.

그런 가운데도 이 문제를 꾸준히 천착해온 온 몽·한 역사탐험의 길은 한결같았다. 길을 함께 열기도 하고 혼자서도 열었다. 처음에는 노다지 줍는 식으로 비슷한 요소들을 주워들고 외치면서 모자이크식 보고서를 내다가, 언제부턴가는 그 광맥을 미친 듯이 파들어 가기 시작했다. 드디어 맥이 잡히고 황금도 드러났다. 조금 더 지나니 비슷한 듯하지만 전혀 다른 속알까지 꿰뚫어보는, 제법 전문적인 안목과 시력도 갖추게 되었다.

유목형 '고구려 세계제국' 맥고려 몽골

그리고 이제는 '몽골'이 다름 아닌 유목형 '고구려' 세계제국 맥고려貊高

麗라고 제 딴에는 제법 자신에 찬 목소리로 세계몽골학계에 외칠 수 있게 되었다. 17년 전에는 상상도 못했던 일을 벌이고 있는 것이다. 듣는 이들도 더러 놀랍겠지만 외치는 필자도 실은 몹시 놀랍다. 1990년 초 권영순 초대 주몽골한국대사의 권유로 한국몽골학회를 만들어 동몽골 답사팀을 이끌 때도, 다리강가 고올리高麗 무덤을 발굴할 때도 어떤 대원은 "차라리 태평양에서 잃어버린 바늘을 찾지……!"하는 절망적인 냉소까지 내뱉었다. 그러나 어떤 계기로 생사의 갈림길에 서게 되면 더러는 신화가 쓰여지기도 하는가 보다. 1994년 여름 다리강가 발굴장에서 김장구 석사와 담소를 나누다가 맥貊+고려高麗=맥고려貊高麗(몽골)라는 발상을 더욱 구체화하게 되었고, 이를 증명하기 위해 팀을 이탈하여 1998년부터 몽골의 기원지인 대흥안령 북부 에르구네 지역을 몸소 답사하기 시작했다. 1999년 9월 어느 날 마침내 돼지뼈를 우려낸 국물로 끓인 된장쑥국이 메시아처럼 내 비위를 달래주던 몽골조상 제사터 가셴둥嘎仙洞의 소재지인 오룬춘 자치기自治旗 민족박물관에서, 순록[오룬복(orun bog)]=차아복(chaa bog)과 마주쳤다. 순록의 먹이가 선蘚=이끼(niokq)고 '선'이 나는 목초지가 몽골 고원지대에 즐비한 밋밋한 소산小山(선鮮 : sopka)임을 찾았다.

선鮮이 조선의 뿌리를 캐는 키워드

이 순록의 주식인 이끼는 한 번 뜯어 먹으면 3~5년이 지나야 다시 자라므로 새로운 선鮮을 향해朝 늘 옮겨다니는 '순록유목민'이 '조선인朝鮮人'이다! 이는 당시로서는 마른 하늘의 날벼락 같은 발상이었다. 답사 출발 때 송암서재에서 "가서 '조선'을 찾아보라"는 얘기를 들었을 때만

1993년 2월 19일 몽골과학원 학자들에게 한몽관계사에 관해 강의하고 있는 필자

해도 행여 유실된 일서逸書의 발굴이 가능할 것인가만을 떠올렸기 때문이다. 이듬해 귀국하여 파른 선생님께 보고를 드렸더니, "서광이 보인다! 그러나 한국학계의 오랜 인식 관행을 고려하라"던 말씀이 아직도 귓가를 맴도는 듯하다. 이 땅은 선비鮮卑 무덤떼가 즐비한 선비의 본거지고 이 곳 원주민들은 나를 선인鮮人, 내가 쓰는 말을 그냥 선어鮮語라고만 했다. 이와는 달리 중공이 성립되고 산동성 주민이 만주로 대거 투입되기 이전에 본래 길림吉林에서는 조인朝人, 조어朝語이라고만 썼다. 선鮮이 조선의 뿌리를 캐는 키워드임에 틀림 없다는 확신이 섰다.

귀국 첫 보고, '조선, 해 신앙'을 허무는 매국논문으로 매도당해
이 문제를 훌룬부이르 몽골스텝 현지에서도 발표하고, 귀국 후 한국사

조선

'아침의 나라'가 아닌 순록 키우는 북방유목민?

'조선(朝鮮)'은 아침의 나라가 아니다? 우리의 전통국호 '조선'이 아침의 뜻이 아니라 순록 키우는 북방유목세력을 지칭한다는 파격적 학설이 나와 논란이 예상된다.

주채혁(60) 강원대 사학과 교수는 최근 나온 〈동방학지〉 110편(연세대 국학연구원)에 실은 '조선·선비(鮮卑)의 선(鮮)과 순록유목민'이란 제목의 논문을 통해 조선을 아침이라는 뜻으로 읽는 문헌해석은 잘못됐으며 이는 우리 민족의 뿌리인 원시 북방몽골인의 순록유목생활을 상징한 이름이라고 주장했다.

주채혁교수 '동방학지'서
400여일 내몽골 생활 토대
파격적 학설 제시…논란 예상

몽골사 전공자인 주 교수는 지난 99년 7월부터 몽골 기원지인 내몽골 훌룬보이르 에르구네강 주변의 하일라르시에서 400여일 동안 살며 답사한 결과 이런 결론을 얻었다고 밝혔다. 글에 따르면 단서는 옛 북방이민족 선비나 조선의 이름에 공통되는 선의 의미를 찾는 과정, 즉 조선과 선비 명칭의 역사적 갈래를 밝혀보려는 과정에서 나왔다. 실제로 4개의 성조(억양)로 단어 뜻을 갈라 구별하는 중국에서 '조선'의 '조' 자를 아침이라는 뜻의 1성 '자오(zhao)'로 읽는 이가 없으며, 만주나 내몽골 동부에서는 모두 '조'를 '향하는, 순례하는'이란 뜻을 갖는 2성의 '차오(chao)'로 읽고 있다. 게다가 순록(차아복)의 먹잇감인 흰 이끼를 일컫는 '선(蘚)'이 '선(鮮)'과 같이 조선족이나 몽골원주민 사이에 모두 3성으로 읽히게 된 데는 '선(蘚)'이 원래 '야트막한 산'을 뜻하는 '선(鮮)'에 자라기 때문이라고 그는 분석했다. 따라서 논문에서는 '선(鮮)'이란 글자는 이끼인 선(蘚)이 자라는 시베리아 타이가·툰드라 지대의 작은 산이며 조선겨레는 본래 이끼가 자라는 동산을 찾아 떠도는 순록유목민을 일컫는다고 결론짓고 있다. 이들이 수렵민화 되며 남하해 고조선, 부여와 초기삼국을 형성한 세력이 되었다는 것이다.

조선을 아침의 뜻으로 해석한 것은 20세기초 최남선과 이병도의 연구에서 비롯됐다. 최남선은 '조'를 '첫'으로 '선'을 '산다, 싱싱하다'로 해석했고, 이병도는 "단군이 아사달에 도읍하고 국호를 조선이라 했다"는 중국위서 기록을 토대로 조선이 아침의 땅이란 '아사달'을 한자의역한 것이라고 보았다. 이 때문에 기존 견해를 뒤집고 처음 제기한 주 교수의 순록연관설은 국호뿐 아니라 한민족기원설을 둘러싼 새 쟁점이 될 수도 있음을 뜻한다.

손보기 단국대 석좌교수는 "국내 유적에서도 순록그림이나 비슷한 짐승뼈가 발굴된 바 있어 순록유목민설은 가능성이 있는 주장"이라며 "농경문화에만 집착했던 민족기원 연구에 새 화두를 던져준 셈"이라고 평가했다.

노형석 기자 nuge@hani.co.kr

순록을 돌보는 시베리아 아르한겔스크의 몽골계 유목민.

『한겨레신문』 2001년 2월 22일 「학술」난에 '조선·고려 순록유목기원설'에 관한 첫 보도가 있었다.

학계에도 발표하였다. 반응은 판이했다. 유목 현지에서는 당연히 그럴 수 있다는 반응이었는 데 비해, 국내에서는 조선이라는 위대한 해朝신앙을 허무는 용납할 수 없는 발표라며 호되게 매도당하였다. 뒷날 금빛=햇빛 말고 모든 걸 해에 귀결시키는 근거 없는 맹신은, 일장기가 이 땅의 하늘을 뒤덮던 왜정시대에 생겨난 한국지성계의 식민지 인식의 잔재라고 되받아쳤지만……! 이러한 어려운 국면을 돌파해준 첫 언론이 한겨레신문(노형석 문화부 기자 취재)이었다. 마침 방영된 KBS TV의 「몽골리안 루트」라는 다큐멘터리에서 툰드라 순록유목민 컬러 사진을 곁들여 2001년 초에 실로 파격적인 보도를 해주었다.

드디어 거대한 타이가 '사얀鮮 산맥'에 들다!

개척 분야가 뿌리를 내리는 데 한국 풍토에서 언론의 힘이 마력과 같다는 것을 통감하였다. 이어서 2002년 여름에는 청의 고증학자 정겸丁謙이 대선비산大鮮卑山의 원형이라고 지목한 알타이 산에서 바이칼 호를 향해 뻗은 장대한 타이가 지대인 조선산맥朝鮮山脈이라 할 사얀鮮산맥을 탐사하였다.

선비鮮卑는 선鮮족의 허리띠,
코리高麗(Qori)는 순록이고 오룬춘은 순록치기

투바 대학의 엔·베·아바예프 교수와의 역사적인 첫 만남에서였다. 그 후 다시 눈을 원점으로 돌려 훌룬부이르 민족박물관 조월趙越 관장이 내게 보여준 황금제 「선비곽락대鮮卑郭洛帶」에 주목하였다. 선비鮮卑는 무엇이고 곽락郭洛은 무엇인가? 대帶는 물론 허리띠다. 『사기史記』, 『회남자淮南子』, 『한서漢書』 등의 고대 사서가 이미 선비鮮卑에 대해서는 소욘鮮(Soyon)족의 요대腰帶라고 설명하여 선비 자체가 바지·저고리 같은 기마복을 입고 말 타고 활 쏘는 '호복기사胡服騎射'의 영도자가 입은 전투복을 상징하는 부스(6γc : 띠卑)임을 알 수 있었다. 그렇다면 곽락郭洛(Qori)은 무엇일까? 이미 세 마리의 순록이 양각된 버클로 보아 순록을 가리키리라는 것은 짐작했지만, 육사현陸思賢의 관련 논문(1984)은 이를 명쾌하게 논증해 주었다. 그리고 실제로 투르크·몽골어에서나 코리야크어 등 북방시베리아 원주민어들에서는 순록을 '코리'라고 한다. 심지어 오룬춘의 고어古語 호칭은 '코룬춘'으로서, 역시 순록유목민을 가리킨다. 바이칼 호 올콘 섬을 시조탄생설화의 역사무대로 삼고 있는 몽골의 시조인 그 '코리'다.

조선의 선鮮은 순록 목초지인 선薛의 땅이고 고려는 순록 자체!

이들은 언제부터인가 바루구진 분지 → 헨티 산맥 → 훌룬부이르 몽골 스텝 → 대흥안령 서남부를 거쳐 해 뜨는 바다 쪽으로 옮겨가게 되었다고 현지 주민들이 각각 증언하고 있다. 그러니까 그「선비곽락대」는 소욘족 우두머리의 전투복 허리띠로, 선鮮이라는 목초지에서 풀을 뜯고 있는 세 마리의 순록이 장식된 것이다. 한 마디로 조선의 선鮮은 목초지요, 고려(Qori)는 거기서 목초를 뜯어먹고 있는 순록馴鹿(chaa bog) 자체다. 뒤에야 안 것이긴 하지만 우연히 내 몽골 필명인 아리운(Ariun : 순결한) 코리(Qori)의 '코리'가 바로 순록이라는 것을 알고 깜짝 놀랐다. 오늘날 한국의 국제적 호칭 Korea가 여기에서 비롯되었음은 물론이다.

맥은 엘벵쿠, 산달인 너구리

그렇다면 맥貊은 또 무엇인가? 1999년 가을 훌룬부이르 대학 생화학과 황학문黃學文(몽골족) 교수와 함께 서산공원을 답사하며 담소를 나누다가 맥이 몽골어로 엘벵쿠(elbenkü)인 너구리라는 것을 우연히 알게 되었다. 현지『동물도보』들을 들추면서 맥이 수달水獺[숫수달은 예濊 (Buir)]에 상대되는 산달山獺(elbenkü)이라는 별명을 가지고 있다는 것도 확인했다. 수달이 저습지대에 사는 데 대해 맥(산달)은 고원지대에 사는 동물이다. 맥에 관한 필자의 답사보고가 주목을 받게 된 것은 그로부터 6년 뒤인 2005년 3월 23일 서울대 수의과대학에 객원교수로 와 있는 헤이룽장 성 동물연구소의 박인주朴仁珠 조선족 교수가 "대·소 흥안령에 맥貊이라고 불리는 '너구리'가 지금도 적지 아니 뛰어 놀고

시베리아 수린다 타이가 지역의 순록 | 「몽골리안 루트를 가다」를 제작한 SBS-TV의 홍순철 PD 제공.

있다”고 관계 학회에 공식보고를 하고 나서다. 조선이든 맥이든 한인漢人 사가가 한자로 기록해 남긴 기원전 이래의 기록임이 분명한 이상, 당연히 그들의 용례 관행대로 읽고 해석해야 한다. 그래서『후한서』「동이열전」에서 보듯이 고구려의 별칭은 맥貊일 수 있으며 고원스텝의 ‘몽골’ 역시 맥일 수 있다.

툰드라 기원 맥고구려─맥고려, ‘툰드라 몽골’!

시베리아 모피시장에 맥, 곧 너구리 가죽을 주로 내다판다고 해서 맥족貊族으로 불리다가, ‘맥’ 사냥경제가 식량생산단계에 접어들어 툰드라·타이가 지역을 주도하고 있던 ‘순록’ 유목생산으로 발전하면서 순록인 코리高麗를 부족명에 첨가했을 수 있다. 그 코리 부족이 청동기 내지 철기와 결합하면서 부족연맹 → 고대제국으로 발전하게 되자 이

제 맥은 코리 앞에 붙는 별칭 정도가 되었을 것이다. 밖에서 자칭 고려 곧 고高 씨의 고려일 수 있는 고구려를 부를 때 '맥'의 '고려'라고 하여 맥貊+고려高麗=맥고려貊高麗(Mongol) 곧 '몽골'이 될 수 있는 것이다. 물론 대형 순록유목이 북극해권 툰드라에서 주로 이루어진 만큼 당연히 그 역사태반으로 보면 '툰드라 고구려'-'툰드라 몽골'이 된다.

그렇다면 이러한 역사가 전개된 본 무대는 어디였을까? 그리고 왜 그렇게 될 수밖에 없었는지도 규명해야 한다. 우선 본 무대는 시베리아·몽골의 한랭고원 건조지대다. 그것도 주로 장대한 소산小山 선鮮이 무던히도 많은 바이칼 호 북극해권이다.

조선의 중핵 뿌리는 '툰드라 차아탕'
고려는 '오룬춘', 모두 순록치기!
Korean은 Chaatang!!

아시아 대륙의 1/4, 세계육지의 1/10을 차지하는 세계 최대의 타이가 －스텝－툰드라 지대에서, 식량채집단계에서 식량생산단계로 나아가는 생산혁명과정을 거치며 지배종족 내지는 고대정복제국으로 발전해 갈 수 있는 생업으로는 순록유목과 개활지 스텝의 양유목 외엔 더 있을 수 없다. 양유목의 뿌리로 순록유목이 존재하여 툰드라·타이가에서 힘을 기르며 점차로 개활지인 스텝으로 진출하여 대규모 양유목생산으로 발전하게 되고, 그 과정의 부산물로서 필연적으로 등장하게 된 유목무력이 '기마사술騎馬射術'이었다.

이렇게 기마 양유목민이 되고, 기마 양유목으로 양유목생산력이 발전하는 과정에서 '기마 양유목제국'이 출현했으며 나아가 목농을 아우르는 유목 주도의 고대 '유목세계제국'이 출현하였다.

　유라시아 대륙과 한반도, 특히 북유라시아 한랭고원 건조지대와 한반도는 자연생태상으로나 역사적으로나 밀접하게 상호관계를 맺어온 지역이지 결코 단절된 공간일 수가 없다.

순록 뿔茸에 물 뿌리면 빨리 자란다!
순록의 주식 선鮮의 선蘚(niokq) 즉 이끼(lichen)는 습기 선호
식량생산혁명의 진원지 메소포타미아 유역과
라이켄 로드(Lichen road : 蘚路)－몽골리안 루트로 직접 접맥!

유라시아 대륙은 동서축으로 되어 있어 등온대를 이룰 뿐만 아니라 식량생산단계 이후부터는 유목기동력이 여기에 가세하여 사람과 기술의 이동이 상대적으로 용이하였다. 황하유역의 중원과는 달리, 식량생산혁명이 처음 이루어진 서아시아와 시베리아·만주·한반도는 몽골리안 루트－스텝 로드로 접맥되어 있다. 순록의 주식인 이끼는 습기가 많을수록 더 잘 자라므로 대서양, 북극해나 태평양 쪽을 향해 순록유목민이 유목해 가게 마련이다.

세계 최대 스텝－타이가－툰드라 지대 태반의 스키토·시베리안,
예외 없이 수조전설 공유!

물론 오랜 역사과정을 거치면서 자연생태조건도 다소 변했겠지만, 이같은 세계 최대의 스텝－타이가－툰드라 지대를 무대로 형성된 북아시아 여러 종족이 거의 예외 없이 종족사상種族史上의 생존생태와 유관한 어떤 짐승을 조상으로 삼는 수조전설을 공유하게 되는 것은 이상할 것이 없다. 물론 단군신화의 '웅녀전설'도 이러한 수조전설 중 하나다.

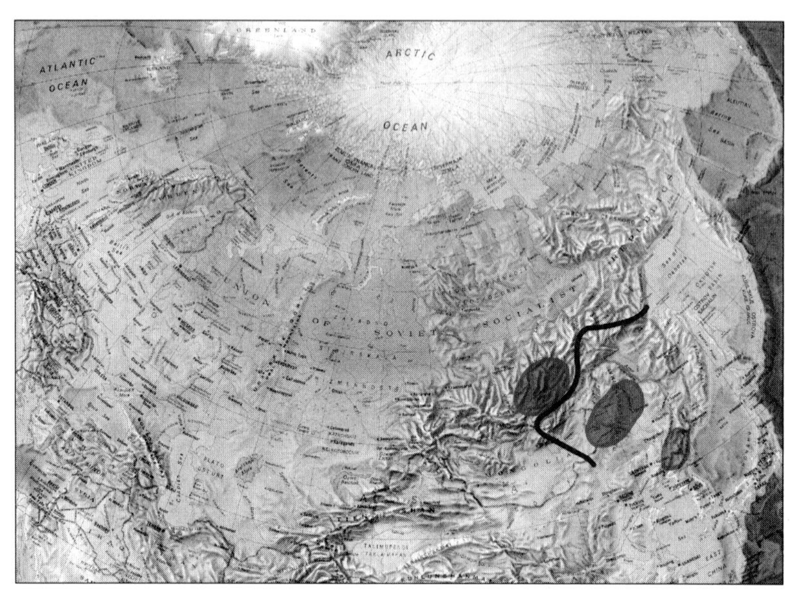

예니세이와 레나 강 코리 족조族祖의 기원지 바이칼 호와 코리 족이 기마 양유목과 결합하고 만주 목농지대를 장악하면서 세운 고올리칸국의 부이르호 일대 및 유목태반인 고구려가 대산을 배경으로 유목무력과 대결하며 고대제국을 창업한 백두대간권

고원지대에서 고원지대로 오가는
'시베리아 · 백두대간 호랑이', 그리고 '조선겨레'!

백두산 호랑이가 시베리아 호랑이와 생태유전학적으로 접맥되는 것이 고원에서 고원으로 이동해 가며 사는 짐승의 생태적 특성 때문이라면, 백두산 조선족이 가까운 황하유역 중원의 한족漢族들이 아닌 더 머나먼 한랭고원 건조지대인 우랄 · 알타이 산맥이나 티베트 고원 원주민들과 인종이나 문화적으로 주로 접맥되는 이유도 알 수 있다.

S+O+V형 구문구조어는 속도 위주의 '유목생태 기원 언어'!

물론 농경지대의 한어漢語와는 달리, 속도 위주의 유목생업 태반사에서

318

비롯된 것으로 보이는 주어(S)+목적어(O)+동사형(V)의 구문구조를 이룬 한국어와 투르크·몽골어를 비롯한 우랄·알타이어계 언어들도 이를 입증하는 한 증거가 될 수 있다. 또한 생업의 특성상 순록유목민 내지 기마 양유목민이 이 지대의 군사·정치적 주도권을 장악하여 농경정착지대를 정복하는 과정에서 고대유목제국을 창업해 온 사실도 당연한 결과라 하겠다.

바이칼호 북극해권은 물이 너무 차서 고대 유목제국 창업이 어려웠다

시베리아의 물은 대부분 북극해로 흘러 들어간다. 그런데 유별나게 바이칼 호와 대흥안령을 동과 서로 가르는 야블로노비 산맥과 동시베리아를 남북으로 가르는 바이칼 호 서북부에서 오호츠크 해에 이르는 장대한 스타노보이 산맥을 분수령으로 하여 바이칼 호권의 물은 북극해로 흘러 거북이가 살 수 없을 만큼 차다.

훌룬부이르호 태평양권 대만주벌판은 몽골세계제국 창출의 태반!

그렇지만 한인漢人들이 외흥안령이라고 부르는, 물이 태평양으로 흘러드는 그 이동·남의 대만주권은 거북이가 살 수 있을 만큼 물이 차지 않다. 그 두 영역을 잇는 고리가 바로 대흥안령 북부의 훌룬부이르 호권이다. 만주의 비옥한 목농지대와 이어질 뿐 아니라 몽골 대스텝으로 나아가는 전초기지이기도 한 곳이라서 경제와 군사적인 토대를 닦아 사회분화를 이루면서 고대제국을 창업할 수 있었다. 흉노나 부여와 고조선 이래의 고대 동북아시아 유목제국들이 다 이 지대를 모태로 삼아 태어났다.

훌룬부이르호 눈강 몽골스텝은
흉노, 부여, 조선과 투르크의 고대 유목제국 창출한 자궁!
맥고려는 몽골 「퀼테긴 비문」(572년 기사)의 복클리
Maekgogoli→ Maekgooli → Moukli → Mugal → Mogol → Mongol

훌룬부이르 몽골스텝~눈강 지대에서 창업된 맥국貊國=고리국槁離國이 기원전 5~3세기경 송화강松花江과 요하遼河 지역으로 진출했을 것이라는 1970년경의 북한사학계의 견해는, 대체로 정곡을 찌르고 있다 하겠다. 나는 이 맥고리국을 사람들이 맥고리貊槁離 → 맥고려貊高麗 → 몽골蒙古里이라는 식으로 역사적인 변용을 거치면서 불러 왔다고 본다. 몽골국 소재 「퀼테긴 돌궐 비문」(572년 기사)의 '복클리'를 '맥족의 고려'로 읽어낸 한 일인학자(岩佐精一郞, 1936)의 견해는 정녕 탁견이다.

고리국 기원 북부여사의 증발로 단절된
순록·양 유목제국 태반 조선·고구려사!
맥고리 → 맥고구려(Mongol)사라는 동포태반사도 말살!

흉노, 부여, 고구려, 발해, 거란, 몽골을 가릴 것 없이 맥=너구리 및 코리=순록과 생업상으로 직관되는 모든 북방기원 제국들은 다 이렇게 불렸을 수 있으며, 그 유목형 완성 내지 결정판을 몽골 세계칸국으로 보아, 몽골을 유목형 고구려 세계제국이라고 감히 지칭해 본다.

1990년 5월 '토요일의 영웅' 베·수미야 바아타르 교수의
몽골·한국관계사에 관한 '메가톤급 원자탄 선물 예언',
부이르 호수 남쪽 호반의 '고올리칸 훈촐로'는 동명성왕!
동북아 유목칸국 태초의 원조元祖 맥고구려는 몽골! 맨발로 걸어가 검증!

결국 1990년 북방 개방과 동시에 이 땅을 밟은 몽골인 몽골사학자

베·수미야바아타르 교수가 몽·한 관계사에 관한 메가톤급 원자탄이라며 부이르호 남쪽 호반의 고올리칸 훈촐로人石像가 동명성왕이라고 단언한 황당한 추정이 16년 후 이렇게 결실되었다. 고올리칸·동명성왕은 다름 아닌 순록유목민의 민족영웅 공동조상이었던 것이다. 그 훈촐로가 험하디 험한 훌룬부이르 몽골 스텝이란 전장에서 수천 년간 대를 이어 중수重修를 거듭하면서 굳건히 온갖 모진 풍상을 다 겪어낼 수 있었던 이유다. 그러니까 너무 추워 물이 차서 순록과 곰은 살 수 있지만 거북이나 양과 호랑이는 살기 어려운 바이칼 호 북극해권을 집약하는 한 중심인 바이칼 호 올콘 섬에는 순록치기 코리 씨족 시조탄생 설화가 얽힌 부르칸不咸(하느님·샤먼) 바위가 서 있고, 거북이나 양과 호랑이가 살 수 있는 물이 그리 차지 않은 훌룬부이르 호 태평양권에는 부족연합에서 고대유목제국으로 발전하는 태반으로 순록치기 코리槁離칸 석인상―고올리高句麗칸 훈촐로가 순록유목태반 유목제국의 태초를 연 그들의 원조元祖로서 우뚝 서서 후손들의 무궁한 번영을 수호해 내고 있는 것이라 할 수 있다. 당시『경향신문』기자로 이를 선전한 박석흥 현 외국어대 객원교수와 올 정초에 양재동의 한 설렁탕집에서 만나 축배를 들며 외친 한 마디는 '몽골=맥고려貊高麗 만만세!'였다.

주채혁, 「몽골의 '貊'고올리 起源考」, 『내몽골대학학보』 1, 중국 내몽골대학, 1999, 65~68쪽(舊몽골문).

주채혁, 「고구려의 시원영역 유목초지, 그 부르칸(不咸)이즘과 한국축산의 비 전」, 『백산학보』 71, 백산학회, 2005. 4., 77~120쪽(『북방민족신문』 창간호, 북방민족신문사, 2005년 5월 15일, 6쪽).

주채혁, 「'몽골'―貊高麗, 유목형 '고구려'世界帝國 考」, 『백산학보』 76, 백산학회, 2006. 12.

부록

부록 | 순록朝鹿, 이끼蘚와 순록치기 - 선인鮮人

순록이란?

역사상 가장 오래된 문헌에 등장하는 최초의 유목생산은 1만년 전에서 4천년 전으로 추정된다. 메소포타미아 유역에서 식량생산문화가 싹튼 이래 아랍 사막과 페르시아 고원 및 러시아 남동부에서부터 중앙아시아 초원지대에서 유목이 주로 발생했고, 그 곳을 중심으로 몽골, 티벳과 아프리카 등으로 확대되었다.

먼저, 유목의 한 형태인 순록치기 · 순록유목에 대해 살펴보겠다. 순록은 토나카이라고도 하는데, 사슴류 가운데 지구상에서 유일하게 가축화되었다. 유목의 생활형태는 자연환경의 건조도와 키우는 동물의 특성 및 지리적 특징 등에 주로 영향을 받는다. 순록치기 역시 다양한 요소에 따라 영향을 받게 된다. 순록은 하얀색 이끼를 주식으로 하며 맑고 서글서글한 눈동자를 지녔고 성격은 양처럼 유순하다. 한랭한 기후에 잘 적응하는 순록의 코끝은 털로 덮여 있어 보온과 눈 속에서 먹이를 찾는 데 도움이 된다. 발굽은 나비가 넓고 편평하게 퍼졌으며, 당라숭當剌速 · 訥(danglasun-u : Эвен어로는 төрэнтч)과 같은 툰드라지

한디가 압기다 순록 여름 유목지대 이끼밭 당라숭 | 김천호 촬영

대의 풀포기 뿌리가 뒤엉킨 흙덩이를 움켜쥐고 딛고 다니기 편하게 곁굽이 발달하였다. 발굽 사이에는 긴 센털이 돋아 있어 수림 툰드라나 툰드라의 스펀지나 솜덩이 같은, 눈 위나 눈이 녹아 질퍽거리는 땅바닥에서 몸의 균형을 잡아 걸어 다니기에 편리하다. 모피(fur)는 하층에 양털 모양의 솜털이 빽빽이 나 있으며, 상층에는 길이 2.5~2.8cm의 긴 털이 나 있어 몸을 한기로부터 지켜준다. 귀는 매우 작아 체열의 방산을 막는다. 보통 5~100마리가 떼를 지어 생활한다. 고원지대의 나지막한 장대한 동산인 소산小山(sopka, 선鮮)의 응달 습지에서 나는 이끼鮮(niokq) 등의 지의류地衣類(lichens)를 주식으로 하며, 그 밖에 마른 풀이나 버드나무 잎의 새순, 쑥, 영지, 인삼과 속새 등도 먹는다.

326

순록의 뒷발굽 | 최준 촬영

봄에는 수컷과 암컷이 따로 무리를 지어 생활하고, 가을의 번식기 (10~11월)에는 수컷이 많은 암컷을 거느린다. 임신기간은 227~229일 이고, 거의가 한배에 한 마리의 새끼를 5월 하순에서 6월 상순에 낳는 다. 늑대가 천적이고 야생에서의 수명은 평균 4.5년다. 기록상으로는 최고 수명은 13년, 사육하는 것은 20년 2개월이다. 순록의 사육(유목 형태로) 생산을 보면, 북아메리카의 경우 순록은 북극권 주변의 툰드 라 지대와 타이가 지대에서 사육이 가능한 유일한 대형 짐승이었다. 순록의 가축화를 목축사적으로 보면, 가축화의 진행과 함께 야생 순록 의 수렵도 함께 계속되어 왔다. 특히 알래스카, 캐나다, 그린란드와 러 시아 영내에 거주하는 에스키모의 여러 종족은 전통적으로 순록을 가축화하지 않고 야생 순록만을 수렵해 왔다. 북방유라시아 순록은 레인디어(reindeer)라고 불리는 데 대해 아메리카 대륙의 순록은 보통 카리부(caribou)라고 불린다.

순록은 많은 아종亞種으로 나누어지며, 크게는 두 그룹으로 나뉜다. 유라시아 순록(R. t. tarandus)은 몸은 소형 또는 중형이고 네 다리가 짧다. 뿔은 연한 갈색이나 노란빛을 띤 흰색이며 주축은 원통형이다. 암수 모두 뿔이 나 있다. 털은 길고 부드러우며, 볼과 네 다리는 연한 색이고 목은 흰색이다. 대부분 봄·가을에 큰 무리를 지어 먼 거리를 이동한다. 노르웨이 북부에서 시베리아의 툰드라나 알래스카주, 캐나다 북부와 그린란드 서안 등지에 분포한다.

산림순록(R. t. caribou)은 몸은 대형이고 네 다리가 길다. 뿔은 어두운 갈색으로, 주축은 평평한데, 암컷의 30~40%는 뿔이 없다. 털은 진한 밤색이다. 침엽수림에 서식하며, 계절에 따라 먼 거리를 이동하지 않는다. 핀란드에서 시베리아 중남부, 캄차카 반도 남반부, 헤이룽 강, 사할린 섬까지와 캐나다 중부 등지에 분포한다.

차탕족의 유목은 반半야생·반半가축인 순록의 무리를 사람이 따라다니면서 기르는 형태를 취하고 있다. 이러한 유목은 시베리아 일대와 북유럽·그린란드 지역에서 이루어진다. 북유럽 핀란드의 랩족, 시베리아 중부의 투바拓跋 족과 사모예드 족, 시베리아 동북부의 축치 족이 그 주인공이다. 투바의 소욘鮮 족 순록유목민은 1993년 8월 9일 필자가 간접적으로 순록과 인연을 맺는 첫 계기를 만들어 주었다. 필자가 몽골·시베리아 오지 답사 중에 무의식적으로 흥얼대는 타령조 가락

위로부터 축치. 에벵키. 에벤족의 순록

을 들은 홉수굴 출신의 무당연구자인 오. 푸렙 교수는 내 노랫가락이 바로 위에 있는 만년설 덮인 에린칭룸베의 순록치기 차아탕과 흡사하다고 하였기 때문이다. 물론 스텝 말도 아닌, 발굽이 수림툰드라의 당라숭을 움켜쥐고 밟고 다닐 수 있도록 진화한, 눈 덮인 산의 산악 말을 타고 올라가야 한다고 하여 지레 겁을 먹고 감히 상봉을 위한 도전은 하지 못했지만 말이다.

몽골의 차탕족은 특히 가장 원형적인 형태로 순록 유목을 하는 것으로 알려져 있다. 몽골 차탕족은 러시아 독립국가연합 투바 공화국의 투바 소욘鮮족 계열인데, 언어는 고대 투르크이계인 투바 방언을 사용하며 현재 2백여 명이 생존해 있는 것으로 전해진다.

순록을 가축화시켜 인간의 근처에 둘 수 있었던 것은 소금 또는 소금기 있는 오줌 덕분이었다. 소금은 인간이 순록을 길들일 수 있는 물질이다. 물론 순록의 새끼를 잡아두는 방법도 있다. 하루 종일 이끼를 비롯한 먹이를 찾아 뜯어먹은 암순록은 젖이 불어 밤잠을 이룰 수 없게 되어 새끼를 찾게 되고, 숫순록은 그 암순록을 따라 오게 되니 이를 이용하여 유목을 하는 것이다. 휘파람 등의 특수 신호를 사용하여 순록을 부르고 길들여 유목을 유도하기도 한다. 순록은 인간에게 젖과 가죽과 고기를 제공한다. 그렇다고 해서 차탕들이 순록을 함부로 잡아먹는 것은 아니다. 단지 필요에 따라 늙은 순록만을 골라 생존을 위한 최소한의 식량으로 삼는다.

순록의 뿔은 하늘과 닿는 통로로서 신앙의 대상이 되기도 한다. 뿔 위에 새가 앉으면 그대로 이동 샛대鳥竿(솟대)가 되기도 한다. 유목을 위한 이동주기가 3주를 넘지 않는 차탕족은 아메리카 원주민의 삼각형 천막과 비슷한 '오르츠'라는 천막에서 산다. 소속 부족에 따라 여러 이름으로 불리는 오르츠는 숲에서의 이동을 보다 간편하게 해주는 차탕의 전통적인 천막이다.

차탕족의 여름 방목지는 수목 한계지점을 넘어서는 고산 툰드라 지대다. 수림 툰드라를 지나 툰드라 지대에 들어서면 수림이 없는 동토 황야가 끝없이 펼쳐진다. 한여름에 툰드라로 드는 산야에는 눈빛 순록의 주식인 이끼가 지천으로 널려 있다. 며칠을 달려도 한없이 계속될 것 같은 이러한 순록 목초지는 툰드라의 눈 속으로 자취를 감춰버린다. 너나 할 것 없이 "조선·고(구)려는 순록유목민의 나라!"라는 감탄이 절로 나올 만큼 어마어마한 장관이고 알려지지 않은 그야말로 비경秘境이다. 사실 차탕족들이 살아온 자연환경을 보면, 인간이 생존 가능한 최소한의 조건까지 의심하게 만든다. 2006년 여름에 우리가 탐사한 한디가 압끼다 수림 툰드라 순록 유목지대 언저리에는 영하 72도까지 내려간다는 세계에서 가장 추운 북위 64도에 자리잡은 사하공화국 오이미아콘 수림툰드라 순록유목지대도 있다. 한겨울에는 평균 영하 40

야쿠치아 한디가 자예치아 삐뜰레 수림툰드라 순록 겨울유목지대의 목초지 | 최준 촬영

도를 오르내리고, 한여름에조차 이들의 생활 터전인 해발 2,500m 고산 지대는 영하의 날씨로 얼어붙기 일쑤다. 물론 여름에도 밤에는 화덕에 장작불을 지펴야 잠을 잘 수 있다. 한여름이라도 1m 아래는 꽁꽁 얼어 붙고, 일교차가 심해서 7월 말 한낮의 기온이 영상 20도까지 올라간다 해도 해가 떨어지면 영하로 떨어지기 때문이다. 덥지 않고 서늘한 동 안은 모기가 없고 먹이가 풍부하여 고산 툰드라 지대는 순록의 여름철 서식지가 된다.

몽골 타이가 숲 순록의 여름 서식지는 섬과 같다. 순록이 가장 싫어 하는 모기로부터 벗어날 수 있는 곳이 바로 침엽수림의 바다에서 섬처 럼 솟은 고산 수림 툰드라. 순록은 자신의 체온을 낮출 수 있는 고산

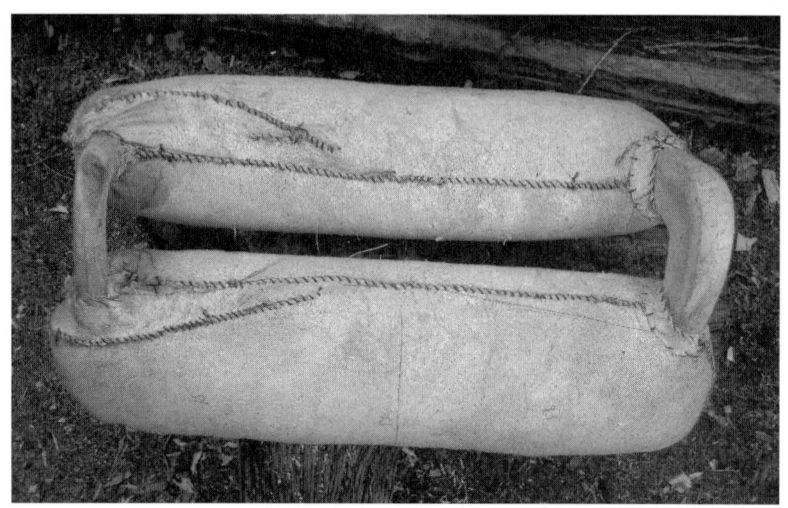

한디가 압끼다 순록유목지대 한 유목가정의 순록 안장

지대로 올라가 모기를 피한다. 모기는 동물의 입에서 나오는 이산화탄소와 체온을 감지하여 피를 빨아 먹는데, 순록은 추운 곳에서 스스로의 체온을 낮추어 모기의 추적을 피하는 것이다.

순록의 유목은 야생 순록이 계절적인 이동 생활을 하는 것과 마찬가지로 순록떼와 함께 겨울과 여름의 방목지를 정기적으로 이동하는 형태를 취한다. 순록은 썰매를 끌거나 짐과 사람을 운반하기도 한다. 순록의 젖은 음료나 유제품으로 가공되며, 고기, 내장과 혈액은 식용으로 쓰인다. 가죽은 의복이나 텐트의 재료가 되고, 뼈와 뿔은 골각기의 재료로 쓰이고 힘줄로는 끈을 만드는 등 순록의 이용범위는 매우 넓다. 야생 순록의 수렵에는 갖가지 수렵의례가 따르고, 여러 가지 의례에서 순록이 희생으로 사용되기도 하였다. 현재도 순록유목은 북극권 주변에서는 주요 산업이다. 북방유라시아에서 순록을 이용하는 방식은 지역이나 집단의 역사적, 생태학적 및 민족학적인 요인에 따라 다양하다. 인간생활과의 관계에서 볼 때 순록이 다른 가축과 본질적으로 다른 것은 선사시대부터 오늘날까지 수렵의 대상이 되어 왔다는 점이다. 제3회째 간빙기에 해당하는 후기구석기시대는 '순록시대'라고 불릴 만큼 순록의 전성기였으며, 야생마나 들소와 함께 크로마뇽인의 중요한 포획물이었다. 후기구석기~신석기 시대의 고고유물인 지휘봉이나 유럽 각지의 동굴회화와 시베리아의 암벽화에는 순록이나 와피티 사슴에 대한 묘사가 많다.

기후의 온난화에 따라 순록은 북방으로 이동하였고, 시베리아의 원주민 사이에서는 최근까지도 순록과 와피티 사슴이 수렵짐승으로서 의식주의 기반이 되었으며 신앙이나 세계관에서 주요한 위치를 차지하였다. 한편 순록은 청동이나 철로 된 재갈을 물리지 않으면 다루기 힘든 거친 말과는 다르게 성질이 온순하여 중~신석기시대 이래로 사육의 대상이 되어 왔으나, 가축화의 기원에 대해서는 설이 분분하여 체계적인 정리가 아직 이루어지지 않고 있다.

그러나 순록 가축화의 가장 오래된 증거는 알타이 지방의 파지리크 고분군(스키타이 시대)에서 출토된 말에 덮어씌운 순록 가면인데, 이것은 말보다는 순록을 타는 관행이 먼저 있었음을 말해준다고 하겠다. 사나운 말과는 달리 재갈을 물릴 필요가 없을 만큼 양순하여 청동~철기 시대 이전 중~신석기시대부터 이미 기승용으로 쓸 수 있었다고 추정된다.

민족지적으로는 북방유라시아의 순록 사육에는 몇 가지 유형이 있

울야프 고분 출토 스키타이 유물 | 기승용 말머리에 덮어 씌운 순록의 황금탈이다. 동북아역사재단 장석호 연구위원 제공

다. 예를 들면, 순록사육이 경제적으로 어떤 위치를 차지하는가는 오히려 생태학적인 조건에 크게 좌우된다. 즉 시베리아 남부에서 타이가 지대에 걸쳐 수렵이나 어로가 큰 비중을 차지하는 사회에서는 순록의 사육 수는 대체로 적고, 오로지 짐과 사람을 운반하고 이동하는 수단으로 이용되었다. 포획물이 부족한 지역에서는 식용으로 쓰기 위해 도살하는 경우도 있으나, 일반적으로는 제사나 공희供犧 등을 제외하면 도살하는 일이 거의 없었다. 이에 반해 시베리아 북부와 스칸디나비아 반도의 북극해에 가까운 툰드라 지대에서는 순록을 대규모로 사육했으며, 그 형태에는 착유搾乳의 유무, 목축견의 유무와 거세방법 등에서 지역 차와 집단차가 있었다. 예를 들면, 목축견의 이용은 라프인, 서시베리아의 네네츠 족과 사모예드 등 여러 종족에 해당되고, 젖을 짜서 마신 것은 북야쿠트 족뿐이었다. 레나 강 하류지역에서 북동시베리아의 툰드라 지대의 야쿠트, 돌간, 코리야크, 축치 족은 수백 마리에서 1000마리에 이르는 순록을 사육하면서 순록의 가죽으로 지은 천막에서 거주하며 유목생활을 했다. 일상 식량은 사냥으로 잡은 야생순록과 그 밖의 짐

334

승이나 새, 곳에 따라서는 물고기와 바다짐승 등이었으며, 사육하는 순록을 식용으로 쓰는 것은 식량이 부족했을 때와 제사나 공희 등과 같은 한정된 경우뿐이었다. 가을부터 겨울에 걸친 대규모 도살은 의복과 천막용 모피毛皮(fur)를 얻기 위한 것으로서, 어떤 집단에서나 최대의 연중행사였다.

오룬복-오랑캐-오룬춘과 코리-코랴야크-고려 및 축치-조선인

‘늘 …을 향해 가는 사슴’朝鹿이라는 뜻을 가진 몽골어 ‘차아복’은 한인漢人들의 말로 ‘순록馴鹿’으로 명명되었다. 에웽키 말로 차아복은 ‘오롱’이라고 하고, 오룬춘 말로는 ‘olen’이라고 한다. 역시 다구르 말에서는 좀더 구체적이고 분석적으로 차아복을 orn bog이라고 부르고 있다. 러시아 말로는 원주민어를 음사音寫하여 세베르니 알리엔(северныйол ень)이라고 한다. 몽골 말로 oroo는 ‘길들지 않은, 야생의’라는 뜻을 갖고 다구르 말에서도 ‘붙잡기 쉽지 않은 (말)’이라는 뜻을 갖는다. 후허胡和의 다구르어 사전 106쪽에 보면 oro mo'r를 ‘붙잡기 쉽지 않은’ 말로 되어 있고 nomurg(길들다)라는 동사에 이어 nomun mo'r를 ‘길든 말’이라고 풀이하고 있다. 『흑룡강외기黑龍江外記』(권8)에서도 “사불상四不像(그 지역 일종의 순록)은 사슴의 한 종류로 오룬춘이 마소처럼 부리며…국어國語(만주말)로는 오룬복俄倫布呼이라 한다”고 했다. 오롱·오룬·오룬이 모두 ‘길들지 않은’ 곧 ‘야생의’라는 뜻이고 ‘복’은 사슴이란 뜻이라는 것이다. 불순록不馴鹿이다!

농경정착민인 한족漢族 지성인들이 길든 사슴(순록)이라고 번역하였던 것과 어쩌면 그렇게 정반대일 수가 있을까? 동일한 대상임에도 정반대 되는 뜻의 이름을 붙인 것이다. 그렇다! 차아복(순록) 유목민들이 보기에 차아복은 사람이 양떼처럼 제 맘대로 몰고 다니면 절대로 못 사는 '길들일 수 없는 사슴' 곧 '불순록 不馴鹿'이었고, 농경정착민이 보기에는 보통 사슴처럼 우리에 가두어 먹이지 않아도 차아탕이 새끼만 데리고 다니면 제가 알아서 이 선鮮 저 선鮮으로 돌아다니며 제멋대로 먹이들을 골라 뜯어먹고 약초도 캐먹다가 다시 알아서 제 새끼에게 젖을 주러 돌아오곤 하니까 기가 막히게 잘 '길든 사슴' 곧 '순록馴鹿'이었던 것이다. '내가 내 속에서 우러나서 제 맘대로 하며 제대로 살아야지 내 뜻과 상관없이 남이 제멋대로 나를 몰고다니면 죽어도 못 견딘다. 그래서 제 멋대로는 늘 하던 짓도 막상 멍석 펴 놓고 남이 하라면 한사코 하지 않는다.' 그게 괴팍하기 이를 데 없는 차아복의 못된 성미다. 그렇다면 과연 불순록 不馴鹿일까 순록일까?

조선겨레는 '길들일 수 없는 사슴'인 차아복 不馴鹿의 성깔을 많이 닮았다. 본질적으로 자기(개체사 genom) 속에서 우러나 '제대로' 살아야 마냥 신명 나고 살판 나는 '타고난' 사제, 무당·박수의 단골들인 원천적인 자유인自由人이다. 누구든 건방기가 들어 조선 백성을 뭔가로 길들이려 하면, 좀 오랜 사안史眼을 뜨고만 보면 결국 백전백패百戰百敗한다는 것을 알 수 있다. 조선겨레와 더불어 정치하는 이들은 이걸 알아야 한다. 그 밤나무뿌리에 매어달린 쭈그렁밤송이(genom)를 제대로 보아야 한다는 것이다. 이런 생각을 하는 동안 문득 결국 차아탕과 오룬춘, 코리야크와 고려, 그리고 조선 겨레가 다 같은 이름을 서로 다른 언어로 표현한 것이라는 결론에 이르게 되었다. 오룬의 옛말이 코룬이기 때문이다.

새로운 선鮮을 향해 늘 떠나야 살 수 있는 '차아복 유목'을 하는 이들이 차아탕이고 한 곳에 우리를 짓고 붙박이로 가둬버리면 도저히 살아나갈 수 없어 끝끝내 길들일 수 없는 '오룬복 유목'을 하는 이들이 오룬춘이고 코리야크다. '차아복 유목'을 위해 차아복의 먹이인 선鮮(이끼)이 나는 새로운 선鮮(소산小山=sopka; Эвен어로는 '우락찬')을 향해 늘 떠돌아 다녀야 하는 영원한 뜨내기 유목민이 차아탕·축치·조선 겨레기 때문이다. 그러니까 오룬복을 유목한다는 점을 강조한 이름이 오룬춘·코리야크와 차아복탕의 준말인 차아탕·축치·조선인이고, 목초지인 선鮮을 찾아다니면서 유목한다는 점에 초점을 맞춘 이름이 조선 내지 차아탕이며, 목초지인 선鮮 자체 곧 onk에 주안점을 둔 이름이 에웬이나 에웽키라고 볼 수 있다.

차아복 이야기가 나온 김에 흥안령지역 차아복의 별명이 왜 '사불상四不象'인지를 알아보자. 차아복은 '발굽은 소와 같은데 소가 아니고, 머리는 말과 같은데 말이 아니며, 몸은 당나귀와 같은데 당나귀가 아니고, 뿔은 사슴과 같은데 사슴은 아닌蹄似牛非牛 頭似馬非馬 身似驢非驢 角似鹿非鹿 그런 짐승이다. 보통 사슴이 고개를 들고 가지를 친 뿔까지 뾰죽뾰죽한 데 비해 차아복은 되바라지게 고개를 드는 법도 없고 뿔 끝도 대개 둥그스름하다. 차아복의 목수염은 아비 차아복이 더 길고, 어미 차아복도 조금 나 있다. 행여나 단군이 몽골 초원 유목민 게르의 원형으로 보이는 에웽키 말로는 선인주仙人柱, 오룬춘 말로는 사인주斜仁柱

라고도 하는 몽골어 '초골간'이라는 원추형 이동가옥에 살면서 신선처럼 신비로운 차아복 무리 가운데를 거닐며 차아탕의 옷을 몸에 걸치고 차아(복)탕과 조선 겨레들을 이끌었던 것은 아닐는지…. 차아복탕은 지역에 따라 차별화되지만 원래 차아복의 젖을 먹을 뿐 고기를 먹지 않는 곳도 많다. 차아복이 죽으면 그 시신을 나무 위에 올려놓고, 병들어 죽으면 화장해서 그 재를 선원鮮原에 뿌리며 눈물을 감추고 흐느껴 운다고 한다. 같은 차아탕 겨레인 에웽키 족은 검은 곰을 사냥하지 않고 숭배하며 죽으면 풍장風葬까지 해준다고 한다.

개도 차아탕과 함께 산다. 침입자들로부터 차아탕 식구들이며 차아복들을 지켜주는 것이다. 그런데 차아복을 가족처럼 아끼고 사랑하는 조선겨레들이 주인을 그리도 따르는 개를 왜 식용으로도 사용하게 되었을까. 아직 공인된 해답은 없다. 다만 농경화한 남실위南室韋 사람이 개를 잡아먹는 습관이 있었던 점으로 미루어, 유목민이 농경화하면서 수렵이나 유목에서의 개의 역할은 사라지고, 수렵·유목 시절의 육식 습관은 남아 있어서 부족해진 고기의 공급원을 번식력 강한 개에서 찾은 것이 아닌가 추정될 따름이다. 양고기는 물론 말고기까지 먹는 같은 '차아복 유목민' 출신인 몽골 사람들도 약용藥用 외에는 개고기를 먹지 않는다. 만주지역은 지금 중국의 핵우산 아래 '개장국 천국'을 이루고 있어 마치 '개장국'과 '연변냉면'이 조선족의 간판인 양 여겨지기도 한다. 차아복과 관련해서 풀어야 할 숙제는 아직도 많다. 우선 부여의 토템으로 보이는 사슴은 차아복일까. 순록(qori)이라는 뜻의 고리국槀離國이 유래처임을 염두에 둔다면 아마도 그럴 것이다. 다구르 몽골말로 숫사슴은 복(bog)이라 하고 암사슴은 수간(sugan)이라고 하는데 '사슴'이라는 말은 어디에서 비롯되었을까? 암순록을 뜻하는 sugan의 경우, 가운데 'g'가 탈락하는 음운 발전 과정을 거치면서 소욘(Soyon)이나 사하(Saxa) 및 스키타이(Scythia)라는 명칭이 나왔는데, 근래는 녹용鹿茸이 주요 소득원이 되는 숫순록이 보다 중시되고 있는 듯하다. 녹용을 주로 한국인에게 판매하여 버는 돈을 알타이 지역에서는 Korean gold라고 부른다는데, 이 곳에서도 예외는 아닐 듯하다. 그야말로 공식적이건 비공식적이건 녹용시장에서 한국인 고객이 차지하는 비중은 매우 높다. 행여 순록과 같은 생태조건 속에서 그들을 가축으로 삼아 살아나온 역사적인 인연으로 게놈 형성상 어떤 요소들이 상호작용하고 있는 것은 아닐까?

스키토·시베리안 역사권에서는 순록을 오룬복이라고도 부르고 차아복이라고도 부른다. 앞의 명칭은 순록의 야생성을 부각시킨 것이고 뒤의 명칭은 새로운 이끼蘚가 자라는 이끼밭인 선鮮을 따라 찾아다니는 생태적 관행을 강조한 것이라 하겠다. 즉 '오룬'은 순록 자체의 특성을, '차아'는 먹이를 찾아다니는 생태관행에 초점을 맞춘 것이라 하겠는데, 오룬(orun)의 원형인 코룬은 코리(Qori)−코리야크−고올리−구리−고리槁離−고려高麗로 음운이 발전하는 과정에서 q 또는 kh가 탈락되면서 오랑캐−오룬(춘)으로, 차아(chaa)는 축치−자오지蚩尤−조선朝鮮으로 각각 발전되어 온 것으로 보인다. 유목초지 소산小山−선鮮(sopka)에 초점을 맞추어 선인鮮人(Soyon인)이나 꼴밭인 'on'이나

'honk'에 주목하여 에웬 또는 에벤(Эвен)과 에웽키(Ewenki)라는 호칭이 생겼던 것으로 보인다. '탕'이나 '춘'과 '치' 및 '키'는 모두 각각 현지 원주민어로 '~하는 사람'이라는 뜻을 갖는 접미어다.

조선인朝鮮人과 차아탕

툰드라 지대의 야산 그것이 선鮮이고 그 산의 음지에서 자라나는 것이 선蘚이라면, 조선朝鮮의 조朝는 도대체 무엇일까? '해 뜨는 쪽'에 있는 '고요한 아침의 나라'(the Land of the Morning Calm)의 '아침 햇살'인가? 일장기日章旗가 이 땅의 하늘을 뒤덮었던 일정치하의 조선 지성인들은 대부분 의심할 여지 없이 이 같은 견해에 부회附會했다. 물론 아무런 전거도 없이 부화뇌동한 것이었다. 더러는 어설픈 애국충정이 담겨 있었을지도 모르겠다. 그런데 이러한 해석은 근래 세계어로 지칭되면서 맹위를 떨치며 생존과 관련하여 우리를 엄습해 오고 있는 영어의 대유행과 함께 *Corea, the Hermit Nation*(『꼬레아 은둔의 나라』, 1882년 미국 출신 목사며 동양학자인 그리피스의 저서)과 *Choson: the Land of the Morning Calm, A Sketch of Korea*(『조선: 고요한 아침의 나라』, 1886년 미국인 외교관 로웰의 저서)라는 저서와 함께 그 후 우리에게 매우 깊이 각인됐다.

그러나 천년의 세월을 두고 보면 어디까지나 역사는 역사일 뿐이니, 한 마디로 천만의 말씀이다. 조朝자에는 '자오'라고 하여 1성으로 읽힐 경우 해뜨는 때인 아침, 해뜨는 곳, 신선, 청신하고 진취적이라는 뜻도 있지만 동시에 '차오'라고 하여 2성으로 읽힐 경우 ① …쪽으로 향하다,

② 참배하다, (성지를) 순례하다 ③ 임금을 뵙다는 뜻이 있다. 여기서 필자는 단연코 ①의 뜻을 택한다. 한인漢人들이 한자漢字로 조선朝鮮이라고 그렇게 써서 남겼기 때문이다.

차아복이 먹이가 귀한 겨울에 먹고 살을 찌운 후 시베리아 툰드라 지대의 추위를 이겨내는 선蘚이 자라는 시엔鮮이 있는 쪽으로 늘 향해 가고 있는 겨레, 그것이 다름 아닌 조선朝鮮 겨레였다. 몽골어로 '순록을 따라다니는 사람들'이라는 말 뜻 그대로 차탕朝鮮족은 부족 전체가 순록을 따라다니면서 산다. 왜 늘 새로운 시엔鮮을 순례하러 다녀야 하는 것일까? 선蘚은 한 번 뜯어 먹으면 생태조건에 따라 차이가 있기는 하지만 3~5년 정도는 있어야 다시 자라나기 때문이다. 선蘚이 나는 선鮮을 따라다니는 차아복-순록을 따라다니는 게 순록치기-차아탕朝鮮족인 셈이다. 한겨울, 시베리아 동토지대에서 살아남을 수 있는 유일한 생명의 양식인 시엔蘚이 자라는 시엔鮮이야말로 조선 겨레에게는 순록이 마음껏 숨쉬며 사는 '메시아의 동산'이 아니었겠는가?

시엔鮮은 본래 중국말이라기보다 시베리아의 어느 차아탕 부족이 사용하는 말이었을 가능성이 많다는 것이 이 곳 다구르 말이나 에웽키 말을 연구하는 원로들의 견해다. 그래서 발음도 '선', '시엔'이나 '시온(zion)'이었을지 모른단다. 필자가 굳이 '조朝'자를 '어디로 향하는'이라고 해석할 것을 고집하는 이유는 또 하나 있다. '스텝 기마 양유목'의 세계적사인 대표주자가 된 몽골인들은 '툰드라의 차아복馴鹿 유목'시절을 까마득히 잊어버렸음인지 차아복의 겨울먹이인 선蘚이란 이름조차 그들의 기억 속에서 사라져버린 것 같다. 그럼에도 어떤 역사적인 배경에서인지 차아복馴鹿이니 차아탕馴鹿(유목민)이니 하는 말들만은 아주 분명히 기억하고 있다. '복'은 '사슴'이라는 뜻이다. 문제는 그 앞에 붙은 '차아'라는 접두어다. 그런데 차아드(chaad)라는 단어에 '…쪽을 향하는, 먼, 떠나는'이라는 뜻이 있어서 중국말의 조朝(차오)와 거의 맞아떨어진다. 여기에서 중요한 점은 길림·연변·요녕성 지역의 조선족들이 의연히 '조朝자'를 2성으로 읽고 있다는 사실이다. 어느 것이 어느 것을 본뜬 것인지 알 수 없지만 우연의 일치라기에는 너무 절묘한데가 있다. 차아복은 곧 조록朝鹿이고 차아탕은 차아복탕의 준말로 보이는데 "선鮮을 찾아 돌아다니며 차아복에게 선鮮(이끼)을 뜯기는 이"들이라면 그게 바로 조선朝鮮 겨레라는 뜻이 아니겠는가?

필자는 유목의 시원이 시베리아 툰드라의 '차아복 유목'에 있다고 보고,『몽골비사』초두에 나오는 사슴과 이리의 결혼이야기는 몽골인들이 시베리아 툰드라의 차아복 유목에서 그 연장선상에 있는 몽골 스텝의 '기마 양유목'이라는 스텝 유목으로 이행해 가는 과정을 반영한 시조전설로 해석한다. 따라서 조선朝鮮 겨레는 이름 그대로 '유목의 시원始原'을 이루는 겨레로서 그 역사적인 뿌리를 본다. 선비의 본고장인 소산小山 선鮮이 있는 대흥안령에서는 조선족을 선족鮮族이라고 하고 그 언어를 선어鮮語라고 한다. 또한 몽골 초원에서 아주 멀리 떨어진 소산이 선이 없고 대산大山만 있는 현재 조선족의 본고장인 장백산長白山지역에서는 몽골어 '차아탕'의 뜻에 해당하는 조족朝族의 조어朝語라고 한다. 어째서인 것일까? 그 역사적 배경을 밝힐 필요가 있는 것이다.

부이르호 호반의 주민들인 몽골인이 1992년 8월 답사 때 우리에게 밝힌 것처럼 그 곳에서 본래 한 종족이었던 이들이 동과 서로 각각 갈려 서쪽으로 간 이들은 몽골인이 되고, 동쪽으로 더 간 이들은 고올리인이 되었다는 구비전승, 이 지역 고대주민의 두개골 연구 결과 한국지역의 그것과 가장 유사하다는 몽골국과학아카데미의 데·투먼 교수의 연구보고, 고올리칸의 석상으로 구전되어 오며 부여 동명성왕으로 추정되는 부이르호 남쪽 호반의 훈촐로人石, 진이나 흉노제국과 같은 시대의 북동지역 최초의 정복제국 부여의 것으로 보이는, 논벼농사를 지었다는 거대한 수리시설을 갖춘 동북 몽골 초원의 광활한 고올리 농장터 등이 이 경우에 중요한 의미를 가질 수 있겠다. 또한 '몽골'이라는 이름이 맥貊고올리에서 유래되었다거나 '다구르'라는 종족명칭이 '다아(daa : 원래의)＋고올리槁離(Qori)'에서 비롯되었다고 한 필자의 주장 역시 그 하나의 간접적인 방증이 될 수 있을 것이다.

이처럼 역사적인 뿌리에 달린 쭈그렁밤송이(genom)를 캐내 보니 조선朝鮮 겨레는 '고요한 아침의 나라'의 '붙박이 정착 소수민족 장백산족'이기는커녕 시엔鮮을 찾아 끝없이 떠돌아다니던 거의 천생天生 뜨내기 유목민족 태생임을 알 수 있다.

그런데 조선은 왜 하필 이 땅에 이렇게 자리잡게 되었을까? 시베리아 툰드라 지대는 선鮮을 찾아다니는 '차아복 유목민'인 조선朝鮮 겨레들의 본고장인데 그 넓이가 몽골과 만주를 다 합친 것보다 더 드넓다. 사실 이런 광활한 타이가—툰드라를 계속 오가며 차아복을 유목하던 조선겨레에게는 (적어도 그런 생업을 갖고 있던 태반기에는) '어디서 왔다거나 어디로 갔다거나' 하며 '경계선'을 그리는 것은 무의미했을 수도 있다. 그러한 관행이 역사적으로 몸에 배어 있어서 생업이 바뀐 후에도 한동안은 대소 규모의 이동을 대수롭지 않게 여겼을 수도 있다. 차아복 유목민은, 한 번 뜯어먹으면 대개 3~5년은 지나야 다시 자라는 속성을 가진 선蘚이 있는 새로운 선蘚을 찾아 계속 이동해 가며 살았는데, 그 선蘚이란 습기가 많은 쪽에 더 많다. 따라서 시베리아에서도 자연히 태평양 바다가 있는 '동쪽'으로 이동해 간 것이다. '해 뜨는 쪽'으로 이동해 간 것은 결과론적인 고찰이고, 원초적인 이동의 동기는 차아복의 겨울먹이를 찾아가다 보니 그리 된 것이라고 할 것이다. '해지는 쪽'으로 간 순록치기들도 있기 때문이다.

물론 동토지대인 수림 툰드라―툰드라에 사는 이들이 해를 너무도 절실히 그리워하는 것은 그들의 고백 그대로 자연스러운 것이리라. 불씨를 꺼뜨리면 거의 죽을 죄가 성립되는 곳이 이 곳이었다. 혹한에 춥고 배고픈 채 그대로 얼어 죽게 되기 때문이다. 1993년 겨울 혹한기에 몽골국 정부당국이 울란바아타르의 화력발전소 3개 중 하나가 깨진 사실을 극비사항으로 다룰 수밖에 없었던 것도 이해가 간다. 아르다잡 교수와 필자도 이 곳 훌룬부이르 몽골 스텝 차아탕의 초골간에서 한밤중에 해를 몹시 고대하며 위기의 흑암을 견디어 낸 적이 있다. 이제 육십대 중반에 들어선 아르다잡 교수는 심장이 멎을 것만 같아서 비상약을 먹었다고 했는데, 이미 몇 차례 심장수술까지 받아본 필자 역시 이에 필적할 만한 체험을 해 보았다. 1999년 9월 8일 밤 화덕불이 꺼진 수림 툰드라의 새벽 추위가 그것이었다.

그러다 보니 순록槁離 토템이었던 것으로 보이는 부여 임금들의 이름에 해부르나 해모수와 같이 '해'자가 들어가고, 부여·고구려·몽골 등 유목의 시원과 관계가 있는 나라들의 시조탄생신화에는 모두 해가 등장하는지도 모르겠다. 해는 추위와 어둠을 물리쳐주기 때문이다. 한랭 고원 건조지대의 '햇빛'은 온난다습지대에서와는 달리 '금빛'으로 번쩍이고, 따라서 금빛은 이들에게 '하늘'을 상징한다. 이런 연고로 해서 금金은 천손족天孫族의 권위를 나타내기도 한다. 칭기스칸도 알탄우룩(Altan urug : 황금씨족=김金씨)이고 누르하치 역시 애신각라愛新覺羅(황금겨레)다. 시베리아 툰드라 지대의 차아탕 겨레에게는 지극히 당연한 인식관행일 것이다.

결국 차아탕 겨레인 조선족朝鮮族은 '해뜨는 쪽'인 '솔롱고스'로 향해 움직였던 것이 아니라, 어디까지나 차아복 유목민에게 젖을 주는 차아복의 먹이인 선蘚이 더 많은 새로운 선鮮을 계속 찾아 가다보니 결과적으로 솔롱고스로 향하게 된 것이다. 몽골인 황학문黃學文 교수에 따르면, 양자강 유역의 음지에서도 선蘚이 잘 자란다고 하지만 차아복의 지리적 분포로 보건대 차아복이 뜯어 먹을 수 있는 것은 시베리아 타이가·툰드라 지대의 그것일 따름이다.

지의류地衣類에 속하는 선蘚은 혹한에 살아남기 위해 마름藻과 곰팡이菌가 공생하고, 그 종류는 1000여 종애 이른다. 주로 물이 많은 습한 곳에서 자라며, 툰드라·타이가라는 한랭 고원 건조지대에서는 마름류를 곰팡이가 감싸주어야 강추위를 이기며 자랄 수 있다. 잘 자라는 선蘚은 희고 조금 푸르스름한 색깔을 띤다. 대체로 차아탕인 조선족들이 향한 곳은 바로 이 선蘚이 더 많은 선鮮이 있는 시베리아 동쪽이었고,

그 중 한 일파가 외흥안령과 소흥안령을 타고 장백산맥에 이르렀던 것으로 추정된다. 대흥안령 북쪽인 이 곳은 스텝의 연장선상이라 툰드라에 사는 차아복이 살기에는 부적합하였다. 위도가 훨씬 더 높은 시베리아 툰드라 지대보다 북위 50도가 조금 넘는 이 곳은 예상 외로 매우 추워서 단군신화檀君神話에 등장하는 시베리아 호랑이가 살 수 없다. 그래서 그 이동 코스를 대흥안령을 피해 그리로 잡아본 것이다. 그런데 서기 2년(고구려 유리명왕 21) 고구려에 순록馴鹿, 麋鹿이라는 사냥감이 풍부하다는 기록이 이미 보이는 것을 보면, 이 코스를 따라 답사를 하여 확인해 보아야 하겠지만 필자의 이 같은 추론에는 거의 무리가 없을 것으로 보인다. 싸리나무胡枝子 또는 荊條도 있고 진달래杜鵑花도 피는 곳이니 이 곳 홀룬부이르 몽골 스텝에서 동명왕이 말을 타고 맥궁貊弓을 쏠 수 있었겠지만, 그것은 청동기시대가 지나고 철기시대에 접어든 훨씬 후대의 이야기가 될 것이다. 요컨대 외흥안령 이북은 곰은 살고 호랑이와 양은 못 사는 지대고 보면, 곰신화 → 호랑이 신화의 발전이나 기騎순록 유목→기마 양유목의 발전이 모두 스키토·시베리안 조선·고구려·몽골족의 발전과정을 말해주는 것이라고도 할 수 있다.

순록치기와 선鮮의 선蘚

필자는 직접 순록유목생활을 체험할 뻔(?)한 적이 있다. 1993년 여름 훕스굴의 에린칭룸베에 들러 만년설로 덮인 산을 오르려다 말을 타고 그 산을 오르라기에 지레 겁을 먹고 포기했을 때였다. 필자는 몽골의 몽골연구자들과 함께 답사할 때면 거의 무의식적으로 우리의 타령조 노래를 흥얼대는 습관이 있었다. 1993년 8월 9일 훕스굴 에린칭룸베 언저리에서 무당 연구자 오·푸렙 교수는 내가 흥얼거리는 그 타령 가락이 에린칭룸베 차아탕(순록유목민)의 그것과 너무 닮았다고 하여 급기야 그 답사를 추진하게 되었던 것이다.

1999년 8월 11일 내몽골 오룬춘 자치기旗에 있는 오룬춘 박물관에 들러 오룬춘 아씨의 안내를 받았는데, 그녀가 순록 앞에 서자 실물을 가리키며 순록의 겨울 주요 먹이가 태菩(이끼)라고 설명을 하였다. 그러자 옆에 서 있던 아르다잡 교수가 이내 "아 태선菩蘚!" 하고 중얼거렸다. 순간 뭔가 뇌리를 강하게 스쳐갔는데 당시에는 또렷하지 않아서 그냥 접어둔 채 바쁜 답사일정에 쫓기느라 잊어버렸다. 그러던 중 8월 19일 집에서 잠깐 머물며 다구르어 사전을 뒤지던 중 중요한 힌트 하나를 발견하였다. 태菩와 선蘚이 다른 것이라는 사실이었다. 태菩는 niolmn이고 선蘚은 niokq였다. 그 순간 번개처럼 조선朝鮮과 선비鮮卑의 '선鮮'자가 필자의 뇌리를 스치고 지나갔다.

이 곳 흥안령 일대가 온통 선비 유적으로 뒤덮이다시피한 지대였기 때문에 더욱 그러했으리라. 이후 타이시엔菩蘚 또는 시엔타이蘚菩는 지금까지 필자의 뇌리에서 거의 떠나본 적이 없다. 순록의 겨울먹이인 선蘚과 선비나 조선의 선鮮과의 관련성에 대해 선비鮮卑·실위사室韋史 전공자인 답사대원 우르몽골대 장구화張久和 교수에게 문제제기를 하였으나 그럴 듯은 하지만 선鮮은 1성이고 선蘚은 3성이라 발음이 서로 다르다고 답하였다. 그 후 다시 고대발음상 선鮮은 '현'에 가깝고 선蘚

은 '선'에 가깝다는 이경규 교수의 조언도 있었다. 어찌 되었던 에웽키 족이나 오룬춘 족과는 달리 다구르인들이 태㒸와 선鮮을 정확히 구분하고 있다는 사실은 시사하는 바가 컸다.

필자로서는 선鮮과 '선鮮'에 틀림없이 상관관계가 있어 보인다는 확신이 나름대로 섰다. 선비족의 역사적인 본고장인 이 곳 훌룬보이르 몽골 초원에서 조선어朝鮮語를 조어朝語라고 하지 않고 그냥 선어鮮語라고 하는 점, 조선족을 조족朝族이라 하지 않고 선족鮮族이라고 하는 것만 보아도 역시 문제의 핵심은 '선鮮'에 있다는 생각이었다. 조선朝鮮이나 선비鮮卑는 모두 '선鮮'을 중심축으로 삼아 시간적으로나 공간 및 민족적으로 서로 얽혀 있다는 생각이 들었다. 그렇다면 이제 문제는 선鮮과 선鮮이 어떤 사이냐였다.

이처럼 문제를 제기하고 풀어갈 준비를 하던 중 마침내 9월 들어 감행한 첫 답사지에서 처음으로 선鮮을 보게 되었다. 9월 9일 북위 52도가 넘는 에르구네 기旗 아오루고야 에웽키 족향族鄕을 거쳐서 이른 흑룡강성 쿠마(또는 카말라) 하河 곁에 있는 호중임업국呼中林業局 비호산림장飛虎山林場 말리야수오라는 차아탕(순록유목민)의 양록점養鹿點에 서였다. 역사적인 순간이었다. 나중에서야 이것들은 모두 시베리아에서 불과 몇 년 전에 수입하여 복원해 놓은 것이었음을 알았다. 그러니까 차아복 유목과 거기에 뿌리를 둔 차아탕朝鮮 겨레들의 역사를 연구하려면 만주나 몽골이 아니라 러시아의 시베리아 수림툰드라·툰드라 지대로 유학을 가야 하는 것이다. 화석화한 태곳적 차아복 유목 관계 사료도 그 삶의 현장에 가기만 하면 되살아나 다시 숨쉬기를 시작할 것이니 말이다. 이런 필자의 이야기에 뜻밖에도 만주족 아내를 가진 한족漢族으로, 선비鮮卑·조선朝鮮-실위室韋-몽골사를 연구하는 장구화 교수가 좀 서운해하는 눈치였다.

여기서부터 순록치기의 삶의 무대가 보통 그러하듯 낙엽송(사하어로 '알라스'나 '디트'?)이 제법 자라는 수림 툰드라지대가 본격적으로 시작되었다. 풀포기 뿌리가 뒤엉킨 흙덩이, 곧 당라숭(danglasun : Эвен어 төрэнтч)을 골라 밟지 않으면 물이 괸 진흙탕에 빠지곤 하는, 스펀지나 솜뭉치처럼 쿠션 있는 땅을 밟고 걷기란 몹시 어려웠다. 슬라브인과 황인종 사이에서 태어난 젊은이도 눈에 띄었다. 돌아오는 길에 다시 살펴보니 이러한 수림 툰드라 지대는 몽골 초원이 시베리아로 잦아들면서 점차적으로 두드러져 가고 있었다. 즉 몽골 초원이 점점 더 수림 툰드라 지대로 변해 간 것처럼 보인다. 물론 시베리아의 수림 툰드라 지대가 점차 몽골 초원으로 변해 간다고도 볼 수 있고. 차아탕의 원추형 집인 초골간에서 하룻밤을 지내면서 이틀 동안 차아탕 가족의 차아복(순록)들과 함께 지냈다.

스텝의 야산처럼 느슨한 능선을 가진 야트막한 산의 팔부능선쯤에 이르러서야 기진맥진한 우리를 일레라는 청년이 선蘚이 허옇게 자란 이끼蘚 꽃떼 앞으로 안내했다. 한국에서 보아 온 푸른 이끼苔가 아니었다. 그 차이를 보여주기 위해 일부러 푸른 이끼苔떼 위에 선蘚을 놓고 사진 촬영을 하기도 했다. 더러는 낙엽송에도 붙어 자라는 선蘚도 있었다. 이틀간 이곳저곳을 두루 둘러보았다. 그렇다! 능선이 완만한 스텝의 작은 산들을 닮은 수림 툰드라 지대의 소산小山(conka. 대산大山

장화를 신고 신발을 매단 채 모기장 달린 모자를 쓰고 지팡이를 짚어가며 한디가 압기다 순록 여름 유목장을
걷고 있는 저자 | 최준 촬영

인 ropa에 상대됨)인 선鮮의 응달에서 자라는 것이 선蘚이었다.

'현지주민이 과연 선蘚이 자라는 소산小山을 선鮮이라고 부르는가' 하는 의문은 선비산의 원조元祖로 보이는 이르쿠츠크 북쪽에서 퉁그스크 하에 걸치는 지역에 위치한 시베리아의 대선비산大鮮卑山─동·서 사얀산맥을 답사한 후에야 비로소 해결될 문제였다. 선비산에서 비卑 (부스=띠)자를 빼면 그대로 선산鮮山이 되고, 선鮮이 소산小山이라면 선산은 말 그대로 소산산小山山으로서 동의어 반복이 되어 버린다. 그 러므로 선비산鮮卑山 그 자체는 그대로 선鮮이 되고, 선인鮮人은 선蘚이 자라는 선鮮을 찾아다니며 차아복 유목을 하였을 것이다. 선인鮮人 (Ewenki)이 세운 국가가 조선국朝鮮國이고 그 종족 이름은 사서史書에

350

나오는 대로 선비鮮卑다. 그런데 본래 선鮮은 1성으로 읽고 선蘚은 3성으로 읽는데 그럼에도 불구하고 조선朝鮮이라는 나라이름과 선비鮮卑라는 겨레이름에서는 모두 선鮮을 3성으로 읽는 관행이 현재 조선족의 고향인 장백산 일대나 선비족의 고향인 대흥안령 일대에 존재하고 있다. 이는 본질적으로 차아복의 겨울먹이인 선蘚이 선鮮에서 나기 때문이 아닐까 한다.

중국사회과학원 언어연구소 사전편집실에서 편찬한 『현대한어現代漢語 사전』(북경 상무인서관)을 보면, 1979년판에서는 조선과 선비를 모두 1성으로만 읽다가 1996년 수정본에서 조朝는 그대로 두고 선鮮만은 3성으로 수정하였다. 문제는 이것들이 모두 현지발음의 음역音譯 고유명사임에도 불구하고 그 역사성이나 지역성은 고려함이 없이 북경 현지발음만을 기준으로 삼은 데 있다 하겠다.

더군다나 선蘚이 나는 선鮮은 본래 한어漢語가 아니라 그 존재 위치로 보아 시베리아 어느 차아탕朝鮮 겨레들의 말鮮語(Ewenki 말)일 가능성이 더 크다. 생각이 여기에 이르자 마침내 정신없이 다구르·에웽키·오룬춘 어語는 물론 심지어 에스키모 어나 셈 어에서까지도 관계된 말들을 찾기 시작했다.

우선 에웽키어에서는 도·도르지의 사전에서 lewekt를 선蘚이나 태선苔蘚이라 했고 niarma를 태선苔蘚이라고 했으며 onk를 목초지牧草地나 태선苔蘚이라고 했다. 한유봉·맹숙현의 『오룬춘어·한어漢語 대조독본』에서는 niarma를 태선苔蘚이라고 했고, 후허胡和의 『다구르어 사전』에서는 niokq를 선蘚으로 niolmn을 태苔로 비교적 선명하게 구분해 놓았으며 honk는 목초지 또는 목초(꼴)라고 했다. 우선 위의 언어들을 함께 비교하여 lewekt-niokq(선蘚)와 niarma-niolmn(태蒼), 그리고 onk-honk(야목초野牧草)로 계통화시켜 볼 수 있을 것 같다.

대부분이 시베리아 툰드라지 대의 차아복馴鹿 유목단계에서 이미 몽골 초원의 기마 양羊유목단계로 이행된 지 오랜 후에 기억해 낸 말들이므로 그 본래의 말을 찾아내기란 쉽지 않다는 것이 전공자들의 말이었다. lewekt-niokq-이끼 계통의 체계화에는 앞으로 정밀한 연구가 요구된다고 하겠다. 에웽키어에서 onk를 목초지라고도 하고 태선苔蘚이라고도 한 것을 보면 에웽키인들에게는 본래의 목초지가 오늘날 몽골 초원의 목초지인 벨체에링 가자르(бэлээрийн газар)가 아니고 선蘚이 자라는 선鮮(sopka)이었음을 짐작할 수 있다. 따라서 niokq-onk-honk의 상관관계도 고려해 볼 만하다 하겠다. 초간본『두시언해杜詩諺解』(1481년 발간)와 최세진崔世珍의『훈몽자회訓蒙字會』등의 고서에서는 15세기까지 '잇' 셴蘚이나 '잇' 태苔식으로 어간만 있다가 16세기 들어『신증유합新增類合』에서 '기'가 보태져 '잇기'가 비로소 나타나며 18세기에까지 같은 현상이 보인다. 그 이전에도 숨은 'ㄱ'은 있었을 수도 있다는 것이 에웽키어 전공자 김주원 교수의 조언이다. '잇'이 niokq처럼 '닛'으로 되었을 가능성도 있는지, niarma-niolmn 계통의 말이나 onk-honk 계통의 말도 한국어에 남아 있는지에 대해서는 좀더 조언을 구해볼 생각이다.

비록 러시아에서 몇 해 전 수입해서 복원해 놓은 것이기는 하지만 아직 '차아복 유목'생활을 하고 있는 에웽키족 차아탕들은 선蘚이 있는 곳을 그대로 onk라고 불러 초원의 목초지처럼 그대로 '목초지'를 가리키는 데 쓰면서 동시에 '태선苔蘚'이라는 뜻으로도 쓰고 있다. '차아복 유목'과는 아주 멀어져 버린 다구르족의 경우, 위와 같은 계통의 말로 보이는 honk를 그냥 초원의 목초지라는 뜻으로만 쓰고 있다. 이는 시베리아 툰드라 지대의 '차아복 유목'이 몽골 초원의 기마 양유목으로 발전한 것을 시사한다고 하겠다. 에웽키족 마니 과장과 다구르족 아르다잡 교수의 조언을 받아 우선 이렇게 정리해 봤다. 툰드라 지대가 내려오면서 점점 스텝 지대로 변해 가고 스텝 지대가 올라가면서 점점 툰드라 지대로 변해가는 실제 현장이나,『몽골비사』초두에 나오는 시베리아 툰드라 지대의 차아복으로 보이는 사슴과 몽골초원에 주로 많이 사는 이리(늑대)의 결혼설화는 이를 방증해 준다. 즉 아시아 '스텝 유목의 시원始原'이 바로 시베리아 수림 툰드라와 툰드라 지대의 '차아복 유목'에 있는 것을 보여준다.

순록의 주식인 이끼로 뒤덮인 수림 툰드라 지대는 같은 흰색의 눈으로 뒤덮인 수림이 없는 광활한 툰드라 지대로 이어진다. 훌룬보이르 학원의 송띠 부교수는, 2000년 초 부이르 호수 언저리인 호친陳 바락호쇼旗의 땅을 파보니 땅 밑에서 매우 커다란 어름덩어리가 나왔다는 제보를 해주었다. 그렇다면 몽골 기원지 에르구네를 내포하는 이 지역이 당초에는, '당라숭'의 흔적이 아직도 여기저기 남아 있을 만큼, 수림 툰드라 지대였다가 이후 기후의 변화에 따라 점차 스텝·초원 지대로 변하면서 순록유목민인 몽골인들이 자연스럽게 스텝의 기마 양유목민으로 변해 왔다는 견해가 성립될 수도 있겠다. 또한 오늘날 조선겨레에게 된장이나 고추장이 그러하듯이 생존 환경도 오래 길들면 편하고 좋아지게 마련이다. 1년의 반 내지는 3분의 2 가량이 온통 흰눈으로 뒤덮이는 광활한 이 곳 훌룬보이르 몽골 스텝에 살면서 흰색의 위용에 압도당하게 되고 보면, 거의 일년 내내 눈으로 뒤덮인 시베리아 수림 툰드라와 툰드라 지대를 오랜 역사적인 삶의 터전으로 삼아온 순록유목민─선인鮮人(Ewenki)들이 젖색이며 이끼색인 흰색을 좋아하고 성스러운 색으로 숭상하며, 나아가 최고 조상신의 제단에 산제사를 지내는 제복祭服의 색으로 삼는다는 것은 매우 자연스러운 일일 수 있다. 그러니까 이른바 백의민족白衣民族은 농경화한 한반도의 한민족이 아니라 젖을 주식으로 하고 꿀에서 당분을 섭취할 수밖에 없는 한랭 고원 건조지대의 유목민일 수밖에 없다. 이슬람의 성지 메카에는 그래서 오늘날에도 흰옷 입은 순례자들의 발길이 끊이지 않고 이어지고 있는 것이 아닌가. 그러므로 서아시아의 Sem족, 선족鮮族, 은나라의 상족商族, 돌궐족, 여진족과 몽골족은 물론 아메리카의 몽골리안 인디오족까지 같은 범주에 넣어 연구해 볼 필요가 있다고 하겠다.

주채혁, 「조선·선비의 '鮮'과 순록유목민─몽골유목 起源과 관련하여」, 『동방학지』 110, 2000, 117~220쪽 참조.

부록 | 뒷풀이 시

시베리아에서 만났다

시베리아 북로北路
철마 타는 나그네 길
흰 달이 우주공간 스쳐간 뒷자리
놀라워라 그녀가 거기 나타났으니
거기서 그녀를 만났으니
소복素服 차림 귀신처녀를
오랜만에 만났어라

머리 풀고 피 흘리며
발을 땅에 못 붙인 채
한 서린 피릿소릴 자지러지게
불며 말며 내 눈앞에 나타난 님아
예까지 먼 길 따라왔으니
내게 들른 귀신은 처녀귀신
짝님 찾는 처녀귀신이라

근데 이상도 하지
메마른 고원 한랭寒冷 터 한복판
성에 한 점 없이 맑고 싸늘한 차창으로
또렷이 다가서는 서늘한 그 기운 그 바람이
근데 야릇하기도 하지
이토록 애달프게
피 토하는 흐느낌으로 심금을 울리다니

근데 정말 괴이怪異쿠나
찬찬히 살펴보니

너는 분명 앳된 처녀
하필이면 처녀귀신
소복산발 피 흘리며
누굴 어이 여의었길래
저리도 하염없이
구천九天길 구만리를 떠돌아다니는고

맺힌 한恨 찌들어서
굿거리 매듭마다 풀어내지 못 하고
가락 가락마다 정 붙일 데 티끌만치도 없으니
저리도 정처없이 떠돌 수밖에

제 아비와 님 아비
코흘리개 자식들을 맺어주더니
슬프게도 그 혼약 애장터에 바쳐지니
어이할꼬 금간 인연
어이할꼬 짝잃은 애과부
밤마다 님 그리며
님무덤을 겉돌았것다
하늘 봐야 별을 따고
님을 봐야 정이 들 터
흐느껴도 사무쳐도
돌아올 리 없건마는
그래도 한결같이
곡비哭婢처럼 오열嗚咽했것다

몸서리치는 굿판에 "쉬잇!"
바람 같은 한 소리
화살에 꽂힌 심장
외마디 비명으로
한 점 핏방울로

맺힌 원怨은 골수 깊이 박혔어라

정려문旌閭門 세워지고
그 가격家格 하늘에 뜨는데
문설주엔 어인 핏방울
용마루엔 난데없이 늘어진 시신屍身
소복하고 산발하고 밤을 타고 솟구친다

휘영청 밝은 달아
내게 닻을 내려주소
그 마음 달래서 한을 풀어주리
흐느끼는 짝님을 내 가슴에 품으리
그 울음 끝내 그치게 하리

살이 닿아 살 맛 나게
살 맛 보는 저승 혼백
명혼冥婚 첫날밤을
불함不咸 홍류방紅柳房
하늘어미 품속 예서!

에라 만수!
에에라 마안수!!

시작 노트

『한국문예』(전 『詩와 意識』 2006 여름) 등단 시다. 시베리아 벌판에
메아리 치던 고향산천의 굿거리 장단에 흐느꼈다. 시간이 끊어지고 공
간이 바숴진 자리에서 나는 모태 하느님 붉은가지 버드나무 불함不咸
―홍류紅柳, 성모聖母 유화柳花에게로 가는 모태 회귀의 길을 찾았다.

가없는 툰드라 조선朝鮮 순록馴鹿 이끼꼴밭에 노니는 '코리高麗' 순하디 순한 순록들과 랑데부했다. 황야의 삭풍은 이승 저승을 넘나드는 생명체의 연기설緣起說를 실감케 했다.

어릴 적 모산 목천 고향동네 태봉산 산모롱이를 돌아가는 밤길을 걷노라면 애장터나 상여집을 지날 때 달빛어린 산정에 흰옷 입고 산발한 채 옷깃을 바람에 날리는 처녀귀신을 선명하게 떠올리곤 했다. 전신이 오싹하면서도 뭔가 애처로운 느낌이 들면서 한 서린 피릿소릴 듣는 듯 오묘한 정념에 빠지곤 했다. 그게 뭘까? 이 나이 되도록 시도 때도 없이 어디서나 불쑥 다가서는 그 처녀귀신은 뭘까. 집단 무의식. 기억 뭉치 생명. 앳된 처녀의 소복, 산발, 피 흘림, 땅에 발을 못 붙이는 헤맴…. 그 숨은 사연은 무얼까. 그 정체와 사연을 밝혀 한과 원을 풀어 주는 일, 그게 내가 타고난 사학도로서의 소명이었는지도 모른다. 그 해원 언어들을 엮어서 짜보았다. 눈물 닦을 작은 손수건을 얻은 셈이다.

한랭 고원 건조지대를 태반으로 '게놈'이 형성되어 안구건조증과 구강건조증이 유별나게 많은 북방 스키토·시베리안 유목몽골리안이란다. "국물도 없다!"는 한국인의 관용어, 지금은 태평양 가운데 살면서도 여전히 시베리아 원주민들처럼 뜨거운 해장국물을 마셔야 속이 풀리는 한국인 술꾼, 한국교회의 통회 자복하는 뜨거운 회개의 눈물, 지도부의 사열을 마중하며 미친 듯이 흐느끼는 어떤 동네 사람들, 남녀가 진실로 흐느끼며 만나면 끝내 못 헤어지는 한겨레 눈물의 마력과 한류의 본류라 할 한국 드라마 작가들의 주류가 사람들을 흐느껴 울리는 천재들인 무당의 자식들이라거나 더 멀리 몽골리안 루트의 서쪽 단이스라엘 민족의 통곡의 벽까지 굳이 언급하지 않더라도 이네들은 눈물로 만나고 헤어지는 참눈물의 씨앗들이거나그 반대편에서 숨쉬며 그 땅을 타는 목마름으로 갈망해 오는 사람들인지도 모른다. 서울의대 유전자이식연구소 서정선 소장 팀과 함께 2003년 8월 중순에 몽골 스텝을 답사하며 나눈 얘기들이다. 동참한 한 한의사는 안구건조증의 전통적 치유법이 흐느껴 울어 뜨거운 눈물을 펑펑 쏟게 하는 것이었다고 했다. 에스키모 샤먼의 처방일까? 그렇다면 그게 샤먼 무의巫醫가 아닌가. 그래서 무당의 옛글자가 무▒였나 보다.

어차피 피도 눈물도 없는 무자비한 무한경쟁에서 최후의 승자로 살아남아 세계제국을 창업해야 할 운명을 타고난 개방공간의 스텝 유목민－해양 바이킹의 후예로 그들이 주도하는 시대에 숨쉬도록 운명지워졌다면, '샤먼클리닉'을 차려 안구·구강 건조증을 치유도 하고 기동력 빼어난 조직된 창조적 소수의 결속을 다져 IT·BT 개벽시대 역사의 격랑을 주도적으로 헤쳐나갈 물꼬나 조금씩 터갈까 보다. 감성시대 코리안(Chaatang) '게놈'에 잠재된 무진장한 '역사자원'이 핵무기보다 더 무서운 한겨레의 뜨거운 참눈물일 수 있다는 망상을 한껏 해본다.

지은이 | 주 채 혁

1942년 옛 목천 모산, 동학가정 출생
연세대학교 사학과에서 공부. 대만대, 우르몽골대, 몽골과학아카데미에서 연구
1968~1973년 연세대학교박물관 근무, 석장리 구석기유적 발굴 동참
1989~1992년 초대 한국 몽골비사 학회 및 초대 한국몽골학회 회장
1992~1996년 한·몽학술조사연구협회 부회장
1991년~현재 국제몽골연구협회(I.A.M.S) 한국측 집행위원
2003년~현재 (주)마크로젠 명예고문, 바이칼포럼코리아 공동위원장
2005년~현재 바이칼-몽골학회 회장
1979~1980년 세종대학교 사학과 교수
1987년~현재 강원대학교 사학과 교수
1990년~현재 몽골 중심으로 스키토·시베리안 역사유적 답사중
2006년 6월 80년 세종대 평교수협의회 대변인, 민주화운동 복권(복직 추진중)

논저 및 역서 |『원조관인층 연구』(1986),『몽골사회제도사』(베·야·불라디미르초프 지음, 1990),
「몽골의 맥(貊)'고올리' 기원고」(몽문; 1999),「부르칸(不咸)이즘과 유화(柳花), 그 모태회귀 신앙 연구」
(2001) 및「"선(鮮)"의 고려(高麗)와 "소산(小山)"의 순록(馴鹿) 연구」(『백산학보』 2003),「몽골-貊高
麗, 유목형 '고구려' 世界帝國考」(『백산학보』 2006) 등